大数据时代中国社会公德治理的运行机制研究

王晓丽 等 著

中国社会科学出版社

图书在版编目(CIP)数据

大数据时代中国社会公德治理的运行机制研究／王晓丽等著. -- 北京：中国社会科学出版社，2024.8.
ISBN 978-7-5227-4022-5

Ⅰ. D648.3
中国国家版本馆 CIP 数据核字第 2024YN3255 号

出 版 人	赵剑英
责任编辑	田 文
责任校对	杨沙沙
责任印制	张雪娇

出　　版	中国社会科学出版社
社　　址	北京鼓楼西大街甲 158 号
邮　　编	100720
网　　址	http://www.csspw.cn
发 行 部	010-84083685
门 市 部	010-84029450
经　　销	新华书店及其他书店
印　　刷	北京君升印刷有限公司
装　　订	廊坊市广阳区广增装订厂
版　　次	2024 年 8 月第 1 版
印　　次	2024 年 8 月第 1 次印刷
开　　本	710×1000 1/16
印　　张	14.25
插　　页	2
字　　数	241 千字
定　　价	88.00 元

凡购买中国社会科学出版社图书，如有质量问题请与本社营销中心联系调换
电话：010-84083683
版权所有　侵权必究

目 录

导 言 ··· (1)
    一 社会公德治理的大数据诉求 ································· (1)
    二 社会公德治理与大数据的实践统一 ····················· (3)
    三 大数据时代我国社会公德治理运行机制的研究机遇 ········ (5)
    四 大数据时代我国社会公德治理运行机制的研究挑战 ········ (6)
    五 大数据时代我国社会公德治理运行机制的研究思路 ········ (8)

第一章 大数据时代我国社会公德建设的治理转向 ············· (12)
    引子 一个案例的两种分析和两种结论 ····················· (12)
    一 我国社会公德建设治理转向及大数据诉求 ················ (13)
    二 大数据时代社会发展对我国社会公德建设提出机制
       革新要求 ··· (20)
    三 时代变迁与我国社会公德建设模式关系的历史考察 ········ (28)

第二章 大数据时代我国社会公德治理运行机制的理论阐释 ········ (37)
    一 社会公德治理概述 ·· (37)
    二 社会公德治理大数据应用概述 ······························· (50)
    三 大数据时代社会公德治理运行机制概述 ····················· (67)

第三章 大数据时代我国社会公德治理运行机制个案分析
         ——以广东省佛山市"城市平台"建设实践为
         切入点 ··· (76)
    一 广东省佛山市"城市平台"建设中的社会公德治理
       现状 ·· (77)

二　广东省佛山市"城市平台"建设中的社会公德治理
　　运行机制 …………………………………………………（90）
三　广东省佛山市"城市平台"建设中的社会公德治理
　　运行机制评介 ……………………………………………（101）

第四章　大数据时代我国社会公德治理运行机制的逻辑建构 ……（109）
一　大数据时代我国社会公德治理运行机制建构的现实
　　困境 ………………………………………………………（109）
二　大数据时代我国社会公德治理运行机制建构的主要
　　内容 ………………………………………………………（122）
三　大数据时代我国社会公德治理运行机制建构的具体
　　操作设计 …………………………………………………（141）

**第五章　大数据时代我国社会公德治理运行机制建构中的
　　　　　问题防范** ……………………………………………（153）
一　大数据时代我国社会公德治理数据一体化的实现 ………（153）
二　大数据时代我国社会公德治理中的自发性克服 …………（161）
三　大数据时代技术价值与意志自由的关系平衡 ……………（178）

主要参考文献 ……………………………………………………（187）

附件　大数据时代广东省社会公德治理运行机制调研报告 ………（194）

后　记 ……………………………………………………………（225）

导　言

党的十八大以来，推进国家治理体系和治理能力现代化成为我国发展的重要战略目标之一。《促进大数据发展行动纲要》中指出：大数据是国家基础性战略资源，能够为有效处理复杂社会问题提供新的手段，将推动社会治理模式进步，逐步实现治理能力现代化。社会公德治理作为社会治理的重要内容，是推进治理体系和治理能力现代化的基础支撑。《新时代公民道德建设实施纲要》中强调，要运用经济、法律、技术等各种手段，有力惩治失德败德、突破道德底线的行为。立足新时代，在社会公德治理领域引入大数据是推动社会治理现代化的应有之义，也是有效解决公德失范行为的实然之举。社会公德治理大数据应用的关键在于构筑立足中国特色、符合时代特征的良善运转的运行机制，因而以此为主题展开系统研究，对于发挥大数据在社会公德治理中的潜在价值、建构适合我国发展需要的社会公德治理体系，进而提升我国社会治理能力、满足人民对美好生活的向往具有重要的理论意义和实践价值。

一　社会公德治理的大数据诉求

大数据与社会公德治理的结合既是有效解决社会公德建设困境的现实路向，也是推动大数据技术长效发展的应有之道，两种需求作为内生性力量驱动了社会公德治理大数据在我国社会主义精神文明建设中的实践应用。

在社会公德治理中应用大数据是道德建设的现实诉求。把大数据运用到社会公德治理领域，能够推动社会公德治理理念、组织结构和方法模式的新转向，从而更好地优化社会公德治理在价值引领、制度规范以及个人行为层面的作用,最终以大数据作为新资源为治理公德失范问题提供新思路、新渠道。在社会公德治理中应用大数据的价值引领体现为:其一,利用大数据整合功能客观全面描述社会公德现状,促进治理主体的思维模式和认知模式转化升级,增强治理主体进行社会公德治理的科学性;其二,利用大数据预测功能帮助治理主体把握社会公德的规律,从而科学设计社会公德治理的政策和方针,防范公德失范问题于未然。制度规范层面上,大数据对社会公德治理组织形式产生重要影响,包括扩张了治理主体的边界和重塑了主体间的关系两个维度;其三,能为社会舆论道德力量的充分发挥创造条件。在个人行为层面,治理主体可以利用大数据落实社会公德监督功能,及时有效惩治个体的社会公德失范行为,这主要是从"抑恶"的角度实现个体对他人的监督。此外,以大数据打通"德"与"得"相通的路径是从"扬善"的角度实现个体对自我的约束,从而激发和鼓励大家遵守社会公德规范。

在社会公德治理中应用大数据是技术发展的应然之义。"大数据正在改变我们的生活以及理解世界的方式,成为新发明新服务的源泉,而更多的改变正蓄势待发。"[①] 技术是催生变革的基础性力量,大数据不仅仅改变了客观物质世界,同时也改变着人的主观世界,大数据时代海量数据的积累和技术的更新进步使得人们的思维模式发生根本性变化,也使得人们行事的方式方法有了创新性发展,大数据为党和政府治理理念和模式的革新提供了重要支撑。大数据技术是满足人类需求、愿望的手段,在社会发展中的作用越来越突出,但大数据要进一步发展就必须应用到更为复杂的场域中,倘若缺乏这种类型的应用场域,技术就容易丧失它的终极含义和最终价值。社会公共生活领域涉及人与人之间、人与社会之间、人与自然之间的多维度关系,而这些关系复杂多样、相互交错,促使社会公德治理成为大数据应用的重点场域之一,大数据只有更广泛、更高效地介入社会公德治理中,才能更加彰显其价值,也才能发展到更为成熟的阶段。总之,大数据作为一种技术具有强大的渗透力,这种渗透力在为实现社会公德治理理念创新提供新思路、为解决公德治理问题提供新途径的同时,也激发了自身发展变革的内在驱动力。

---

① [英]维克托·迈尔-舍恩伯格、[英]肯尼思·库克耶:《大数据时代》,盛杨燕、周涛译,浙江人民出版社2013年版,第1页。

二　社会公德治理与大数据的实践统一

大数据时代的社会公德治理强调在社会公德治理中应用大数据，要求大数据赋能社会公德治理创新发展，社会公德治理赋予大数据应用场域，其核心在于社会公德治理大数据的应用，而应用的广泛性、高效性取决于社会公德治理运行机制的良性运转。

社会公德治理大数据作为一种新兴概念，学术界尚未给出明确定义，在这里，我们可以以大数据的含义为基准作出初步阐释。从信息、技术和价值三个层面界定大数据是学者们普遍接受的：第一，大数据是一种海量数据的集合。麦肯锡全球数据分析研究所认为，大数据是指无法用传统数据库软件工具对其内容进行采集、存储、管理和分析的数据集合。[1] 第二，大数据是一种处理海量数据的技术能力。在《写给大家看的大数据》中，作者将大数据视为"若干种旧的和新的技术相结合而成，能够帮助企业获取有意义的数据内涵。所以，大数据可以认为是一种以正确的速度、在正确的时间管理海量不相关数据并将其应用在实时分析和响应上的能力"。[2] 第三，大数据是一种开启人类社会新时代的价值资源。"大数据是人们获得新的认知、创造新的价值的源泉；大数据还是改变市场、组织机构，以及政府与公民关系的方法。"[3] 以此推之，社会公德治理大数据应当是数据信息、数据技术和数据价值的有机集合体。具体而言，社会公德治理大数据将人们在公共领域中的公德治理相关行为转变为数据，是用数据信息反映人们的行为以及行为背后的思维模式，是利用大数据技术将现实世界抽象出来，将特定时间和特定地点中的特定行为抽象为数据。以这种技术为桥梁，不仅可以构建数据维度的虚拟世界，还可以利用虚拟世界作为把握现实的一种方式和手

---

[1] 麦肯锡全球研究院：《大数据：创新、竞争和生产力的下一个新领域》（http://wenku.baidu.com/view/2e494d6d9b6648d7c1c746a7.html），2020年4月12日。

[2] ［美］赫尔维茨等：《写给大家看的大数据》，麦秆创智译，人民邮电出版社2014年版，第9页。

[3] ［英］维克托·迈尔-舍恩伯格、［英］肯尼思·库克耶：《大数据时代》，盛杨燕、周涛译，浙江人民出版社2013年版，第9页。

段。信息层面的社会公德治理大数据需要借助大数据技术才能实现其价值，应用于社会公德治理的大数据技术是一种致力于透析人的社会公德行为的信息技术，其意义在于通过收集和挖掘海量信息以及分析个体的公德行为，探索个体和社会整体的公德状态，寻找社会公德建设的规律，为社会公德治理提供科学客观的依据，为社会公德治理体系和治理能力的现代化转型提供有力支撑。

  大数据时代的社会公德治理本质上是一种社会公德建设方式，大数据之于社会公德治理而言是一种新型资源、一种手段载体，社会公德治理大数据高效、广泛应用的关键并不在于数据信息的海量集合、数据技术的发展成熟、数据价值的充分利用，而在于社会公德治理运行机制的构筑。"道德作为系统基于内部构成要素之间的有机关联性以及同外部诸因素之间的有机关联性而形成的因果联系和运转状况"[1]，便是道德运行机制。道德的社会历史性决定了道德运行机制是特定社会道德环境的产物，因时代发展、社会条件的不同具有差异性。由此，我们可以对大数据时代社会公德治理的运行机制作出简要界定，是指影响以大数据为资源展开社会公德治理活动过程中各种要素的结构功能及其相互关系，以及这些影响要素产生影响、发挥功能的运行方式和作用过程。大数据时代我国社会公德治理运行机制是社会主义道德运行机制在社会公德建设领域的具体体现，同时又是烙印大数据特征、彰显大数据功能的具有特定适用范围的运行机制。在某种意义上，社会公德治理大数据运行机制与社会公德治理大数据应用过程是大数据时代我国社会公德治理的一体两面，社会公德治理运行机制的构筑得益于大数据的实践应用，因为实践应用侧重具体操作层面的设计，为运行机制的建构提供经验支撑，社会公德治理大数据的实践应用又必须遵循运行机制的运转规律，因为运行机制是对大数据有机应用过程的抽象凝练和系统表达。大数据时代我国社会公德治理的运行机制是相对稳定的，一旦形成便具备合理性、有效性（合理性指运行机制依公德建设规律和大数据发展规律建设而成，有效性指社会公德依运行机制运转后功能效用的实现），对社会公德治理大数据的应用则产生指导性意义，成为大数据与社会公德治理良性耦合的关键纽结。

---

[1] 罗国杰：《伦理学》，人民出版社1989年版，第83页。

三 大数据时代我国社会公德治理运行机制的研究机遇

理论源于实践，大数据时代我国社会公德治理运行机制的理论建构根植于社会公德治理大数据的实践应用。纵观我国发展现状，当在社会公德治理实践中引入大数据普遍成为文明城市建设的重要举措和关键支撑时，大数据时代我国社会公德治理运行机制的实践形态业已初步生成。

2012年美国制订出《大数据研究和发展计划》，大数据技术被视为堪比石油的重要资产，2013年被称为大数据元年，众多发达国家如日本、英国都将大数据提升到了国家战略的高度。相较于西方发达国家而言，我国对大数据的开发应用起步稍晚，2015年8月，国务院发布《促进大数据发展行动纲要》，规定了接下来5—10年内大数据开发应用的主要任务。2015年11月，《中共中央关于制定国民经济和社会发展第十三个五年规划的建议》明确提出实施"大数据发展战略"。在国家大数据战略的指导下，我国各省市结合本地发展的实际情况陆续出台了形式多样、具有地方特色的大数据发展战略规划。2017年3月，中国数据中心联盟大数据发展促进会发布了《我国地方政府大数据发展规划分析报告》，报告指出，截至2017年1月底，我国已经有37个省市专门出台了大数据产业的发展规划、行动计划、指导意见等文件。2014年，贵州省人民政府印发《关于加快大数据产业发展应用若干政策的意见》和《贵州省大数据产业发展应用规划纲要（2014—2020年）》，旨在通过深入推进大数据战略奋力实现"弯道超车"。2016年，广东省印发《广东省促进大数据发展行动计划》，明确指出要用5年时间抢占数据产业发展高地，建成具有国际竞争力的国家大数据综合试验区。2016年，南宁市印发施行《南宁市大数据建设发展规划（2016—2020）》，提出了"抓住'互联网+'新机遇，推进大数据建设发展，建设中国—东盟信息港"的战略任务。随着我国大数据战略规划的不断推出，大数据在国家发展建设各领域、各方面实践应用的广度、深度日益加深，其中社会治理领域，是大数据应用的重要领域，而社会公德治理作为社会治理的重要组成部分，也成为大数据重点覆盖的一个方面。

社会公德治理大数据的实践应用主要在"智慧城市"大数据平台具

体运维中展开。智慧城市是运用物联网、云计算、大数据、空间地理信息集成等新一代信息技术,促进城市规划、建设、管理和服务智慧化的新理念和新模式。① 大数据是智慧城市建设的核心资源,其潜在价值、智慧功能主要依托支持智慧城市业务发展的基础性大数据平台,即"城市平台"来挖掘和实现。因此,实证分析大数据时代我国社会公德治理运行机制的具体实践应以"城市平台"为切入点,因为社会公德治理大数据作为一种在社会公共生活领域内的信息资源和新兴技术,需要在"城市平台"日常运维中实现自身价值。自 2013 年我国住房和城乡建设部公布第一批国家智慧城市试点名单始,智慧城市建设顺应时代发展潮流在全国各个城市以多种样态如火如荼开展起来,其中,广东省佛山市走在了全国的前列。早在 2010 年 10 月,佛山市发布《"四化融合 智慧佛山"发展规划纲要（2010—2020）》（以下简称《纲要》）,《纲要》是佛山智慧城市建设的指导性文件,也是全国首个系统的智慧城市发展战略规划。2012 年以来,在中国社科院信息化研究中心、国脉互联智慧城市研究中心联合发布的年度《中国智慧城市发展水平评估报告》中,"智慧佛山" 6 次闯入全国智慧城市建设前十强,2014 年排名第十一位、2017 年排名第十二位。可以说,经过长期系统规划,"智慧佛山"建设取得了不菲的成绩,大数据在佛山市社会治理中的应用也取得了显著的成效,社会公德治理大数据运行机制在实践中趋向成熟。佛山市作为非省会城市,其大数据社会公德治理的经验更具有一般性,对于全国其他城市更具有参考的可行性价值,因而本书选取佛山市"城市平台"的社会公德治理大数据应用作为调研对象,展开大数据时代我国社会公德治理运行机制的实证研究。

四 大数据时代我国社会公德治理运行机制的研究挑战

理论指导实践,社会公德治理大数据在我国城市文明建设中的高效、广泛应用需要正确的、科学的规范理论的指导,在实践中生成的社会公德

---

① 发展改革委、工业和信息化部、科学技术部、公安部、财政部、国土资源部、住房城乡建设部、交通运输部:《关于促进智慧城市健康发展的指导意见》（http://www.gov.cn/gongbao/content/2015/content_ 2806019. htm）。

治理大数据运行机制也需要在理论上予以抽象概括和进一步完善，因而，探究大数据时代我国社会公德治理的运行机制应当成为理论研究的重要议题。

就大数据的相关研究而言，在理念上，西方发达国家一系列大数据理论研究成果和实践成就影响包括中国在内的发展中国家关注大数据并引领世界走向大数据时代。在实践经验上，主要发达国家的大数据应用主要集中在经济领域和政治领域，这种应用带来的管理模式变革和巨大经济、政治价值给其他国家提供了积极借鉴。国内外学者在"大数据"、"大数据时代"的概念、特点、价值等方面进行了较深入的研究且达成了一定的共识，大数据应用研究将成为未来此项研究的生长点。

就社会公德治理理论研究而言，目前学界主要从概念、路径、价值等方面对其进行了集中研究。围绕社会公德治理的概念，学者们分析了社会公德治理的定义、解读了社会公德治理的对象和提炼了社会公德治理的特征，勾勒出社会公德治理的基本内涵。社会公德治理的核心在于如何治理，围绕社会公德治理的路径，学界主要从以下几个方面展开具体分析：树立正确治理理念，创新社会公德治理思路；加强法律制度建设，促进以德治国与依法治国相结合；注重道德教化，培育个体道德良知；完善方法体系，应用科学技术，多角度提高治理能力。社会公德治理作为新时代道德建设的重要内容，对于推进国家治理体系和治理能力现代化、建成社会主义现代化强国具有重要意义，学者们主要从政治、经济、文化、社会和生态五个维度展开社会公德治理的价值研究。

关于社会公德治理与大数据的关系研究刚刚起步，学者们主要从社会治理的角度阐释了大数据应用问题，目前的研究成果主要有：一是社会治理应用大数据的现实诉求研究，从传统社会管理模式滞后和大数据社会治理挑战两方面分析了社会治理应用大数据的必要性，从大数据助力社会治理实践和理论发展现代化角度分析了社会治理应用大数据的重要性；二是社会治理应用大数据的现实困境研究，集中探讨了社会公德治理应用的大数据思维困境、大数据技术（人才）困境、大数据共享（体制）困境；三是社会治理应用大数据的现实路径研究，认为树立大数据思维意识、构建数据共享共用基础平台、实施人才培养和技术创新战略、加强治理体制机制建设等应当成为社会公德治理应用大数据的基本路径。此外，少量文章探究了大数据与道德治理的关系，有学者认为，大数据能够更为充分系统地揭示人际关系、价值理念以及人的生活方式,具有引导公众的行为方式及思想意识的功能特征,正在促进社会治理方式的深刻改变,为此,需要通过道德思维的数据化、治理结构的协同化、治理政策的理性化以及治理方式的技术化转向,实现道德治理的伦理形态转型。[①] 还有学者认为,大数据在道德治理领域中的应用,凸显了传统治理机制的不足和当下治理机制的脆弱,提出了道德治理的创新要求,而这一创新需要通过先进的技术支持、全新的主客定位、完善的评价体系和数据化的思维方式来实现。[②]

在此基础上,大数据与社会公德治理的研究仍然具备很多值得探讨的空间,一方面,大数据与社会公德治理的研究需要深层次解决为什么有大数据社会公德治理和什么是大数据社会公德治理的问题,诸如社会公德治理和大数据结合的可能性和现实性,社会公德治理大数据应用的内涵和本质、特点和规律、主体与客体及其相互关系等。另一方面,大数据与社会公德治理的研究需要进一步解决大数据社会公德治理怎么做的问题,诸如社会公德治理嵌入大数据的内容框架制定、方法模型建构,社会公德治理应用大数据的具体路径解析、体制机制建构等。可见,大数据时代我国社会公德治理运行机制研究应当成为此项研究的重要生长点和聚焦点。

五 大数据时代我国社会公德治理运行机制的研究思路

本书立足思想政治教育学科,坚持理论研究和实证研究相结合,坚持历史视野和现实视野相贯通,以问题为导向,以时代为主线,探究大数据时代我国社会公德治理的运行机制。围绕此主题主要沿着"提出问题—分析问题—解决问题"的思路具体铺展。

第一章探讨了大数据时代我国社会公德建设的治理转向,旨在解决在社会公德治理中应用大数据的现实必要性和历史必然性的问题。首先,分析了大数据时代的社会发展对我国社会公德建设提出机制革新要求,大数据时代的到来推动一元主导的社会管理模式转向多元共治的社会治理模

---

① 陈进华:《大数据时代社会道德治理创新的伦理形态》,《学术界》2016 年第 1 期。
② 谢桂山:《大数据语境下道德治理的创新进路》,《青海社会科学》2020 年第 3 期。

式，而社会风气治理是社会治理的核心内容之一，社会公德建设具体到社会风气治理即形成社会公德治理。当社会建设的模式由社会管理转变为社会治理时，社会公德管理也相应地转化为社会公德治理，政府、社会、公民在社会公德治理中也要形成共建共治共享的模式。其次，分析了我国社会公德建设治理转向及其大数据诉求，改革开放以来我国社会公德建设的现实困境主要在于现代社会舆论式微与道德监督功能遁形，导致"德—得"相通的道德运行机制失灵，基于物联网的大数据的出现使得这一问题有了可操作性的解决方案，大数据作为陌生人社会的道德资源，在助力生成"后熟人社会"的同时建构起道德监督功能实现的新模式。最后，分析了时代变迁中我国社会公德建设运行机制的历史发展进程，从宏观上看，科学技术发展驱动生产力变革使得人类社会经历农业、工业和信息社会三大历史阶段，相应地生成了具有独特时代印记的社会公德建设机制，农业社会的道德建设是在村落道德权威领导下村民共同参与的活动过程，是一种带有浓厚封建色彩的道德建设模式，工业社会的道德建设是一种自上而下的单向道德灌输模式，即"政府主导型"的道德建设，而信息社会的道德建设模式正不断趋向多元主体共治型。

第二章阐释了大数据时代我国社会公德治理运行机制的基础理论，旨在解决大数据时代社会公德治理及其运行机制是什么的问题。首先，深耕了社会公德治理的相关理论，认为，需要在"社会公德的治理"与"对社会公德（问题）的治理"的有机统一中辨析社会公德治理的概念，主体、客体和公德规范构成了社会公德治理的基本要素，其中，治理主体是多元的，不道德者既是治理客体又是主体，具有主客体二重性，社会公德治理的深度推进需要从"制度保障""技术支撑""德法兼用""治育结合"四个方面展开。其次，探究了社会公德治理大数据应用理论，社会公德治理大数据是数据信息、数据技术和数据价值的有机结合体，我国社会发展中客观存在的社会公德失范现象提出了社会公德治理大数据的应用诉求，同时，在社会公德治理中应用大数据有利于形成多元主体协同治理的格局、提高社会公德治理科学化水平、重塑"德—得"相通的道德运行机制。最后，解读了大数据时代社会公德治理运行机制的基本内涵，运行机制是指系统内部各要素的结构功能及其相互关系，以及这些要素产生影响、发挥功能的运行方式和作用过程。大数据时代我国社会公德治理运行机制的探讨应以主体协作方式作为切入点展开，因为主体协作能够直接呈现各构成要素的相互间关系，是各要素相互联结的最佳表达方式，而基于主体能力的差异化关系模型又生成了不同的运行机制类别，即"强政府—弱企业—弱公民"型、"弱政府—强企业—弱公民"型、"强政府—强企业—强公民"型。

第三章个案分析了大数据时代我国社会公德治理的运行机制，旨在客观概述广东省佛山市"城市平台"建设中社会公德治理运行机制的具体实践形态。首先，介绍了广东省佛山市在社会公德治理中应用大数据的现状，指出，智慧佛山"城市平台"的日常运维是社会公德治理大数据具体应用的现实依托，在社会公德治理中应用大数据使得以往政府单一治理社会公德失范所需的各类资源的获得途径增多、难度降低，持续性、永久式的长效治理活动代替了运动式、风暴式的专项整治运动，治理社会公德失范现象的实际效益得到了实质性提高。其次，概述了广东省佛山市大数据社会公德治理运行机制的基本内容，佛山市"城市平台"建设中社会公德治理的运行要素可以界分为目标要素、主体要素、客体要素、平台要素和环境要素，其中，佛山市政府、大数据企业和社会公民构成了社会公德治理的基本主体。佛山市大数据社会公德治理的运行机制可以以主体协作的方式客观呈现，因而，在这里主要从静态视角的职能分工和动态视角的相互间关系对各主体的协作方式予以解读，并从前期准备、中期治理、后期总结三个阶段描绘出各主体相互协作的具体过程。最后，评价了广东省佛山市大数据社会公德治理运行机制的经验与不足，认为注重顶层设计、强调因地制宜，治理过程统一管理、阶段化特征明显，主体分工明确、引入市场参与治理应当成为大数据时代我国各城市社会公德治理大数据应用的经验借鉴，同时，也要注意克服考核监督体系亟须完善、治理软实力有待提高，运行模式多元化程度不足、长效运行乏力，主体职责不健全、共治效果未充分彰显等弊端。

第四章"大数据时代我国社会公德治理运行机制的逻辑建构"，旨在明晰大数据时代我国社会公德治理运行机制的主要内容及其建构路径。首先，以问题为导向分析了大数据时代我国社会公德治理运行机制建构的现实困境，集中体现在技术发展不平衡和主体能力不强两个方面。其次，坚持理论源于实践的原则，在实证分析的基础上解构了大数据时代我国社会公德治理运行机制的主要内容，认为大数据时代我国社会公德治理运行机制的建构必然根植于社会公德治理良性运转的内在机理，包括"德—得"

相通的运行机理及社会公德教育修养机制、社会公德调节机制和社会公德监督机制三大基本机制,以此为前提,从社会公德治理大数据应用的主体职能、主体间关系模式以及主体协作过程三个维度展开具体分析。最后,探究了大数据时代我国社会公德治理运行机制的具体操作设计,选取我国新冠疫情防控过程中出现的社会公德事件作为典型案例,分析大数据时代我国社会公德治理运行模式的具体实践操作,为大数据时代我国社会公德治理运行机制的系统建构提供了现实借鉴。在建构理念上,从大数据为谁应用、谁来应用、如何应用三个视角而言,我们应当坚持政治性和人民性相统一、坚持"众治"和"自治"相统一、坚持技术伦理和以人为本相统一。在建构策略上,为破解数据共享、主体参与和制度建设等方面的难题,需要从实施数据开放战略、提高治理主体能力以及健全治理协同制度等入手展开构思。

  第五章预制了大数据时代我国社会公德治理运行机制建构中的问题防范,旨在为解决或遏制社会公德治理大数据运行过程中可能出现的相关伦理问题提供理论指导。首先,勾绘大数据时代我国社会公德治理数据一体化的实现蓝图,认为打破大数据垄断风险是社会公德治理有效的前提,大数据垄断风险指向大数据割据问题和大数据烟囱问题,这就需要政府推进大数据信息公开机制、奖励数据开放组织和企业、建立大数据使用责任机制。其次,克服大数据时代我国社会公德治理中的自发性,这种自发性体现在数据依赖、数据解读主观化倾向等方面,为此,我们需要从营造公德治理大数据意识的社会良好氛围和把握公德治理大数据意识的重点培养对象的角度来构思培育公民的理性化大数据理念的路径,要从搭建以应用为导向的社会公德治理大数据平台基础设施和制定以协同为特色的社会公德治理大数据平台运用规则的角度来构思推动大数据战略健康积极发展的路径。最后,大数据时代促进技术价值与自由意志的关系平衡,个体海量数据的获得必定影响个人隐私,在隐私保护中隐含两种悖论,一是基于"告知与许可"的个人隐私保护,既然是告知与许可,就谈不上个人隐私,二是数据预防与个人意志自由的悖论,为此,我们必须改变隐私责任理念,由个人许可转变为使用者负责,还要完善隐私保护的体制机制,借助大数据实现隐私防范机制的现代化。

第一章　大数据时代我国社会公德建设的治理转向

大数据时代，社会管理模式发生深刻变革，社会公德建设作为社会管理的重要组成部分，必然随之改变，即由"管理"走向"治理"。同时，社会公德建设局限性的客观存在要求引入大数据以实现公德建设的治理转向。探究大数据时代与社会公德治理的有机统一，为分析大数据时代我国社会公德治理的运行机制提供理论前提。

引子　一个案例的两种分析和两种结论

在 21 世纪第一个 10 年之前，国际上甚或国内对于国人公德素质并不看好，社会上流行着许多经典的事例来印证该论调，例如为国人所熟知的，中日儿童公共领域道德素质的比较[1]、中国留学生的诸多无公德素质之怪象、中国式过马路[2]等。但是，这种仅局限于事情本身的优劣比较分析在 21 世纪前一个 10 年之后却悄然发生了改变。在此，以留德中国学生作为个案分析前后两种变化的具体发生。

---

[1] 在中日少年素质的比较中，人们普遍认为日本少年比中国少年更有社会公德。大家较为熟知的例子："在咱们中国的草原上，日本孩子用过的杂物都用塑料袋装好带走。他们发现了百灵鸟蛋，马上用小木棍围起来，提醒大家不要踩。可中国孩子却一路丢一路东西……"（孙云晓：《夏令营中的较量》，《学前教育》1994 年第 3 期）

[2] 2012 年 10 月 10 日，"傲游哈哈"用户"中正平和"发表笑话："中国式过马路"，就是"凑够一撮人就可以走了，和红绿灯无关"。次日，网友"这个绝对有意思"在微博上发消息称："中国式过马路，就是凑够一撮人就可以走了，和红绿灯无关。"同时，还配了一张行人过马路的照片，虽然从照片上看不到交通信号灯，但有好几位行人并没有走在斑马线上，而是走在旁边的机动车变道路标上，其中有推着婴儿车的老人，也有电动车、卖水果的三轮车。一天内该微博被近 10 万网友转发，"中国式过马路"成为中国人公德素质低的专有名词得以流行。（百度百科，中国式过马路）

案例：留德中国学生的遭遇

一名中国学生在德国留学时，每天都要乘坐地铁，慢慢地他发现德国的地铁没有检票口，他在一次乘车时没有买票，不幸被查到但结果没有任何人找他麻烦，他暗自庆幸。于是在后来的日子里，他多次没有买票，也没有带来大麻烦。毕业后他以各科全 A 的成绩去德国各大公司求职均被拒绝，他只好降低自己的求职条件，可是仍不被聘用。

在一次求职失败后，他愤怒地质问拒聘自己的人事主管自己成绩优异而不被录用的原因，在他一再的质问下，对方只好说出：非常遗憾，由于您的社会信用上记录着您曾乘地铁没有买票，因此我们不能聘用您。

21 世纪前 10 年之前的分析及结论：中国留学生在德国发生了偷逃地铁票的公德失范行为，究其原因，不是中国留学生不知道偷逃票不道德而是因为他主观上并不认为其重要；不是中国留学生能力有问题，这从他科科成绩 A 可知；不是中国留学生所受大学教育不同，这从他的留学生身份可知。综合认知、能力、行为三个方面原因，中国人公德素质差的结论被得出并刻板化。

21 世纪前 10 年之后的分析及结论：中国留学生之所以知道偷逃地铁票的行为是公德失范行为还执意为之的原因，除了其自身公德意识淡薄之外，更为重要的原因是处在发展阶段的中国当时未有世界先进的互联网技术，没办法形成对个体公德行为的有效监督与管理，造成公德与日常生活的脱离进而引发公德失效。随着中国"互联网＋"时代的到来，中国建立和完善自身的社会信用制度，偷逃票的行为成为历史。因而，该案例不能得出中国人公德素质差的结论。

为什么同一个案例放在不同时期，会有两种不同的归因和结论呢？这种转变为公德建设带来了怎样的契机？它又昭示着社会公德建设什么样的未来呢？

一　我国社会公德建设治理转向及大数据诉求

为什么现代社会公德建设一直在路上？国内学界的众多解释中，"社会转型说"得到大多数学者认同。"中国社会正在经历从'熟人社会'向'陌生人社会'的转型，以往调节'熟人社会'的道德机制受到削弱，而调节'陌生人社会'的道德机制尚在建立和完善之中。"[①] 建构陌生人社会的道德机制一直是现代学者为之共同努力的事业，从"交互主体""语言"到"生活世界"，见证了学者们的努力历程，然而逻辑自洽的理论始终未经得起实践的检验，道德建设成效并不显著。直到基于物联网的大数据的出现，陌生人社会的道德机制建构有了可操作性的解决方案，特别表现在道德监督机制和道德共治机制的建构上。对于社会公德自身建设而言，就是解决陌生人社会道德监督机制的实现问题；而社会公德共治机制的建构则需要国家社会管理模式的根本转变。

（一）我国社会公德建设困境的原因分析

良心和社会舆论是道德功能实现的手段，良心是实现道德功能的内在力量，社会舆论是实现道德功能的外在力量，两者相互支持生成实现社会公德的力量。在陌生人社会中，社会舆论是较之良心更为重要的道德力量，道德监督功能在现代社会地位高扬。道德监督功能，指通过社会公众舆论向道德失范者施压迫使其纠正恶行，保障道德在社会中的权威地位和全体社会成员的道德认同，实现人与人、人与社会关系的和谐发展。道德监督功能是道德调节功能的具体形式之一，它以社会舆论为手段实现道德外在调节功能，与以良心为手段的内在调节功能有机统一完成道德的调节作用。社会舆论作为道德监督功能的实现手段，它在什么条件下才能发挥作用？以孕育中国道德机制的传统熟人社会为例展开分析，剖析社会舆论实现道德监督功能的条件，寻找建构陌生人社会道德机制的着力点。

传统社会中，群体聚集起来的纽带是血缘关系和地缘关系。依据天然关系建立起来的人际关系圈中，每个人从出生那一刻起就承担天然的道德责任。君臣、父子、兄弟、夫妻关系内在蕴含一定的伦理要求，这些伦理要求不因个体差异而发生改变、不因地域转换而发生改变，承担相应角色的个体必然履行角色所要求的道德规范，这些规范内化为个体的道德认知和道德信仰、外化为个体的道德行为。即使在现代社会中，父子、夫妻、

[①] 秋石：《正视道德问题 加强道德建设——三论正确认识我国社会现阶段道德状况》，《求是》2012年第7期。

兄弟间也天然存在着与现时代相适应的伦理规范，位于角色上的个体附着角色要求的伦理责任，自然生命和伦理生命合二为一。当个体摆脱伦理要求、逃避道德责任时，自然生命失去了伦理生命附着，伦常关系从自然身体上卸载下来，个体失去于血缘关系、地缘关系中存在下去的资格。"失去资格"意味着遭受道德舆论集体谴责的个体，除非改变自己的行为、重拾卸载的伦理生命获得群体原谅而回归群体，否则就会被剥夺在群体生活的资格，甚至失去生命。道德舆论凭借什么能够把道德失范者驱赶出群体，甚至剥夺其生命？固定地域、固定人群和固定的伦理要求，这三者构成传统熟人社会的特质。费孝通先生指出，传统中国是一个人情社会，每个人自出生至死亡都是人际关系网上的一个纽结。[①] 整个社会就是以"我"为中心层层扩散开去的同心圆，封闭不流动的社会使人们世代生活一成不变，以血缘关系为基础的伦理要求在社会中具有绝对权威。熟人社会的特质为道德监督机制的运行提供了道德资源。

固定人群、固定空间、固定伦理原则的有机结合生成"德—得"相通的道德运行机制。"德—得"相通的实质是道德与个体现实生活关联，有道德者获得生存和发展资源，不道德者丧失生存和发展的资源。在"德—得"相通的道德运行机制中，失德者的最终结果只有两种，要么接受惩罚纠正行为以求得群体原谅和重新接纳，最终获得生存和发展的机会；要么不接受惩罚不纠正行为而得不到群体的原谅，最终失去生存和发展的机会乃至生命。"德—得"相通的道德运行机制，是中国世俗文化中"因果报应"道德理念的典型写照，在这个机制中日常生活被赋予崇高的意义，道德具有无比崇高的力量。恰如马克斯·韦伯所言：新教伦理使得"完成世俗事物的义务尊为一个人道德行为所能达到的最高形式，……正是这一点，不可避免地使日常的世俗行为具有了宗教意义"[②]。

市场经济和改革开放促进中国公共生活领域迅猛发展，人们从农村走向社会、从单位走向社会，形成异质性的"人际网"，表征陌生人社会的到来，进而加速了传统熟人社会中"固定人群、固定空间、固定伦理要求"三要素的解构，导致"德—得"相通的道德运行机制失灵。社会舆

[①] 梁漱溟：《中国文化要义》，学林出版社1987年版，第79页。
[②] ［德］马克斯·韦伯：《新教伦理与资本主义精神》，彭强、黄晓京译，陕西师范大学出版社2002年版，第56页。

论无法持久存续，道德对象无法持久固定，伦理要求不具有至上的权威，道德监督功能失去了传统道德资源支持，道德沦落为仅凭主观良心喜恶支撑的个人私事，所有的道德评价和判断都不过是爱好、态度或感情的表述而已。①

不同于传统社会中人们固定于"纽结"上的受束缚状态，现代人处于一种随处流动的自由状态，自由流动意味着在公共生活领域中没有固定的人际关系，公共领域中人们形成关系仅是因为大家"此时"共处于公共空间中，是以"共在"为条件的人际关系。共在型人际关系中，每个人都不知道对方"来自哪里""身处何方""去往何处"。即使这样，这种关系也是即刻流逝，随着个人离开公共生活领域，即刻关系旋即结束，公共生活领域并不像血缘和地缘一样具有"粘附"在个体身上的性质。共在型人际关系和即刻存在状态无法形成道德监督功能所需要的"千夫所指"局面，"德—得"相通的道德运行机制因为缺乏道德资源的支持而发生断裂，道德困境出现。公共生活领域中出现的"中国式过马路""道德冷漠""碰瓷"等道德失范现象与共在型人际关系中的社会舆论散落、道德权威无法生成直接相关。在公共生活领域中，当违德现象出现，在场的公众会以道德为手段对当事人进行谴责，面对公众谴责会出现两种情形，一是有良知的人会受到良心的谴责进而纠正自己的行为；二是没有良知的人并不会因为一群陌生人的指责而改变自己的行为。但无论出现哪种情形，公众一旦离开公共生活领域，道德监督功能旋即结束，公共生活领域与个人日常生活的脱离，造成了道德权威的失落，道德混杂局面出现。散落的公共舆论和随处可见的道德遗憾成为陌生人社会的道德现状。

(二) 社会公德建设困境的大数据突破之路

如何使流动的个人相对固定，如何使即时的公众舆论持续聚焦，如何使道德权威重构？"交互主体""语言""生活世界"等是学者们一直探寻的标记，基于物联网的大数据的出现使理论探寻有了付诸实践的工具，道德由熟人社会向陌生人社会转型过程中遇到的资源缺乏问题有了可操作性的解决方案。大数据作为陌生人社会的道德资源，在生成"后熟人社

---

① [美] 麦金太尔：《德性之后》，龚群译，中国社会科学出版社1995年版，第16页。

会"的同时建构起道德监督功能实现的新模式。

1. "后熟人社会"及其道德价值

"后熟人社会"是与"熟人社会"①相对应的一个概念,指以物联网为平台依托大数据建立起来的能够凝聚陌生人为一体的社会。其中,"后"有三层含义:一是从时间上看,后熟人社会发生在熟人社会之后,是属于陌生人社会的一种存在形式;二是从凝聚纽带上看,后熟人社会是由后天的网络为纽带凝聚起来的社会,这种后发的联结纽带不同于先天的血缘和地缘纽带;三是从性质上看,后熟人社会是虚拟性质的社会,是围绕着公众共同关注的社会热点和焦点事件被临时建构起来的社会。称为"熟人社会"是因为从道德资源角度看,依据大数据建立起来的社会群体具有与熟人社会性质相似的道德价值。

首先,确定相对固定的个体位置。大数据时代,以物联网技术为基础的便携式移动终端使人类进入网络社会,网络生活成为人们的日常生活样式。只要使用便携终端,每个人都因为 ID 号而被终生固定,其网络行动轨迹全部在 ID 号上留下"记录"。依据个人在网上留下的海量信息,形成个人信息大数据。通过大数据,不仅可以较准确地把握个人身份,还可以较精确地预测其行动规律和行动的未来趋势,这些信息不因个体流动性而隐匿或消失。大数据形成的 ID 身份是对个体真实身份的相关性、预测性反映,是建立在对个体海量碎片化网络信息合成基础上的个体身份的虚拟建构。

其次,后熟人社会生成。大数据带来了社会结构变革:社会结构由"阶层状"转变为"网格状"②,促使后熟人社会的生成。后熟人社会的即时性和问题导向性特征突出,一旦吸引公众注意力的问题出现,固定的网络社会即刻形成,伴随问题的产生、发展、解决,人群聚集规模相应经历小范围、大规模、消散三种形态。在事件持续阶段,社会公众形成一个相对坚固的人际关系网,以网络为平台形成舆论大数据,道德权威生成,

---

① 关于熟人社会,学界基本依据费孝通先生的界定展开阐释。"乡土社会在地方性的限制下形成了生于斯、死于斯的社会。……这是一个'熟悉'的社会,没有陌生人的社会。"换句话讲,熟人社会是以血缘和地缘关系为纽带的社会。(费孝通:《乡土中国》,人民出版社 2008 年版,第 6 页)

② 涂子沛:《大数据:正在到来的数据革命,以及它如何改变政府、商业与我们的生活》,广西师范大学出版社 2015 年版,第 313 页。

通过对个体生活、工作的影响进而影响整个事件的发展方向和处理结果。

再次，维护道德原则的公共意志生成。基于物联网围绕社会事件形成的社会舆论大数据往往彰显公共意志，究其原因有二：一是道德失范产生的根本原因是违反了大众的道德原则遵循，突破了道德底线，因而其引发社会舆论关注的前提就是维护公共意志，保护道德原则。二是能引发社会舆论集体谴责的道德失范行为往往是违背道义的行为，保护弱势群体是人类社会自产生以来就一直遵循的道德原则，孟子指出："人皆有不忍人之心。先王有不忍人之心，斯有不忍人之政矣。以不忍人之心，行不忍人之政，治天下可运之掌上。"① 任何一个国家的价值观制定都遵循道义精神，围绕谴责道德失范行为形成的社会舆论一般是维护道德原则的。

2. 后熟人社会中道德监督功能的实现

当固定人群、固定时空、固定原则形成之后，"德—得"相通的道德机制便被重新启动，后熟人社会的道德监督功能开始正常发挥作用。

重新启动"德—得"相通的道德机制，需要寻找整合个人道德行为与个人生活的"黏合剂"，使道德与个人得失相关联。作为互联网发展和延伸的物联网，通过把物理世界引入到互联网，使现实世界和网络世界直接相连，把万事万物都连接起来。在某种意义上，物联网使网络世界和现实世界融为一体，网络不再仅仅是现实世界的反映。大数据就是物联网蕴含的海量数据，通过数据挖掘可以提取任何一个个体从生到死所有生活领域活动的整合信息，弥补物理世界中领域分化带来的碎片化影响；分析海量信息，能发现道德行为的发生规律和未来发展趋势，提出现有问题的解决对策和设计道德的未来发展路径。物联网大数据作为一种新兴的道德资源，它通过"整合"人们的全部生活，把道德和个体生活直接联系起来，使道德"千夫所指"之力有了着力点。当一个公德失范行为被发送到社交平台上，公众就会聚集起来以正义为旗帜形成合力对此行为、此行为人作出公开舆论谴责，进而通过网络的力量影响其和家人的正常生活，对不道德者产生压力，促使其改变行为、恢复生活的原来面貌。以2018年4月发生的"洁洁良"事件②为例分析大数据的道德价值。

---

① 《孟子·英汉对照》，杨伯峻今译；赵甄陶英译，湖南人民出版社1999年版，第70页。
② 参见百度百科 "'洁洁良'事件"（https：//baike.baidu.com/item/%E2%80%9C%E6%B4%81%E6%B4%81%E8%89%AF%E2%80%9D%E4%BA%8B%E4%BB%B6），2021年1月28日。

2018年4月19—20日，某大学环境与生态学院在读研究生田某某以"@洁洁良"的网名在新浪微博上发表错误言论，产生了十分恶劣的社会影响。之后，网友通过信息搜索发现"@洁洁良"在现实生活中与网络生活中人物形象的两面性鲜明，其精致利己主义者形象成为社会舆论关注的焦点。网友集体谴责田某某并@其所在大学。

2018年4月23日，该大学环境与生态学院在官网发布《关于对田某某同学处理情况的通报》，给予田某某留党察看、留校察看的处分。

2018年9月1日，该大学通报近期"洁洁良"网络事件处理情况，当事人田某某被开除党籍、退学。

大数据形成熟人社会，发挥道德监督功能的表现主要为：首先，通过大数据固定违德个体身份。在"洁洁良"事件中，公众通过大数据实现了对田某某的各领域信息"合一"，把她的学习、生活、现实虚拟形象整合。挖掘出其在生活中是个"成绩优异、保送博士、曾获12项荣誉称号的学生党员"，网络上是一个纯粹的"精日主义者"，网上表现和现实生活表现形成鲜明对比，其"精致利己主义者"形象引发网友大量吐槽。其次，形成固定的社会舆论。围绕田某某的"精致利己主义者"形象，社会舆论形成焦点，形成"千夫所指"局面，对该大学的声誉和田某某的生活产生直接影响。再次，形成"德—得"相通的道德运行机制。整个事件网友关注并参与治理，以社会舆论影响其现实生活，引起国家和学校关注，最后依据党内法规、学校规章对其制裁。总之，通过"洁洁良"事件可知：大数据成为陌生人社会的道德资源，使"德—得"相通的道德运行机制重建、使道德力量重新恢复。

3. 大数据时代道德运行机制的特殊性

大数据重启"德—得"相通的道德运行机制以后天的网络关系出现为前提，后熟人社会的道德运行机制有不同于天然熟人社会道德运行机制的特点。

首先，道德力量性质不同。传统道德运行机制中，固定人群、固定空间、固定伦理原则使个体的生命角色和道德角色直接相连，每个人是人际关系网上的一个纽结，每个角色上都固定着伦理要求，遵循伦理、践行道德是生命之需。物联网时代的道德运行机制中，群体外部的物质力量使没有固定人群、固定时空、固定伦理原则的人群集合统一起来，使陌生人以正义的名义集聚起来谴责不道德者，这个谴责通过影响受谴责者的学习、工作、生活、家人等方式压迫受谴责者改变行为、得到公众的原谅，否则将失去生存的机会。

其次，道德制裁方式不同。传统道德运行机制中，道德力量通过直接面对面的制裁实现；而基于物联网的道德运行机制中，道德力量通过"虚拟"制裁实现。在直接制裁中，制裁者和被制裁者在地位上是平等的，受制裁者享有一些基本的权利；在"虚拟"制裁中，制裁者和被制裁者在地位上是不平等的，受制裁者不享有一些基本的权利，制裁后果更加严厉、绝对，处理不当甚至产生"网络暴力""人肉搜索"等负面问题。

再次，道德力量作用后果不同。"背井离乡"是传统社会中个体不接受社会舆论制裁但又不堪忍受舆论指责的唯一方法，进入一个新的陌生人群、生活空间，虽然生活困难但仍有希望。在物联网时代全世界就是一个"地球村"，没有人可以离开"村落"生活，因而"背井离乡"式的道德逃脱不再是一种改变生存的方式，社会舆论的道德力量更为彻底和强大。受到社会舆论谴责的人，唯一生存下去的方式就是受谴责者直面困境，让公众相信其能够改过自新、能够重新做人。

二 大数据时代社会发展对我国社会公德建设提出机制革新要求

当人们以物联网作为道德资源重拾社会公德监督功能、恢复"德—得"相通的道德运行机制之时，就昭示了我国社会管理机制由纵向模式转变为横向模式，即人人参与的共治模式。如果说，社会公德困境突破的本质是发现新道德资源恢复"德—得"相通的道德运行机制的话，那么社会公德困境突破之可能和保障就是社会共建共治共享模式的生成与确立。

（一）社会治理要义

1992年党的十四大报告中首次提到社会主义市场经济，伴随其发展的产物之一便是社会领域的迅猛扩大与发展。于是，1993年党的十四届三中全会报告中首次明确提出"社会管理"概念,强调完善政府管理和公共服务职能,为全面建成小康社会提供强有力的体制保障。[①] 2002年党的十六大报告中再次重申了"经济调节、市场监管、社会管理和公共服务"的基本政府职能[②],为社会建设提供了目标和标准。自此,社会建设成为和经济建设比肩的政府基本职能,社会管理和经济管理一起成为国家建设的基本内容。社会建设作为政府的新兴职能,成为国家治理体系和治理能力现代化的重要指标,在建设中国特色社会主义中的地位和作用日益重要。

从1993年党的十四届三中全会首次提出"社会管理"概念,到2013年党的十八届三中全会首次提出"社会治理"概念,社会建设模式完成了从管理到治理的创新性发展。作为社会建设的两种模式,社会管理和社会治理的基本构成要素是社会建设主体、社会建设客体、社会建设载体,三大基本要素结合筑起国家社会建设体系和建设能力。就社会建设主体而言,党的十六届四中全会报告《中共中央关于加强党的执政能力建设的决定》中规定:"建立健全党委领导、政府负责、社会协同、公众参与的社会管理格局。"[③] 党委、政府、社会、公众明确成为社会建设的主体,且在地位明确的前提下形成"社会管理格局"。之后,2010年党的十七届五中全会报告《中共中央关于制定国民经济和社会发展第十二个五年规划的建议》,在说明社会管理格局的前提下,提出"加强社会管理法律、体制、能力建设"[④]。2012年党的十八大报告《坚定不移沿着中国特色社会主义道路前进 为全面建成小康社会而奋斗》中提出"完善党委领导、政府负责、民主协商、社会协同、公众参与、法治保障科技支撑的社会治理体系"[⑤]。党的十九届四中全会报告中指出"必须加强和创新社会治理,完善党委领导、政府负责、民主协商、社会协同、公众参与、法治保障、

[①] 《中共中央关于建立社会主义市场经济体制若干问题的决定》(http://fuwu.12371.cn/2013/12/18/ARTI1387333577806683_21.html)。

[②] 《全面建设小康社会 开创中国特色社会主义事业新局面》(https://fuwu.12371.cn/2012/09/27/ARTI1348734708607117.shtml)。

[③] 《中共中央关于加强党的执政能力建设的决定》(http://news.12371.cn/2015/03/12/ARTI1426130759097218_3.shtml)。

[④] 《中共中央关于制定国民经济和社会发展第十二个五年规划的建议》(https://www.npc.gw.en/zgrdw/npc/2t/gt/jj125gh/2010-10/28/content_162776.htm)。

[⑤] 《中共中央关于坚持和完善中国特色社会主义制度 推进国家治理体系和治理能力现代化若干重大问题的决定》(http://www.12371.cn/2019/11/05/ARTI1572948516253457.shtml)。

科技支撑的社会治理体系"①。至此,社会建设形成了基于民主协商、科技支撑、法治保障的党委、政府、社会、公众四位一体的主体社会建设体制。

社会建设的客体,即社会建设的对象,在党的十六届三中全会报告《中共中央关于完善社会主义市场经济体制若干问题的决定》中做了全面基础性规定,完善流动人口管理、深化户籍制度改革、完善就业服务体系,加大收入分配调节力度,加快城乡社会体制改革,深化公共卫生体制改革等②。之后,为满足社会发展需要,2011年胡锦涛在《扎扎实实提高社会管理科学化水平建设中国特色社会主义管理体系》重要讲话中完善了之前的内容并增加了各类社会组织、信息化和社会风气建设内容,即"进一步加强和完善流动人口和特殊人群管理和服务,进一步加强和完善非公有制经济组织、社会组织管理,加强公共安全体系建设,完善信息网络服务管理,进一步加强和完善思想道德建设"③。至此,社会建设的基本内容确定为社会人员、社会组织、社会保障、信息网络、社会风气等。

社会建设的载体,即主体见诸客体的工具,党的十六届三中全会报告《中共中央关于完善社会主义市场经济体制若干问题的决定》确定了社会基层组织作为社会建设载体的地位,"完善基层群众性自治组织,发挥城乡社区自我管理、自我服务的功能"④。之后,党的十七届五中全会报告《中共中央关于制定国民经济和社会发展第十二个五年规划的建议》增加了法治和基层党组织的内容,"完善法律法规和政策,健全基层管理和服务体系,加强和改进基层党组织工作,发挥群众组织和社会组织作用,提高城乡社区自治和服务功能"⑤。至此,各级各类基层社会组织成为政府社会建设的重要中枢。

社会建设理念,在2013年国家提出社会治理概念之前表达为"党委领

---

① 《中国共产党第十九届中央委员会第四次全体会议公报》,人民出版社2019年版,第13页。
② 《中共中央关于完善社会主义市场经济体制若干问题的决定》(https://www.gov.cn/gongbao/content/2003/content_62494.htm)。
③ 《扎扎实实提高社会管理科学化水平建设中国特色社会主义管理体系》(http://www.npc.gov.cn/zgrdw/npc/xinwen/syxw/2011-02/20/content_1621269.htm)。
④ 《中共中央关于完善社会主义市场经济体制若干问题的决定》(https://www.gov.cn/gongbao/content/2003/content_62494.htm)。
⑤ 《中共中央关于制定国民经济和社会发展第十二个五年规划的建议》(https://www.npc.gov.cn/zgrdw/npc/zt/gt/jj125gh/2010-10/28/content_162776.htm)。

导、政府负责、社会协同、公众参与、法治保障"。社会管理语境中的社会建设理念表明了政府、社会、公众、法治各自分工，而对于多元主体的地位和协作方式未作出明确表达。这一问题在2015年党的十八届五中全会报告中得以解决，即"构建全民共建共享社会治理格局"①。到党的十九大，社会建设理论进一步完善为"打造共建共治共享的社会治理格局"②。与此配套，《国民经济和社会发展第十三个五年规划纲要》提出"实现政治治理和社会调节、居民自治的良性互动"③。社会治理语境中的社会建设理论在各主体分工明确的前提下说明了各主体的地位及协作方式，表明社会建设模式真正由社会管理走向社会治理，打破了传统的由上而下的社会建设模式，形成了上下打通、左右结合的一体化社会建设新格局。

综上所述，社会治理是以民主协商、科技支撑、法治保障为前提，党委领导下的政府、社会、公众对社会人员、社会组织、社会保障、信息网络、社会风气等社会公共事务共建共治共享的社会建设模式。它是社会建设的新时代模式，是社会管理的新时代发展。

（二）大数据时代我国社会公德治理的共建共治共享模式

传统社会中，涉及公共事务，老百姓把希望寄托在官员身上，《诗》云："乐只君子，民之父母。民之所好好之，民之所恶恶之，此之谓民之父母。"④ 民间流行的"父母官"的说法，就是传统社会管理模式的朴素表达。社会管理最初被提出是在市场经济确立之后，党委、政府、公众、社会作为共生主体是社会管理的应有之义，但是在2013年大数据元年出现之前，协同管理概念鲜有提及，人们可以通过互联网提出对社会公共事务的看法，却无法使公共权威真正居于主体地位。2013年之后，大数据时代到来，在技术支持下社会协同治理成为现实。

1. 互联网时代"表叔事件"中的公众监督模式

可以讲，"表叔事件"和"政务公开"是从社会管理到社会治理转变

---

① 《中国共产党第十八届中央委员会第五次全体会议公报》（https：//news.12371.cn/2015/10/29/ARTI1446118588896178.shtml）。

② 习近平：《决胜全面建成小康社会 夺取新时代中国特色社会主义伟大胜利——在中国共产党第十九次全国代表大会上的报告》，人民出版社2017年版，第49页。

③ 《国民经济和社会发展第十三个五年规划纲要（2016—2020年）》（https：//www.12371.cn/2015/11/03/ARTI1446542549525771.shtml）。

④ 《礼记·大学》。

的标志事件。在社会管理中，社会协同、公众参与是以公共监督的方式实现；在社会治理中，社会协同、公众参与是以共治的方式实现。

案例：表叔事件

2012年8月26日延安发生特大交通事故，在记者报道的图片中，有一张延安安监局局长杨某某面带微笑。该图片被网友发现后开始对其进行搜索，发现其在不同场合佩戴不同款式的名表5块。8月30日杨某某通过微博与网友互动，称"用10年合法收入购买5块表"。但之后其又被网友发现共有11块名表，在接受新华社记者采访时，称"我工作，我老婆工作，我儿子工作，我（儿）媳妇工作，我这一年光工资收入就十七八万，我家没啥负担，我父母也都去世了，我儿子也喜欢表，实际上我和他有时戴表也通用，我父子两个一会儿他戴戴这个（一会儿戴戴那个表），他前几天就想要（万宝龙），他说他要去戴一段时间。"(9月3日人民网)。杨某某解释的变换使网友对其诚信产生怀疑，9月1日下午，湖北三峡大学在校生刘某某向陕西省财政厅寄送政府信息公开申请表，申请公开杨某某2011年度工资。（9月3日《新京报》）。2013年8月30日，表叔杨某某受贿，巨额财产来源不明案开庭，一审判处有期徒刑十四年，并处没收财产。

从"表叔"事件中，我们看到了人人参与公共事务的可能性，这是建立在互联网时代到来前提下的可能性。当人人拥有便携式终端的时候，针对公共事件人人可以表达观点，公众作为监督力量参与到公共事件管理当中。与前互联网时代相比，公共事件的传播方式、公众的参与方式都发生了质的转变。

首先，传播方式的改变：由平面传播到立体传播。平面传播具体体现在人际传播和互联网出现之前的大众传播中。人际传播是一种线性传播，线性传播采取一种口口相传的方式，"一传十、十传百"是这种传播方式的真实写照。平面传播是由一个权威信息源向受众单向传播信息，由于大众传播媒体的内容和观点受到多方面的审核与控制，并不能完全代表大众的利益，此时人际舆论难以跟进，无法形成大规模的社会舆论。平面传播速度慢，美国著名传播理论学家麦库姆斯发现从媒介议程到公众议程需要2—6个月，而温特和艾亚尔则表明从媒介议程到公众议程需要4—6个月才能达到合适的效果。"当一个引发人们关注的信息从起点到末位要经历漫长的人际传播,当一方得到信息并开始关注的时候,这些信息在早期的传播者那里已经成为历史和记忆。而且由于时间漫长,环节众多,这个时候信息可能失真,甚至与原来的含义完全相反。因此也可以说最初的群体和末尾的接收群体面对的已经不是同一件事情,这个时候已不可能形成宏观而统一的社会舆论了。"[1]

网络的介入使传播成为立体式传播。因为网络的公开性、隐匿性、即时性等特征,人人可以即时成为网民、人人可以即时自由发表言论。人们的身份平等体现在参与机会的平等、权利的对等、交流机会的均等等方面。当人们没有"束缚"时,其言论往往代表自己的真实利益,易在大众中引起共鸣,言论被迅速传播和转载,进而引起多方面的关注,大众媒体往往在此时介入事件,大众媒体的介入又会把信息传播到更远的区域,进而引起新一轮的网络热议。网络传播→大众媒体传播→人际传播,这一过程可以互逆,多种媒体的介入最终形成了大规模的立体社会舆论。

其次,舆论力量的加强:强制性力量的嵌入。在媒体不发达的时代,舆论作为影响事件的外力对事件的解决起作用,事件的真正解决依赖个体自觉的程度,只有个体认可舆论的观点时,舆论才在个体身上起作用。在网络媒体时代,舆论的力量发生了外移,当一个人被舆论者曝光于大众视野之下时,他的"祖宗八代"都被挖掘出来,道德与经济、政治等各因素相互关联,道德舆论带出了被舆论者政治、经济等多方面的问题,舆论从传统的口头谴责、孤立隔离等软性制裁转向了行政制裁、法律制裁等硬性制裁。网络舆论对硬性制裁的牵入,使道德的功效被保障,道德的价值被提升。以 2008 年的"天价烟局长"事件为例,由网络舆论引入了行政制裁和法律制裁,充分说明了舆论力量的强化。[2]

最后,舆论性质的改变:"政意"向公意的转化。传统社会中,舆论内容是统治阶级利益的体现,统治阶级垄断政治、经济、文化等各方面资

---

[1] 朱海龙:《人际关系、网络社会与社会舆论——以社会动员为视角》,《湖南师范大学社会科学学报》2011 年第 4 期。

[2] 2008 年 12 月,南京市江宁区房产局局长开会时的照片被网友上传至各大论坛,网友们注意到他手上拿的是每条售价上千元的"九五之尊"香烟,网上一片问责之声"公务员有经济能力抽这种烟吗",很快纪检监察机关展开调查,掌握了其严重违纪证据。2009 年 10 月,江苏省南京市中级人民法院判决:其犯受贿罪,判处有期徒刑 11 年,没收财产达 120 万元人民币(https://baike.baidu.com/item/%E8%A1%A8%E5%8F%94/12008775?fr=aladdin)。

源，处在自发状态的被统治阶级无条件地接受着统治阶级的一切理论，并无条件地成为其传播者，舆论孕育而生。任何舆论都蕴含着一定的价值原则、价值规范和价值观，传统舆论传播着统治阶级的价值原则、价值规范和价值观，舆论权威高高在上，统治阶级的利益得以保障。现代社会中，舆论内容是公民自身利益的体现，公民在政治、经济、文化等各方面享有资源，自觉的公民生成自己的看法和观点，并传播这种看法和观点，现代舆论应运而生。网络舆论更体现了公民权威的特点，网络的公开、平等、匿名等特征，进一步推进了公民权威的生成。网络舆论中所蕴含的价值原则、价值规范和价值观是网民通过一步步讨论得出的代表自身利益的观点，舆论权威体现为公意的表达。

2. 大数据时代政务公开中的共建共治共享模式

如果说，"表叔"事件反映了基于互联网的公众以监督力量参与到公共事务管理当中去，那么政务公开的提出则让公众以协同主体的身份参与到公共事务管理当中去。政务公开是指国家行政机关通过一定的形式，按照法律法规要求向社会公众、企业和社会组织机构等公开其行使政权的相关活动及信息的制度安排，主要包括决策公开、执行公开、管理公开、服务公开和结果公开五大部分。2016年，国务院办公厅印发《关于全面推进政务公开工作的意见》实施细则，强调要积极运用大数据、云计算、移动互联网等信息技术，提升政务公开信息化、集中化的水平。①

以广州市港澳通行证办理为例，说明政务公开形成的共建共治共享社会建设新格局。目前广州市民办理港澳通行证有预约办理和自助办理两种方式，其中预约办理开始于2011年，自助办理开始于2019年。就预约办证而言，技术公司研发、制作与预约要求一致的网络操作平台，公安局以购买服务的方式使用和管理办证网络平台，公务人员和市民共同完成办证的具体事务。在办证的具体事务中，市民完成预约排号、网上提供信息等政务环节，公务员完成确认预约、检查资料、办理证件等环节，市民和公务员共同完成办证具体事务。具体办证环节，由市民与公务人员共同参与完成，但是其中起核心关键作用的仍旧是公务员，市民仅在事件的起点处和公务员共同起主导作用，在过程中起配合协助作用。

---

① 《国务院办公厅印发〈关于全面推进政务公开工作的意见〉实施细则的通知》（http：//www.gov.cn/zhengce/content/2016 – 11/15/content_ 5132852.htm）。

2019年广州市公安局在人流密集地段设置的港澳通行证自助办证机、在广州市公安局出入境大厅启用入境智慧办证大厅，全过程实现了智能办证。在办证过程起点处，技术公司研发出智能办证系统，公安局以购买服务的方式使用和管理智能办证系统，市民运用智能办证系统。在办证过程中，公安局主导和管理办证流程，技术公司维护办证技术系统，市民成为办证事务的主体。在办证终端处，基于技术公司提供的申办人大数据检测系统，公安局审核通过发放证件或审核不通过并给出具体理由，市民接收证件或提供再次申请的支撑材料。整个过程（如表1-1所示）体现了政府、社会、公民的共建共治共享政府事务的本质。

表1-1　广州市港澳通行证办理中的主体共建共治共享模式

主体过程	政府（广州市公安局）	社会（营利组织）	公民（广州市民）
起点	购买服务、引导和管理社会、公民	研发和制作操作系统、提供技术服务支持	使用系统
过程	主导办证流程	技术支持	自主办证
终端	审核资格、发放证件/说明拒办理由	技术支持	接收证件/提供补充材料

在广州市港澳通行证办理实例中，政府成为公共事务主导者、社会组织成为协同者、公民成为主体者，围绕着广州市民的自身事务，政府和企业提供协助，市民实现了事务的自主化办理模式，共建共治共享的社会治理模式真正生成。从中可知，社会治理模式要求政府、社会组织和公民承担自身应该承担的公共责任，围绕具体公共事务主体责任人以自治的方式行使权利和承担义务，其他两者作为协同人提供政策和技术支持等以推动主体自治的真正实现，最终形成共建共治共享的社会生态环境。

社会公德治理是社会治理的核心内容之一，当社会建设的模式由社会管理转变为社会治理时，社会公德管理也相应地转化为社会公德治理，政府、社会、公民在社会公德治理中也要形成共建共治共享的模式。2011年10月18日中国共产党第十七届中央委员会第六次会议通过的《中共中央关于深化文化体制改革　推动社会主义文化大发展大繁荣若干重大问题的决定》中首次提出"开展道德领域突出问题专项教育和治理"。2012年

5月14日中央文明委召开视频会议，下达《道德领域突出问题专项教育和治理活动宣讲提纲》，专门就"道德治理"问题展开部署。此次活动的总体目标是：立足当前，着眼长远，突出针对性、增加实效性，先在同人民群众生活关联度高、社会关注度高的食品行业、窗口行业、公共场所三个领域进行。[①] 2012年11月8日，中国共产党第十八次全国代表大会报告《坚定不移沿着中国特色社会主义道路前进 为全面建成小康社会而奋斗》中指出："深入开展道德领域突出问题专项教育和治理"。

三 时代变迁与我国社会公德建设模式关系的历史考察

社会建设模式的转变蕴含着社会公德建设模式转变，以物联网为基础的大数据时代的到来是社会建设模式转变的技术支撑和保证。时代主题变迁与社会公德建设模式发展关系密切。恩格斯认为，"善恶观念从一个民族到另一个民族、从一个时代到另一个时代变更得这样厉害，以致它们常常是互相直接矛盾的"[②]。道德是以善恶为评价标准的，善恶观念在不同时代、不同民族的差异性决定了各民族、各时代道德原则和道德规范的差异性，也就决定着道德建设模式的多样性。从宏观角度而言，科学技术发展驱动生产力变革，使得人类社会经历农业、工业和信息社会三大历史阶段，也推动着社会生活公共空间发生相应变化。公德是生活在公共生活空间内的人们应该遵守的行为规范，从某种程度上来说，公共生活空间的特质影响并规定着公德，决定着公德建设的模式。在这里，主要探讨农业、工业和信息社会的公德建设模式。

（一）农业社会中的社会公德建设模式

农业社会建立在自给自足的自然经济基础之上，用于农业生产的工具是人与自然之间直接联系的介体，这种工具对于人与人之间的关系、对于人们的公共生活并无实质性的影响。人与人之间的关系、人们的公共生活

[①] 《道德领域突出问题专项教育和治理活动宣讲提纲》（http://www.mohurd.gov.cn/wjfb/201206/t20120605_210125.html）。

[②] 《马克思恩格斯选集》第3卷，人民出版社2012年版，第469—470页。

主要依赖血缘关系和地缘关系、户籍制度得以形成和维持。农业社会中，人们从生到死生活在一个村庄、一个地方、一个家族中。在此前提下，人们生活中的公共空间是具有私密性的"熟人社会"，即村落。村与村之间、村民与其他村民之间很少发生接触，整个社会的流动性低，人们的社会交往范围以村庄或家族为中心，封闭性、守成性、单一性是其主要特征。

自然经济条件下，社会公德是指在家族或村庄、社会、国家中处理关涉群体公众利益的问题时所应遵循的道德规范。就社会公德的建设而言，以中国最早出现的"以德配天"理念为例进行说明。这一理念提出的道德价值在于使道德有了存在的合法性和合理性，即道德成为天选天子的标准。在夏商之时，统治者们为了说明自身统治不可侵犯的权威性，提出"受命于天"的理念，如"有夏服天命""有殷受天命""先王有服，恪谨天命""丕显文王，受天有大命"等。为了增加此种理念的可信程度，殷商的当权者常常强调殷商贵族的祖先和天关系密切，他们不仅能够经常"在帝左右"，而且宣称他们的祖先就是天的子孙。例如，《诗经·商颂》的《长发》中记载："有娀（殷先妣简狄）方将（成长），帝立子生商"；《玄鸟》中也记载："天命玄鸟（即燕，商族图腾，相传简狄吞食玄鸟卵生商先王契）降而生商"。以血缘为基础的社会中，统治者阶级以血统为突破口找到了其统治权力的合法依据。

武王在血缘上和商帝并无直接关联，即无法以"天选之子"作为其夺取政权合法性的依据。为了使人民认可其讨伐纣及之后统治的合法性，武王提出"以德配天"口号，以道德为突破口找到了建立政权的合法性依据，道德自此与政治紧密相关且发挥着日益重要的作用。"以德配天"的主要内容是，"天"不是哪一族的祖先神，而是天下各族共有之神。"天命"谁属，就看谁有能使人民归顺的"德"。"惟命不于常""天命靡常""皇天无亲，惟德是辅"成为社会流行的理念。具体而言，殷的先王有"德""克配上帝"，但殷纣王"惟不敬厥德，乃早坠厥命"，而周王有德，故"皇天上帝改厥元子兹大国殷之命"而大命文王。因此"天命"归周，周王成了天之元子。

在"天"为道德提供价值性支撑的前提下，其具体内容与农业社会注重的血缘关系结合被规定出来，随着进入封建社会的人们开始认同以人伦关系解释道德，"三纲五常"道德建设阶段到来。这一阶段的到来，是

"以德配天"传统与"诸子百家"思想结合的产物。道德从天上降落至人间，在以血缘为基础的人伦纲常中说明其存在的合法性依据。首先，发展"以德配天"传统，把系统化的道德原则和道德规范与"神意""天命""鬼怪"等神秘力量结合（例如帝王降生时天有异象的传说），形成"善有善报，恶有恶报，不是不报，时候未到"的民间道德制约机制。"以德配天"的道德传统不仅说明统治者存在的合法性，也说明了道德存在的合法性，统治者把道德规范"天命般"地强加于被统治阶级身上。其次，以身份为标准制定不同阶级所遵循的道德体系，通过把道德与政治、法律、宗教等紧密结合使其合理化，"三纲五常"不断得到强化。这种情况一直持续到近代民主革命时期。

自然经济中的社会公德治理机制是以血缘和地缘关系生成的熟人社会作为道德资源开展的道德治理活动。一个人违反了公共道德规范意味着侵犯了基于家族的公共利益，他会受到家族内部成员的舆论谴责，这一谴责达到引发公愤的程度后便由族长主持在家族中开展道德审判。审判的结果以违反道德者道歉或得到族人原谅而结束，或者违反道德者不道歉或得不到族人原谅而被剥夺生存权利而结束。无论何种结果，此过程都体现了民间道德力量的绝对权威，体现了熟人社会的道德资源价值，体现了"德—得"相通道德运行机制发挥作用的过程。其不足之处在于，整个公德内容是等级制的，并不代表被统治阶级的利益，不是以人本身为依据的。

（二）工业社会中的社会公德建设模式

以18世纪蒸汽机出现为标志的第一次科技革命和以19世纪电能突破、应用为标志的第二次科技革命的完成，标志着人类社会由农业社会过渡到工业社会，大机器生产代替农业生产成为世界主要生产方式。生产方式的改变带来人们生产场所、交往方式、交往理念等质的转变，人类认识和改造世界的世界观和方法论随之改变，社会公德的建设理论和方式也发生了根本性的改变。具体到中国，这一改变发生在20世纪初的"救亡图存"民族自救运动之时，特别是经过半个多世纪奋斗取得的革命成果被军阀窃取，先进的中国人开始新一轮救国方案思考与探索之时。

陈独秀沿着中国传统文化的思路，以人性论说明公德在个体身上存在的依据。"再说到道德问题……根于人类本能上光明方面的相爱、互动、同情心、利他心、公共心等道德，……这是人类普通的现象，各民族都是一样，却不限于东洋、西洋。"① 与陈独秀关于个人与社会关系的思想结合起来考察②，利他心是公德的核心内容。李大钊以达尔文的进化论说明公德在个体身上存在的合法性，"道德就是适应社会生活的要求之社会的本能"③，道德与"保存种族繁殖"出于同一根源，这就意味着"自我保存""种族繁殖"是个人道德。同时，李大钊开始强调道德的发展性，为道德以抽象人性论为依据走向以社会实践为依据奠定了基础。李大钊的理论不足之处在于其仍带有抽象人性论的痕迹④，这一公德起点处的局限性随着文化先驱们对马克思主义唯物史观更为科学化的理解而得到克服。毛泽东在《唯心历史观的破产》一文中指出，进化论也和封建主义思想武器一样软弱得很，一遇上马克思主义理论就宣告破产了。马克思主义理论与中国现实相结合，使我们从唯心主义变成了唯物主义。⑤

李大钊用马克思主义的唯物史观说明公德存在发展的社会依据，"道德既是社会的本能，那就适应生活的变动，随着社会的需要，因时因地而变动，……就是随着物质的变动而有变动的，那么物质若是开新，道德亦必跟着开新，物质若是复旧，道德亦必跟着复旧。"⑥ 立足时代，既然一战之后是人类一体的生活，世界一家的生活，那我们的新道德就是适应世界生活，世界一家的社会之道德。⑦ 毛泽东与李大钊观点相同，"由是观之，则夫时代既异，而道德亦不能不随之以异，不特其理至明，而其证亦至确也。惟道德何以必随时代而不同，既已随时代而不同，而又何以仍无失其为道德，此则虽圣哲犹难言之。……更进而论之，则虽一民族中之各

---

① 《陈独秀选集》，天津人民出版社1990年版，第85页。
② 就个人与社会的关系，陈独秀认为："个人之在社会，好象细胞之在人身，生灭无常，新陈代谢，本是理所当然，丝毫不足恐怖。"（陈独秀：《陈独秀选集》，天津人民出版社1990年版，第64页）"科学家说人死没有灵魂，生时一切苦乐善恶，都为物质界自然法则所支配，这几句话到难以驳他。但是我们个人虽是必死的，全民族是不容易死的，全人类更是不容易死的了。全民族全人类所创的文明事业，留在世界上，写在历史上，传到后代，这不是我们死后联续的记忆和知觉吗？"（《陈独秀选集》，天津人民出版社1990年版，第63页）虽然陈独秀强调个人人格自由，但是当他讲到人生意义时，个人还是要服从社会。
③ 《李大钊选集》，人民出版社1959年版，第260页。
④ 关于人性论，毛泽东指出："在阶级社会里就是只有带着阶级性的人性，而没有什么超阶级的人性。我们主张的是无产阶级的人性，人民大众的人性。"（《毛泽东选集》第3卷，人民出版社1991年版，第870页）
⑤ 《毛泽东选集》第4卷，人民出版社1991年版，第1514页。
⑥ 《李大钊选集》，人民出版社1959年版，第272—273页。
⑦ 《李大钊选集》，人民出版社1959年版，第273页。

社会、各人，亦不免各有其特别之道德"。在这段话旁边，毛泽东批注"道德因社会而异，因人而异"①，强调社会发展对道德的决定作用。

关于公德两层面内容如何统一的问题，李大钊以国家之德引入公众之德的方法给出了答案。李大钊认为："我们要想解决一个问题，应该设法使他成了社会上多数人共同的问题。要想使一个社会问题，成了社会上多数人共同的问题，应该使这社会上可以共同解决这个那个社会问题的多数人，先有一个共同趋向的理想、主义，作他们实验自己生活上满意不满意的尺度（即是一种工具）。"②依据此种逻辑，公德（即宏观公德）以国家理想的形式被引入到现实生活中成为个人行为的道德评价标准（即微观公德），个体行为按照国家的要求被模塑，个体完全被湮没在国家中，公德两个层面内容自上而下实现统一。

在此过程中，社会公德除了继承农业社会中公共事务之德含义之外，还增加了与私德对应意义上的公共生活领域之德的含义。当然与中国的发展实际和时代主题契合，此阶段社会公德两层含义中国家之德的大德占据主导地位，且出现了国家之德僭越公共之德的局面，形成了"政府主控型"社会公德建设模式。具体到社会公德实践，以南京彭宇案为例进行说明。

南京彭宇案③

彭宇案，是指2006年11月20日早晨，引起极大争议的民事诉讼案。老人徐寿兰在南京市水西门广场公交站台被撞倒摔成了骨折，徐寿兰指认撞人者是刚下车的小伙彭宇，彭宇则予以否认。

最后双方当事人在二审期间达成了和解协议，案件以和解撤诉结案。和解撤诉之后，彭宇也表示，在2006年11月发生的意外中，徐寿兰确实与其发生了碰撞。

---

① 中共中央文献研究室、中共湖南省委《毛泽东早期文稿》编辑组：《毛泽东早期文稿》，湖南人民出版社2008年版，第112页。
② 《李大钊选集》，人民出版社1959年版，第228页。
③ 彭宇案，参见百度百科（https：//baike.baidu.com/item/%E5%BD%AD%E5%AE%87%E6%A1%88/10702516?fromtitle=%E5%8D%97%E4%BA%AC%E5%BD%AD%E5%AE%87%E6%A1%88&fromid=6439916&fr=aladdin）。

在起点处,"碰瓷"事件发生后并未在社会上引起波澜而是直接以民事案例进入法律领域。在此过程中,社会成员并未进行讨论和形成公意。在过程终点处,彭宇被罚,民心受挫。在互联网时代未到来之前,以平面媒体和口口相传作为事件传播方式无法使事件为绝大部分民众所了解,也没有平台供绝大部分民众发表意见进而形成公意。整个过程在政府的主导下开始、进行和终结,社会组织和公民未有参加的权利、机会和条件。彭宇案本身通过司法审理不存在问题,问题出在了审判法官不用客观证据而运用生活常识说明判决结果环节上。进而引发全社会关于社会公德中"老人倒地扶不扶"问题的大讨论,此过程中由于公民误解带来了严重的负面效果。此案昭示社会公德建设模式亟待改变,公民和社会组织介入监督成为首要迫切要求。

工业社会是陌生人社会,陌生人社会是冲破了血缘关系和地缘关系以业缘关系为基础建立起来的社会,就道德建设而言陌生人社会失去了地缘和血统的道德资源支持,之后道德成为个体的主观选择和个人喜好。在公共生活领域,个体是否遵守社会公德规范和遵守到什么程度都由个体良心决定,因为不生活在固定的社会关系中且随时可以发生空间迁移,所以在一个公共生活领域的道德失范行为并不会影响主体在其他公共生活领域中的正常生活,道德失范获益甚至大于道德失范成本,因而公共生活领域中道德失范行为时有发生且影响恶劣。一方面因为社会领域分化,"德—得"相通的通道被阻断;另一方面因为陌生人社会的到来,公众参与社会公德治理的条件失效。如何解决这两大问题成为学者们为之努力的事业。

(三) 信息社会的社会公德建设模式

20世纪40年代,以电子计算机为代表的新一轮科技革命爆发,人类进入工业社会的信息化阶段。以互联网、物联网、大数据等为代表的新兴技术的快速发展和广泛应用,使得信息资源成为比物质资源更为重要的生产资料,深刻影响着工业社会的发展。信息社会最显著的特征就是资源互通、信息共享,人与人、人与自然、人与社会的相互关系最终将突破地域和时间的限制,以数字化的方式虚拟呈现,"固定空间"和"固定人群"借助新兴技术以虚拟的方式重新回归,人类社会公共生活空间由"陌生人社会"逐渐进入"后熟人社会"。① 后熟人社会的到来使得社会公德建设重新开启了"德—得"相通的道德运行机制。"德—得"相通道德运行机制正常运转的评判标准是什么？简言之，就是扬善抑恶。2019年底至2020年初，全社会对于善行的褒扬和对于恶行的抑制同样显而易见，这表明"德—得"相通道德运行机制的正常运转状态。

  报道1②：前交通局长孙女炫富发表贪腐言论？深圳交通局：系退休干部，正在核查

  2023年3月，媒体报道网名为"北极鲶鱼"的女子在网上发布了"我家那么多钱都是韭菜供的我怎么能不喜欢呢？""我只知道我家有9位数"等炫富言论。有网友发现，"北极鲶鱼"的IP显示地点在澳大利亚，在其个人主页上，晒过不少其爷爷"公派"出国以及在深圳公务员培训班的合影。被质疑炫富、家中涉贪腐等问题。引发了广泛的社会关注。该网友爷爷回应，称家中有9位数的说法不实，他表示自己2007年退休，曾任深圳区级交通局局长。

  2023年3月24日下午，"北极鲶鱼"词条冲上微博热搜，随后该账号被封禁。

  在深圳纪委监委迅速介入调查后，深圳市交通运输局也于2023年3月24日发布了情况通报，表示已注意到网传退休干部家属发布的有关言论，并对相关情况开展核查。此举本以为会平息大众的疑惑，但没想到反而引起了更多的猜疑和揣测。

  2023年8月25日，记者拨打深圳市交通运输局总值班室电话，接听电话的工作人员表示，"这个问题我无法回答"。记者随后拨打深圳市纪委监委公布的纪检监察举报电话，工作人员表示"后续情况等通报"。

  2023年9月10日，人民网深圳抖音账号发布一条消息，有网友晒出一则深圳市交通运输局关于政府信息公开申请的答复函，表示该答复函是针对深圳"前交通局长孙女"炫富事件的答复。答复函中

---

① 王晓丽：《大数据时代的道德监督功能》，《伦理学研究》2019年第3期。
② 《前交通局长孙女炫富发表贪腐言论？深圳交通局：系退休干部，正在核查》（https://www.xxcb.cn/details/2q8biSYgB641d56410c4e472b004de9cb.html）。

写道:"经研究,您申请的公开信息不属于我局在履行行政管理职能过程中制作或者获取的信息,不属于《中华人民共和国政府信息公开条例》第二条所称的政府信息。依照《中华人民共和国政府信息公开条例》第三十六条第三项的规定,我局决定不予公开。"

2023年9月12日,深圳市交通运输局工作人员表示,会将诉求反馈给有关部门,会由有关部门去核查。

2023年9月14日,深圳市交通运输局相关工作人员回应称,"针对'北极鲶鱼'事件及网上流传'不予公开'的情况,会登记反馈,具体处理结果会在15个工作日进行回复。"

报道2①:"北极鲶鱼"事件调查结果出炉:深圳市原交通局货运管理分局局长钟某某被开除党籍

根据调查结果,深圳市纪委监委决定给予钟某某开除党籍处分,按二级科员确定其退休待遇,并收缴其违纪违法所得。

2023年10月10日,新华社评"北极鲶鱼"事件:退休不是护身符,反腐没有休止符。至此,这个"北极鲶鱼"事件,终于还大众一个交代。"北极鲶鱼"事件的调查结果是对钟某某违纪违法行为的严厉惩罚,也是对其他党员干部的警示和教育。

2023年3月24日《潇湘晨报》最早报出"北极鲶鱼"事件,之后得到全社会网友密切关注,即时网友通过网络整合"北极鲶鱼"本人身份及与她相关人物的相关资料,对其发出集体声讨,针对其被质疑炫富、家中涉贪腐等问题强烈要求官方介入调查。"北极鲶鱼"事件更深远的影响是大众了解到贪污违纪的危害,提高了大众廉洁自律意识,表明社会公德运行机制发挥扬善抑恶功能。

此案例是社会公德治理的具体体现,即党的领导、政府负责、社会协同、公民参与有机统一。整个事件中,首先,坚持了社会主义核心价值观和集体主义道德原则,这是坚持党的领导的体现。其次,整个事件是三大主体协同完成的。事件的起点处,网民发现问题,网络媒体平台上爆料讨

---

① 《深圳市原交通局货运管理分局局长钟某某被开除党籍》(https://baijiahao.baidu.com/s?id=1779336043726223843&wfr=spider&for=pc)。

论,引起全社会和政府关注;事件过程中,面对网民讨论的情感化走向,政府参与实现信息的真实客观化,报道1中深圳市交通运输局,运用媒体澄清方式,告知全体公民"北极鲶鱼"事件中社会舆论围绕"北极鲶鱼"爷爷信息的真实情况及事件走向,及时澄清事情真相,维护了社会公德治理的良善性。事件的结果处,"北极鲶鱼"爷爷受到开除党籍等处理,公民提升了社会责任意识。可见,整个事件在治理主体协同参与下完成,从发生、发展到完结整个过程是在公民主导下完成的,反映了公民在公共生活领域中的自治精神。同时,政府在此过程中起到了引导的作用,彰显了其主导地位的价值。企业在这个过程中提供技术支撑和平台服务,同时也作为参与人以讨论的方式推动事件的发展。大数据时代,社会公德治理已经实现了社会公德建设从管理向治理的转变。

　　大数据时代构建起后熟人社会,一方面,使陌生人社会中因领域分化引发的阻断"德—得"相通道德运行机制通道的问题得到解决;另一方面,后熟人社会也解决了公众无法参与道德建设的局限性,基于便携式App终端每个人可以成为道德治理信息的发布者、参与者和实践者。自此,公共生活领域"德—得"相通的道德运行机制再次顺畅运行,社会公德建设进入基于大数据的治理时代。

第二章 大数据时代我国社会公德治理运行机制的理论阐释

大数据时代与社会公德治理的碰撞,是社会历史发展的产物,是有效解决和遏制社会公德失范现象、突破社会转型中社会公德建设困境的必由之路,在社会公德治理中引入大数据、在大数据支撑下推进社会公德治理构成了这一碰撞的双向进路。那么,如何联结起社会公德治理与大数据、如何实现社会公德治理大数据的潜在价值,成为推动大数据时代与社会公德治理相结合的核心问题,这便指向大数据时代社会公德治理运行机制的深度阐释。从本质上讲,大数据时代社会公德治理仍然是一种社会公德治理模式,保留了社会公德治理之"本",但又不是一种传统型社会公德治理,引入了社会公德治理大数据之"新",分析大数据时代社会公德治理的运行机制,离不开对社会公德治理与大数据的本真意涵、联结机理等问题的探讨。

一 社会公德治理概述

对社会公德治理进行专题研究,首先必须搞清楚社会公德治理的内涵、构成要素、主要特征以及社会公德的治理路向等基本理论问题。

(一) 社会公德治理的内涵

按照构词标准来讲,社会公德治理是一个偏正结构的词语,即社会公德的治理。治理是核心、是普遍意义;社会公德是限定、是特殊意义,因而从治理入手界定此概念。

1. 治理的概念界定

治理(governance)源于拉丁文,最初语义与统治(government)最为相近，内含控制、引导和操控的意思。两者的使用语境在初期没有严格区别，常交替使用。直到20世纪90年代，为回应社会管理中存在的问题，尤其是政府与市场在公共事务管理方面的问题，西方治理理论兴起。治理理论创始人之一罗西瑙在其著作《没有政府统治的治理》中，将传统统治的含义和治理进行对比得出了治理的特点，体现在它是不一定要国家和政府的力量参与其中的一种有目的的活动。[①] 治理不同于统治，它指的是一种由共同目标支持的管理活动，但活动的主体未必是政府，也无须依靠国家强制力来实现。[②] 在关于治理的众多定义中，最权威的莫过于联合国全球治理委员会在1995年发表的研究报告《我们的全球伙伴关系》中作出的界定：治理是各种公共的或私人的个人和机构管理其共同事务的诸多方式的总和。它是使相互冲突的或不同的利益集团得以协调并且采取联合行动的持续过程，这既包括有权迫使人们服从的正式制度和规则，也包括各种人们同意或认为符合其利益的非正式制度安排……治理过程既涉及公共部门，也包括私人部门；治理不是正式的制度，而是持续的互动。较早将西方治理理论介绍到我国的俞可平教授指出："治理一词的基本含义是指在一个既定的范围内运用公共权威维持秩序，满足公众需要。治理的目的是在各种不同的制度关系中运用权力去引导、控制和规范公民的各种活动，以最大限度地增进公众利益。[③] 所以，治理是一种公共管理活动和公共管理过程，它包括必要的公共权威、管理规则、治理机制和治理方式。"[④] 总的来看，我国学者大都以此为基础展开治理概念的探讨。

相比于统治的含义，可从多维视角对治理的概念作出解释：首先从治理的主体来说，治理是一种多元的主体共同围绕一定的目的或者一定的事务而采取合作方式的总和。主体可能是由官方代表、社会机构组织、公民个人组成，或是当中的部分主体不同数量和形式的组合，意味着治理不再与统治一样局限于以政府为主要表现形式的官方力量自上而下地管理，治

---

① [美]詹姆斯·N.罗西瑙主编：《没有政府的治理》，张胜军、刘小林等译，江西人民出版社2001年版，第4—5页。

② 熊英：《道德治理的合法性与有效性论析》，《武汉理工大学学报》（社会科学版）2014年第4期。

③ 俞可平：《治理与善治》，社会科学文献出版社2000年版，第4—5页。

④ 俞可平：《全球治理引论》，《马克思主义与现实》2002年第2期。

理主体有了更加多元的表现形式，主体之间的关系也从消极的管理与被管理的关系转化为共同积极参与的关系，由此治理的主体从一元管理向多元协同转变。其次，治理的客体往往不是纯粹的客体，客体是主体治理的对象，统治常常表现为一部分人管理另一部分人，而治理的对象往往是一系列的问题，问题往往是由人而起，发生或者产生问题的人同样也是作为主体存在着，所以治理的主客体是辩证统一的。最后，就规范而言，治理并不是一套规则的简单施行，也不是一种单一活动，而是一个过程，治理过程除了政府的发号施令之外，还包括各种私人部门等自愿性团体以及个体的广泛参与。可见，治理是各个参与主体持续合作并采取一定手段来不断调节利益矛盾使得利益平衡的过程，其特性主要表现为在对共同目标认同的基础上，采取合作、协商等方式处理社会公共事务，其向度是相互的而不是单一的，公共权威和私人机构齐力，相互支持又各司其职，体现出更强的可操作性。相比于统治，治理的这个特点使其更具备弹性和灵活性，这是治理不仅能运用到政治领域，而且可以在其他如经济、环境、文化等各个不同领域中广泛运用的关键所在。

中国语境中，社会公德治理是治理的应有之义，两者是天然统一的。具体而言，治理的主体是政府、社会组织和公民；治理的力量是政府、社会组织、公民共同生成的公共权力；治理的方法是引导、控制和规范的活动；治理的目标是增进公众利益和维持公共秩序。在这里，我们可以看到，治理天然和社会公德有不可分割的联系，一方面治理的目的是公共秩序和公共利益，而社会公德培育的目标是好公民，两者在本质上是相同的；另一方面，治理强调公共权威作为治理力量的重要性，而社会公德的力量恰恰是社会舆论生成的公共权威。所以，社会公德治理是治理本质含义的具体表现，是以公共权威维护公共生活领域中秩序的道德引导、控制和规范的活动。

2. 社会公德治理的概念界定

党的十七届六中全会首次提出"开展道德领域突出问题专项教育和治理，坚决反对拜金主义、享乐主义、极端个人主义，坚决纠正以权谋私、造假欺诈、见利忘义、损人利己的歪风邪气"[①]。此后，道德治理开始受到学术界的关注。党的十八大报告进一步提出"深入开展道德领域

---

① 《中国共产党第十七届中央委员会第六次全体会议文件汇编》，人民出版社2011年版，第24—25页。

突出问题专项教育和治理，加强政务诚信、商务诚信、社会诚信和司法公信建设"①。由此，道德治理成为学术界和社会普遍关注的热点和焦点问题。《新时代公民道德建设实施纲要》中指出："针对食品药品安全、产品质量安全、生态环境、社会服务、公共秩序等领域群众反映强烈的突出问题，要逐一进行整治，让败德违法者受惩治、付出代价。建立惩戒失德行为常态化机制，形成扶正祛邪、惩恶扬善的社会风气。"② 社会公德治理是道德治理的具体内容，对社会公德治理概念的界定可从"道德治理"入手，学界以问题为导向主要从三个角度展开了道德治理的概念分析。

一是指"以道德来治理（社会）"，与"以德治国"和"德治"意义相近。此观点是从手段论的角度来阐述道德治理，把道德视为治理国家的手段和方式，体现了道德治理的价值理性。王露璐的《试论在环境建设中加强道德治理》较早将"道德治理"作为专门的学术议题进行论述，认为"道德治理"等同于"德治"，指出在优化环境的过程中，应为环境建设输入道德内容，赋予其道德色彩，并最大限度地挖掘出环境中的道德内涵。③ 马振清教授对"道德治理"作出了具体阐释，认为，"道德治理是统治阶级在利用公共权力进行国家治理活动的过程中，自觉发挥道德对于缓和社会冲突、维护社会秩序、实现特定阶级利益和社会利益的作用"④。钱广荣也认为，道德治理是指道德承担"扬善"和"抑恶"两方面的社会职能，即用"应当—必须"及"不应当—不准"的命令方式，发挥道德调整社会生活与人们行为方式的社会作用。⑤ 同样，林立公指出，"道德治理是统治阶级利用国家权力发挥道德作用维护社会秩序的一种治理社会的活动。道德治理的根本功能是维护统治阶级的共同利益。道德治理的内容包括社会制度道德建设和国民道德建设两个方面"。⑥

二是指"对道德（问题）的治理"，"道德"是治理的客体。此观点是

---

① 胡锦涛：《坚定不移沿着中国特色社会主义道路前进　为全面建成小康社会而奋斗——在中国共产党第十八次全国代表大会上的报告》，人民出版社2012年版，第32页。
② 《新时代公民道德建设实施纲要》，人民出版社2019年版，第24—25页。
③ 王露璐：《试论在环境建设中加强道德治理》，《江苏大学学报》（社会科学版）2003年第2期。
④ 马振清：《社会主义道德治理的政治价值、文化功能与社会效用》，《科学社会主义》2008年第6期。
⑤ 钱广荣：《道德治理的学理辨析》，《红旗文稿》2013年第13期。
⑥ 林立公：《道德治理及其实现方式研究》，博士学位论文，吉林大学，2005年。

从目的论的角度，把道德作为治理的目的和对象，旨在治理道德领域存在的突出问题，体现了道德治理的工具理性。龙静云指出：所谓道德治理，"是指我国党政等公权力机构联合各类社会组织及全体公民，通过制订方案和采取有效措施对当前我国社会出现的突出道德问题加以遏制和消除的活动。"[①] 卫建国指出，道德治理"主要是指对当前社会生活中突出道德问题的治理，尤其是对一些严重道德混乱和文明缺失行为的治理"[②]。朱贻庭教授指出，"道德治理是指对不道德（如不诚信）现象的治理，但同时也提出了一个如何治理的问题"[③]。邹海贵则认为，所谓道德治理是指国家治理主体对社会伦理道德进行整合、提炼和弘扬或对道德生活中突出问题进行诊治、遏制和矫正的国家治理活动，它的直接目的是弘扬特定道德价值，化解社会道德问题，维护社会公序良俗，实现特定阶级利益和社会利益。[④] 简言之，道德治理是指通过多元主体的主动参与和协调配合，运用多种治理方式和方法以纠正或遏制社会道德失范问题的活动过程。

三是"道德治理"，意指在道德治理过程中本身要有伦理道德的考量。在这里，"道德治理"与"善治"意思相近，即有道德地开展治理活动，治理主体和客体必须讲伦理守道德，行为要合乎伦理道德，以伦理道德来完善治理，体现"善治"对制度和道德的双重诉求。王莹认为，要从伦理参与社会管理的角度来理解道德治理，充分发挥道德在社会管理中的积极作用。[⑤] 周中之提出，要从中国的国情出发，重视伦理道德在国家治理中的作用。[⑥] 比较而言，高国希教授对"道德治理"含义的理解则更为全面、更为深刻：道德治理"首先是指'governance of morality'，即道德发挥其作用的方式、途径和力量；其次是指'moral governance'，即具有道德性质和倾向的治理"[⑦]。

---

① 龙静云：《道德治理：核心价值观价值实现的重要路径》，《光明日报》2013年8月10日。
② 卫建国：《道德治理问题论略》，《光明日报》2012年11月17日第11版。
③ 朱贻庭：《"'本''末'之辨"说道德——当前道德治理必须关注的一个问题》，《道德与文明》2013年第2期。
④ 邹海贵：《论道德治理》，《吉首大学学报》（社会科学版）2016年第6期。
⑤ 李建磊：《道德治理与道德文化建设——纪念〈道德与文明〉杂志创刊30周年学术研讨会会议综述》，《伦理学研究》2013年第1期。
⑥ 周中之：《道德治理与法律治理的反思》，《光明日报》2013年7月9日。
⑦ 李建磊：《道德治理与道德文化建设——纪念〈道德与文明〉杂志创刊30周年学术研讨会会议综述》，《伦理学研究》2013年第1期。

可见，社会公德治理有广义和狭义之分。广义的社会公德治理是指道德是国家治理社会公共生活领域的一种力量，它是社会公德治理体系和治理能力的有机统一；狭义的社会公德治理是指针对社会公共生活领域中道德失范现象的治理，它是国家治理体系和治理能力功能发挥的具体化过程。社会公德治理的两层含义有机统一，社会公德治理体系和治理能力是治理社会公德失范现象的依据，在治理体系和能力迈向现代化的前提下治理社会公德失范现象；治理社会公德失范现象是社会公德治理体系和治理能力功能发挥效能的具体体现，在治理过程中不断推进社会公德治理体系和治理能力现代化。概言之，社会公德治理是指政府、社会组织、公民等多元主体充分、协同运用各自力量，整合各种资源，以解决社会公德失范问题和推进社会公德治理体系、治理能力现代化为着眼点，维护和谐稳定的社会秩序、营造健康良好的社会环境的动态过程。

（二）社会公德治理的构成要素

对于社会公德治理构成要素这一问题的分析，触及社会公德治理理论研究的一个重大问题，即社会公德治理的主体、客体分别是什么？两者之间又有什么联系？

1. 社会公德治理的主体

主体即行为者，它是行为发生的前提和基础。作为人类的一种对象性实践活动，社会公德治理的主体是指一切与社会公德利害相关联的人，是任何能够进行社会公德治理活动的公民个人、社会组织（包括基层社区、民间组织、行业协会等）以及各级党组织和政府等社会公德治理者。学者们在三类主体问题上已基本能够达成共识。这三类主体都在一定范围和程度内发挥作用。但是，在具体的社会公德治理活动中，三个主体的角色和定位又有不同。其中，执政党和政府依然是社会公德治理的第一主体，是最重要的行为主体，政府的作用不可替代，它在社会公德治理中扮演着"自组织的组织"，即"元组织"的角色，发挥着"元治理"的作用[1]。社会组织和公民个人则是社会公德治理的基本力量，作为社会治理的形式之一的道德治理的参与主体不仅包括国家，还包括公民社会；不仅包括公

---

[1] 龙静云、熊富标：《论道德治理的基本路径与社会合作》，《江汉论坛》2013年第5期。

共机构，还包括各种社会组织及公民个体。① 随着社会分工的细化，在具体的治理语境中，各主体的职能角色更加明确，这成为促进社会公德治理体系和治理能力现代化的重要前提。

2. 社会公德治理的客体

客体即主体的行为对象。社会公德治理客体是指主体进行社会公德治理的对象，即究竟"治什么"？对于社会公德治理的客体，学界尚未达成一致，主要有以下几种观点：一是"突出的道德问题说"，认为社会公德治理对象为"突出的道德问题"。如一些领域道德失范、诚信缺失，一些社会成员人生观、价值观扭曲，是非、善恶、美丑界限混淆，拜金主义、享乐主义、极端个人主义有所滋长；在一段时间里，一些地方发生的道德冷漠、丧失良知的现象，一些领域出现的见利忘义、制假售假的现象②。卫建国指出："开展道德领域突出问题专项教育和治理，主要是指对当前社会生活中突出道德问题的治理，尤其是对一些严重道德混乱和文明缺失行为的治理。"③ 二是"道德问题说"，认为社会公德治理的客体是社会中的"道德问题"。"作为对象，道德治理指向社会各领域出现的道德问题。"④ 熊英认为，道德治理的客体是社会发展过程中出现的道德问题，包括治理过程本身的伦理道德问题，即要基于德性德行，道德治理本身也是一种道德实践。⑤ 三是"不道德现象说"，主张社会公德治理应以"不道德现象"为对象。高惠珠认为，客体是"关乎社会风气、有违社会公序良俗的带有倾向性的社会现象"⑥。朱贻庭指出："按其本义，道德治理是指对不道德（如不诚信）现象的治理。"⑦ 四是"综合说"，该观点认为根据对道德治理定义理解的不同，道德治理的对象同时包括"社会问题"和"道德问题"两个方面。如"当道德作为治理对象的时候，也需

---

① 龙静云、熊富标：《论道德治理的基本路径与社会合作》，《江汉论坛》2013年第5期。
② 刘云山：《开展道德领域突出问题专项教育和治理 为党的十八大胜利召开营造良好社会环境》，《党建》2012年第6期。
③ 卫建国：《道德治理问题论略》，《光明日报》2012年11月17日第11版。
④ 叶方兴：《论道德治理的限度》，《中州学刊》2015年第2期。
⑤ 熊英：《道德治理的合法性与有效性论析》，《武汉理工大学学报》（社会科学版）2014年第4期。
⑥ 高惠珠、吴浪菊：《社会风尚与道德治理》，《思想理论教育》2013年第9期。
⑦ 朱贻庭：《"'本''末'之辨"说道德——当前道德治理必须关注的一个问题》，《道德与文明》2013年第2期。

要通过道德途径进行治理，也就是'以德治国'，而当道德作为治理的途径和手段时，其对象不仅包括其他社会问题，当然也包括道德问题"①。

究其本质，以上四种说法并无实质区别，只是不同视角不同语言的具体表述而已，在很大程度上具有重合性。质言之，社会公德治理的对象和客体都可归于社会公德问题或社会公德领域中的不道德现象。

所谓社会公德问题或社会公德领域中的不道德现象是指社会中存在的思想观念、行为方式、规范制度、体制机制、社会风气等方面出现了不符合社会公德规范和要求的情况，如见利忘义、诚信缺失、道德冷漠、贪污腐败、行风不正等社会现象。虽然社会公德问题或社会公德领域中的不道德现象是由诸如交往形态变化、科技快速发展、社会管理滞后等众多因素造成的，但究其本质，却是由人造成的。离开了人，一切道德和不道德现象都无从谈起。社会公德是为人而设的，人是社会公德的主体，社会公德问题实质上就是人的问题。"道德问题或不道德现象都是不道德的人的思想观念及行为活动的结果或表现，或者说人自身具有的不符合社会道德要求的思想观念及其行为活动本身就是道德问题或不道德现象。"② 因此，对社会公德问题或社会公德领域内不道德现象的治理实际上就是对不符合社会公德规范和要求的不道德者的治理，即治理的是不道德者（指因其某方面的思想观念和行为活动形成了道德问题或不道德现象并因而成为道德治理对象的个人、群体和社会③）。从这个层面上来讲，我们说社会公德治理的客体是社会公德问题或社会公德领域内不道德现象，与说社会公德治理的客体是不道德者，意思是等同的。

作为社会公德问题的始因与组成部分，不道德者是社会公德治理的客体。但是，又不能仅仅将其视为客体。需要注意的是，社会公德治理的主体和客体并非完全割裂，主客体之间的界限也不是十分明确，社会公德治理是主客体的辩证统一。不道德者在社会公德治理中既是治理客体同时也是自身行为活动的主体。因为，不道德者在社会公德治理的整个过程中都是以主体的身份和角色而存在的。随着治理者采取治理行动，不道德者会以主体的身份对自身造成的社会公德问题以及治理行动进行分析、认识和

---

① 周中之：《道德治理与法律治理关系新论》，《上海师范大学学报》（哲学社会科学版）2014年第2期。
② 冯国锋：《论不道德者在道德治理中的角色及其主体间性》，《学术交流》2017年第7期。
③ 冯国锋：《论不道德者在道德治理中的角色及其主体间性》，《学术交流》2017年第7期。

解读，而此时，社会公德问题、社会公德领域内的不道德现象、社会公德治理者及治理行动就成了不道德者的认识客体。最终不道德者将会以主体身份进行一定的符合道德或违背道德的行为活动，而其行为对象就是相应的客体。可见，不道德者因其"不道德"而成为社会公德治理客体，具有客体性；但又因其是"人"而成为道德行为活动的主体，具有主体性。因此，不道德者既是客体又是主体，具有主客体二重性。社会公德治理者与不道德的人作为人，在共同面对社会公德问题或社会公德领域内的不道德现象的过程中互为主体进行交往，从而形成了主体间关系。① "交往反映的不是主体—客体关系，交往的双方，不存在纯粹的客体，每个人都是主体，都是彼此间相互关系的创造者，它们塑造的不是对方，而是相互间的关系，通过对相互间关系的塑造而达成共识、理解、融合。"② 所以说，社会公德治理是主体和客体的辩证统一。

3. 社会公德规范

任何规范都是人类社会发展的产物，是人与环境相互作用的产物。人们要实现某种价值目标和追求，遵守规范是有效实现这个目标的前提，此外，还必须要考虑复杂的环境因素。规范具有时代性，时代不同，规范的内涵和表现形式也大不相同。每个时代都有自己特定的行为规范，这是被人类发展史所证明的。如原始社会的道德规范主要表现为禁忌、图腾等，传统社会的道德规范由习俗、契约等构成，现代社会则主要是由国家制定、公众认可并自觉遵守的道德和法律规范等构成。特定规范的存在以及人们对规范的自觉遵守，是共同体存在的必要前提，也是公共生活参与者获得认同的基础。③ 规范是联结主客体的桥梁，同样，社会公德规范是联结社会公德治理主客体的桥梁和纽带。从这个意义上说，社会公德规范也属于社会公德治理的构成要素之一。亚里士多德说过，道德（规则）只有对缺德的人才有用。知耻并非德行，是感受而非品质，只有卑劣行为才会令人感到羞耻。有德之人不会有羞耻感。④ 20 世纪 80 年代我国就已经提出社会公德的基本要求，如"五讲四美三热爱"，2001 年颁布的《公民

---

① 冯国锋：《论不道德者在道德治理中的角色及其主体间性》，《学术交流》2017 年第 7 期。
② 冯建军：《主体间性与教育交往》，《高等教育研究》2001 年第 6 期。
③ 程立涛、曾繁敏：《新时期社会公德建设研究》，中国社会科学出版社 2013 年版，第 52 页。
④ 苗力田主编：《亚里士多德全集》第 8 卷，中国人民大学出版社 2009 年版，第 93 页。

道德建设实施纲要》第一次系统明确地提出了社会公德规范的主要内容，即"文明礼貌、助人为乐、爱护公物、保护环境、遵纪守法"，2019 年发布的《新时代公民道德建设实施纲要》再次对社会公德规范进行了合理阐述。由此可见，以"文明礼貌、助人为乐、爱护公物、保护环境、遵纪守法"为主要内容的社会公德规范是社会公德治理深入开展的依据遵循。

（三）社会公德治理的主要特征

社会公德治理不仅涵括传统公德建设的一般特征，还兼具"治理"新特征，对社会公德治理特征的分析是把握其概念内涵的重要内容。概论之，社会公德治理的主要特征涉及以下三个方面：

1. 主体多元，协同治理

社会公德治理区别于自上而下的管理模式，参与社会公德治理的主体不单包括国家政府，还包括公民社会；不仅包括公共机构，还包括各种社会组织及公民个体。[①] 当代社会道德状态日益复杂，多元主体合作是进行道德治理的必然选择。而个体也不再是社会管理消极意义上的对象，个体化被动为主动，在社会公德治理中发挥主观能动性成为重要主体。同时由个体自发团结起来的社会组织生于群众又集合群众的智慧和力量，更是不可多得的主体。值得注意的是，我国的特色国情要求政府始终在各个主体中发挥主导作用，在党总揽全局的前提下，激发各主体的潜能和积极性，各主体在治理过程中围绕共同的目标充分展现和发挥自己的长处，最终可以形成一股合力，解决政府管理所解决不了的问题，呈现出协同治理的优势。这表明多元主体协同治理的局面使得自上而下的控制方式让位于如今纵向和横向交织的网络组织方式。组织控制形式的变化同时呼唤着相应主体利益表达和维护机制的创新，这在客观上也要求重新界定各个不同主体在社会公德治理总体运行机制中的功能和地位，在尊重市场经济新的社会结构和秩序的前提下，不断挖掘潜力、尊重规律，重新焕发生机。

2. 目的明确，途径多样

马克思认为，人与动物之间的根本区别在于是否从事有目的、有意识的活动，"目的在人的社会实践中产生，它以现实的客观世界为前提，但

[①] 龙静云、熊富标：《论道德治理的基本路径与社会合作》，《江汉论坛》2013 年第 5 期。

它又表现为对客观世界中某些现实的不满足,因而要求改变这些现实,改造现实存在物的现成存在形式,创造符合于主体需要的理想客体"①。社会公德治理是各个主体围绕共同目标开展的。龙静云、熊富标认为,道德治理"提出自己能够解决和必须解决的问题,即梳理社会道德问题和探讨社会原因,制定具有可操作性的具体策略和措施"②。通过这些措施和手段减少社会中存在的道德失范现象,化解各个层面的利益冲突,促进道德建设的发展,提高公民道德水平,这是社会公德治理比较直接的目的。而依据我国具体情况和公德的重新定位,从更深层面而言,社会公德不仅仅包含对道德问题的整肃,同时包括了重建和可持续发展的意义。于社会层面而言"社会公德治理的目的在于建构符合现代文明的主流价值标准和价值判断,使广大公民形成自觉的社会公德认知、现代社会公共意识和文明的行为习惯"③;于个体而言,化解道德问题是道德治理的最直接目的,同时现代道德治理的终极目的不是"限制人"而是"为了人",为了实现人的全面发展和人的自由。④ 此外,社会公德治理的手段、方式和途径也是多种多样的,涉及法律、制度、意识形态、价值观念和伦理道德等多种治理手段,"不仅包括正式的制度性安排,也包括各种人们同意或认为符合其利益诉求的非正式的社会规范;不仅包括国家的立法、强制性制度和政策执行,还包括社会共同体形成的有利于道德问题解决的规则"⑤。

3. 治理过程的系统性和动态性

学术界普遍认为,社会公德治理作为一项系统工程,本身就具备开放性和动态性的特点。治理活动本身具有层次性、系统性与整体性,人们常用'治理是系统工程'来形容道德治理⑥,体现出社会公德治理各个要素不是散乱毫无秩序的存在,而是相互影响和相互作用,呈现出有目的的运动系统。同时"道德治理并不是一套规则的制定,也不是一项活动的开展,而是一整套规则(或制度)体系和一系列活动的持续动态的

---

① 李淮春主编:《马克思主义哲学全书》,中国人民大学出版社1994年版,第467页。
② 龙静云、熊富标:《论道德治理的基本路径与社会合作》,《江汉论坛》2013年第5期。
③ 薛惠:《关于社会公德治理的几个问题》,《华中师范大学学报》(人文社会科学版)2016年第3期。
④ 邹海贵:《论道德治理》,《吉首大学学报》(社会科学版)2016年第6期。
⑤ 龙静云、熊富标:《论道德治理的基本路径与社会合作》,《江汉论坛》2013年第5期。
⑥ 高惠珠、吴浪菊:《社会风尚与道德治理》,《思想理论教育》2013年第9期。

过程"①，表明社会公德治理不是一种固定不变的模式，而是持续灵活的互动。在社会公德治理过程中，为了实现治理目标，各组织、各部门等不同的治理主体需要共享资源、通力合作、相互依赖，并根据现实和环境的改变而不断进行协商和调整，社会公德治理过程是系统性和动态性的有机统一。具体而言，社会公德治理是政府、企业和公民等多元主体相互配合、协调互动的过程，这一过程不再是政府主导的自上而下的单向静态建设过程，而是一个自上而下、自下而上相结合的双向动态治理过程。此外，各类主体间能否形成合力是决定社会公德治理能否取得成效的关键因素，而合力的形成牵涉方方面面因素，诸如各主体间分工的明确、利益的协调、信息的共享、行动的配合等，因而社会公德治理又是一项复杂的系统工程，是一整套政策制度和一系列活动的持续动态过程。

（四）社会公德治理的基本路向

社会公德治理的基本路向指推进社会公德治理体系和治理能力现代化的道路方向，是对"如何进行社会公德治理"关键问题的直接回答。概括地讲，社会公德治理的基本路向可从内外两个维度，"制度保障""技术支撑""德法兼用""治育结合"四个方面予以阐释。

1. 加强制度保障，建立健全社会公德治理体制机制

社会公德规范对人是一种"软"约束，但社会公德治理作为一种道德活动，其良性运转离不开相应的制度体系，缺乏一系列体制机制的社会公德治理只能是流于形式的口号。"使道德规范特别是那些基本的道德规范能够得到切实的推行"必须"创建普遍的道德制度"。② 社会公德治理制度化建设应当至少从两个方面展开：一是在"文明礼貌、助人为乐、爱护公物、保护环境、遵纪守法"为主要内容的社会公德规范的参考指导下，经由政府、社会组织及群众集体智慧制定公共生活各个领域、各个场所的规章和公约，如公园文明规约、商场规章制度等，使个体行为有规可守、有则可约；二是构筑社会公德治理运行的长效机制，诸如舆论监督机制、赏罚激励机制、考核评估机制、德行补偿机制，将治理机制建设与个体现实利益紧密联系起来，以此保障各项规章公约实施的有效性，促使

---

① 龙静云、熊富标：《论道德治理的基本路径与社会合作》，《江汉论坛》2013年第5期。
② 钱广荣：《道德治理的学理辨析》，《红旗文稿》2013年第13期。

主体将其内化为自身的道德自律。体制机制的建立健全是社会公德治理深入开展的前提基础，推进社会公德治理体系和治理能力现代化需要这些"硬件设施"的保障。

2. 加强技术支撑，提高社会公德治理的科技化水平

进入新世纪以来，以互联网、物联网、云计算、大数据等为代表的新兴技术发展迅猛，深刻改变着人类社会的生产方式、生活方式和思维方式。科学技术是第一生产力，是社会发展进步的变革性力量，在社会公德治理中广泛应用科学技术以提高治理实效性成为不可逆转的时代潮流。一方面，科学技术的发展使多元主体共同参与社会公德治理成为可能。在以往社会公德建设政府一元主导的管理型模式下，社会组织、公民等参与公德建设的渠道是比较单一的，多是被动式地接受公德教育和宣传，在对公德失范现象尤其是重大社会公德事件的处理中频频"缺场"。而随着科学技术的发展，大众传媒成为社会公德舆论的重要载体，网络空间的自由理性发言，为公民积极参与社会公德失范现象的治理提供了现实条件。此外，掌握核心技术的社会组织也能凭借其自身优势在社会公德治理中贡献一份力量。另一方面，科学技术的应用促使社会公德治理能力大幅度提高，主要体现在推动社会公德治理的对象由泛众化走向精准化、治理决策由自发性走向自觉性、治理方案由经验型走向科学型等方面。科学技术是社会公德治理体系和治理能力现代化的动力支撑，是社会公德治理深入开展的"软件设施"。

3. 完善法律法规，促进以德治国与依法治国相结合

道德规范和法律制度同属上层建筑，两者有着极为紧密的联系，道德是心中的法律，法律是成文的道德，正是基于此，法治与德治相辅相成、相互促进，共同成为国家治理的基本手段。良知的培育离不开法治的强制手段，法治的实行离不开德治的良知基础，法治和德治的结合是道德治理的首选路径。① 社会公德是公共生活领域中的行为规范，涉及个体与他人、群体、社会的利益关系，如果说法律是道德的底线，那么社会公德便是道德的红线，我国发生的很多社会公德失范问题不仅是道德问题，更是违法乱纪问题，只用道德手段无法立即有效地解决这些问题，应当在治理中凸显法律的惩戒功能。因此，社会公德与法律之间的密切关系启示我

---

① 钱广荣：《道德治理的学理辨析》，《红旗文稿》2013年第13期。

们，在推进社会公德治理的过程中，应当"将那些能够得到社会公众认可并且能够引领社会进步的伦理道德规范和价值观念，用法律的形式确定下来，用法治的刚性支撑德治的柔性"①。同时，道德良知的培育是有效避免和遏制违法犯罪行为的关键举措，在有的放矢地实施法律惩戒的过程中，也应当重视社会公德治理的道德教化作用，以道德的柔性维护法律的刚性。简言之，以德治国和依法治国是双向互动的过程，社会公德治理水平的提高有赖于依法治理的规范化、有序化开展。

4. 培育道德良知，促进道德治理与道德教育相结合

在这里，我们所说的道德教育，是指有目的、有计划、有组织地对教育对象施以道德影响的专门性活动，旨在培育个体道德良知和促进个体道德自觉。因而，道德治理与道德教育并不等同，治理道德失范现象仅是一种对象具体、内容特殊的道德教育活动，具有随机性、突发性的特点，以道德来治理社会又是一种高层次、抽象化的道德教育活动，具有指导性、方向性的意义。就两者关系而言，是一种相辅相成、相互促进的联结状态，一方面，道德教育推动外在道德规范内化为教育对象的内心信念，借以塑造有德性的社会公民，为道德治理的有序开展提供内生动力，另一方面，道德治理反哺道德教育，在治理道德失范问题中找准道德教育的契机、延伸道德教育的内容，在道德治理社会中把握道德教育的方向、规范道德教育的行动。道德良知是"本"，道德行为是"末"，道德治理的根本之道在于个体道德良知和道德精神的培养。② 因此，社会公德治理的多元主体协同共治的"善治"状态的追寻，离不开社会公德教育实际性效果的获得，促进社会公德治理与社会公德教育相结合成为推动社会公德治理体系和治理能力现代化的现实路向，这既取决于两者之间的相对区别，更是由两者相辅相成的关系决定的。

二 社会公德治理大数据应用概述

大数据时代社会公德治理的过程，实质上是社会公德治理大数据的应

---

① 薛惠：《关于社会公德治理的几个问题》，《华中师范大学学报》（人文社会科学版）2016年第3期。

② 朱贻庭：《"'本''末'之辨"说道德——当前道德治理必须关注的一个问题》，《道德与文明》2013年第2期。

用过程，因而，在解析社会公德治理大数据概念内涵的基础上探讨其应用诉求及应用价值，成为大数据时代与社会公德治理良性碰撞的内在机理，也是阐释大数据时代社会公德治理运行机制的前置性条件。

（一）社会公德治理大数据的概念释义

社会公德治理大数据是大数据在社会公德领域的具体运用，是社会公德治理与大数据相互作用的结果。厘清大数据，尤其是社会公德治理大数据的定义是将大数据应用到我国社会公德建设和实现公共领域中道德失范问题治理的前提和基础。

1. 大数据的阐释

早在20世纪80年代，有学者就预言：大数据是第三次浪潮的华彩乐章。而21世纪的今天，在海量数据冲击下，大数据浪潮成为不可阻挡的趋势，2013年被称为大数据元年，受全球关注。无论是发达国家还是发展中国家都把大数据提升到了国家战略高度，而这样巨大的影响并不是一蹴而就的。大数据的发展主要可以分为三个阶段。

第一阶段是大数据萌芽时期。大数据以数据为基础，最早可追溯到远古时期，那时数据就已经被人类用于认识世界和改造世界。距今超过两万年的"伊尚戈骨头"被认为是史前最早记录数据和分析数据的工具，而远古时期其他关于人类在石头等物质上记录数据的事件也在历史发现中有迹可循。当数据可以被积累下来，数据积累达到一定体量所带来的价值就超过了被记录的东西本身。1928年，德国工程师弗里茨·弗勒玛发明了一种用磁带存储信息的方法，此种原理沿用至今。数据储存技术的突破是大数据时代爆发的起点。

第二阶段是大数据发展时期。1962年，由IBM的工程师威廉姆·德尚发明的机器，实现了部分英文单词和数字信息之间的转化，标志着人类在处理信息能力方面的突破。当数据不仅仅被视为储存和记录的工具，而是作为信息的处理技术，数据的价值就呈指数增长，这为大数据时代的到来奠定了重要基础。1964年，《新政治家》周刊上的一篇文章预言未来人们对海量信息处理的能力将会越来越强。

第三阶段是大数据爆发阶段。随着全球范围内信息技术跨越式发展，计算机硬件性能的提升和单位价格的下降使得巨大体量的数据存储成本日益降低，为大数据发展奠定硬件物质基础。与此同时，以关联规则和可视化等方式为中枢的数据挖掘技术的发展应用使得从大量数据中萃取潜在的价值、发现新知识和预测未来趋势成为可能，为提炼大数据价值提供了关键技术。此外，便携式终端和社交网络的兴起为全世界用户提供便捷的数据收集中介和数据分享平台，数据最终和环境融为一体，每时每刻都有源源不断的各种信息被捕捉和记录，成为海量数据的重要来源。在物质基础和关键技术以及数据来源丰富等多重因素的影响之下，数字化几乎已经渗入人类所有行为，由数据构建的虚拟空间已经成为物理空间之外人们重要的第二生活空间，对人们的生活方式、生产方式和思维方式都产生了巨大影响。

许多专家学者都尝试从各种不同角度对大数据的基本含义作出探讨，从最初的信息定义到技术定义最后到价值层面的定义，大数据的定义是一个不断丰富发展的过程。

第一，大数据的信息定义。大数据信息方面的定义，是关于大数据性质和功能方面的最基本定义，最初大数据就是指海量数据集，是需要高超技术处理后才能利用的信息资产。《辞海》定义大数据，"具有数量巨大、变化速度快、多样化和价值密度化等主要特点的数据集合"。[1] 研究机构Gartner认为："大数据是需要新处理模式才能具有更强的决策力、洞察发现力和流程优化能力的海量、高增长率和多样化的信息资产。"[2] 李国杰指出，大数据是"无法在可容忍的时间内用传统IT技术和软硬件工具对其进行感知、获取、管理、处理和服务的数据集合"[3]。综上而言，大数据信息层面的定义强调大数据是海量信息资产。

第二，大数据的技术定义。大数据技术层面的定义，是对大数据信息进一步挖掘之后对大数据内涵的扩展，在信息定义的基础上，大数据的出现源于对巨量数据处理技术的发展，大数据带来了一种新型能力，是一种以前所未有的方式对海量数据进行分析的能力，只有处理海量数据的技术形成并发展，才有可能挖掘大数据的真正价值。国际数据公司把大数据定义为"为更经济地从高频率的、大容量的、不同结构和类型的数据中获取价值而设计的新一代架构和技术"。国内学者也对大数据在技术层面的

---

[1] 陈至立主编：《辞海·缩印本》，上海辞书出版社2022年版，第359页。
[2] 梁锋：《"大数据"》，《新闻前哨》2013年第11期。
[3] 李国杰、程学旗：《大数据研究：未来科技及经济社会发展的重大战略领域——大数据的研究现状与科学思考》，《中国科学院院刊》2012年第6期。

定义进行了解读，认为大数据不仅是海量信息，更应该是能带来巨大变革的一系列技术。如孟小峰、慈祥指出，众多技术诸如存储功能协助积累数据，数据库协助数据管理、查询功能实现数据索引，一系列技术的突破和创新促使大数据便捷性和实效性增强。① 严霄凤、张德馨提出大数据以互联网、物联网和便携式媒体终端为基础，是当今时代技术发展前沿所得技术成果，是推动信息时代发展的重要技术。②

第三，大数据的价值定义。大数据价值层面的定义是从大数据在应用过程中所产生和发挥作用的角度界定大数据，它是关于大数据最为重要和成熟的定义，侧重于在海量数据中汲取和事物相关的有一定价值的内容。价值层面的定义强调大数据信息和技术对人们认识世界的思维模式的转变，对人们生活方式和交往方式的转变。迈尔－舍恩伯格在《大数据时代》一书中写道："大数据是人们获得新的认知、创造新的价值的源泉；大数据还是改变市场、组织机构，以及政府与公民关系的方法。"③《大数据》的作者涂子沛表明：大数据更大的意义在于"通过对这些数据的交换、整合和分析，发现新的知识，创造新的价值，带来'大知识''大科技''大利润'和'大发展'"④。邬贺铨院士也持有相同观点，认为大数据的价值堪比石油。⑤ 这一类定义着重于大数据在其他领域运用和结合的过程中，通过其信息和技术所带来的思维模式转变和预测性、实时性等功能的有效实现，在实际运用中彰显其价值。

大数据经历了萌芽、发展和爆发三个阶段，大数据的内涵经历了从技术定义到价值定义的发展。我们认为，大数据带来了一个新的时代，即大数据时代，它是本体论与方法论的有机统一，价值显现是大数据时代到来的基本标识。从本体论上看，大数据是海量数据信息的集合；从方法论上看，它蕴含相关关系，进而预测功能突出；从价值论上看，它是能带来划时代价值的新型资源。

---

① 孟小峰、慈祥：《大数据管理：概念、技术与挑战》，《计算机研究与发展》2013年第1期。
② 严霄凤、张德馨：《大数据研究》，《计算机技术与发展》2013年第4期。
③ [英]维克托·迈尔－舍恩伯格、[英]肯尼思·库克耶：《大数据时代》，盛杨燕、周涛译，浙江人民出版社2013年版，第4页。
④ 涂子沛：《大数据：正在到来的数据革命，以及它如何改变政府、商业和我们的生活》，广西师范大学出版社2015年版，第57页。
⑤ 邬贺铨：《大数据时代的机遇与挑战》，《求是》2013年第4期。

2. 社会公德治理大数据的概念

大数据作为现代科学最新发展成果应用领域广泛，在与其他领域相互作用的过程中彰显自身价值。所谓社会公德治理大数据，是指大数据在社会公德治理领域的具体运用，是社会公德治理和大数据结合的产物，是对道德建设起到巨大推进作用的新型资源。

社会公德治理大数据作为一个新兴概念，学术界目前尚未给出明确的定义。对于社会公德治理大数据的定义，可以以大数据在与其他领域相结合过程得出的较为成熟的研究成果为借鉴并加以完善，例如，大数据与教育相结合得出教育大数据的定义："教育大数据是指整个教育活动过程中所产生的，以及根据教育需要采集到的，一切用于教育发展并可创造巨大潜在价值的数据集合。"[①] 大数据要能服务教育发展，具有教育目的性，而非盲目地囊括一切数据。以此类比，在把握社会公德治理内涵和大数据内涵的基础上，以协助社会公德治理实现为目的，以促进道德建设为导向，试图对社会公德治理大数据作出以下定义：社会公德治理大数据是指人们在公共领域所形成的与公德有关的行为数据，根据实现社会公德治理实际情况获取到的，所有可以运用在社会公德建设以及可能具有潜在价值的大规模的数据，以及对这些数据进行挖掘、分析、应用借以推动社会公德治理现代化的科学技术。需要指出的是，大数据要能服务社会公德治理落实与转型发展，具有治理社会公德的目的性，而非盲目地囊括一切数据。

社会公德治理大数据将人们在公共领域中的公德治理相关行为转变为数据，是用数据信息反映人们的行为以及行为背后的思维模式，是利用大数据技术将现实世界抽象出来，将特定时间和特定地点中的特定行为抽象为数据。以这种技术为桥梁，不仅可以构建数据维度的虚拟世界，还可以利用虚拟世界作为把握现实的一种方式和手段。信息层面的社会公德治理大数据需要借助大数据技术才能实现其价值，应用于社会公德治理的大数据技术是一种致力于透析人的社会公德行为的信息技术，其意义在于通过收集和挖掘以及分析个体的公德行为，探索个体和社会整体的公德状态，寻找社会公德建设的规律，为社会公德治理提供科学客观的依据，为社会

---

① 杨现民、田雪松编著：《互联网＋教育：中国基础教育大数据》，电子工业出版社2016年版，第28页。

公德治理体系和治理能力的现代化转型提供有力支撑。所以，社会公德治理大数据是大数据在社会公德治理领域的价值体现，也是社会公德治理能引入大数据以推动其落实的关键所在。

（二）社会公德治理大数据的应用诉求

现代社会公德治理提出的直接原因就是社会公德失范问题引起了全社会的普遍关注，社会公德失范是对现实公德困境最高度的概括，是大数据时代社会公德治理的直接对象。可以说，正是社会公德失范的客观存在提出了社会公德治理大数据的应用诉求。

1. 基于道德建设的社会公德失范阐析

"失范"的概念起源于西方，原意是指"否定""非等同""差异或混乱"。法国著名社会学家涂尔干开创性地提出失范的概念并应用到社会学领域，他在《社会分工论》中曾写道："现代经济生活存在着法律和道德的失范状态。……而且，这些感受大部分都是不带法律性质的。它们的基础是公众意见，而不是法律。"[①] 涂尔干认为，维系社会稳定的道德规范混乱使得社会处于"失范"的状态，不难看出此处对失范的解释内含贬义。然而有其他学者与涂尔干意见相左，法国学者迪奥认为失范暗含一种积极含义，并把失范理解为一种有创造力的新生事物，是对僵死观念的一种挑战。[②] 学者们认同高兆明关于道德失范的定义：道德失范是指道德作为调节日常生活和社会生活的基本规范，在实践过程中由于调节和规范功能缺乏有效性，导致道德在调节和引导社会生活方面的失效，引发社会失序现象和社会行为混乱现象。[③] 简言之，其含义可以概括为道德失去功能，道德原则失落、道德规范混乱、道德行为缺乏。从道德失范的概念可知，道德失范有三种表现形式：其一是价值观层面某种危机或剧烈冲突，表现为良知缺失或者是价值体系不能转化为行为；其二是规范层面，旧的曾经能满足社会既定生活、生产、交往方式的道德价值随着社会生活的改变和发展难以真正意义上得到民众的认同，过去曾经发挥作用的道德规范可能丧失了运行的条件，对约束民众道德行为的作用力式微。但是新的道

[①] ［法］涂尔干：《社会分工论》，渠东译，生活·读书·新知三联书店2000年版，第14页。
[②] 参见朱力《变迁之痛——转型期的社会失范研究》，社会科学文献出版社2006年版，第16页。
[③] 高兆明：《简论"道德失范"范畴》，《道德与文明》1999年第6期。

德规范尚在建立或者其运行条件尚未满足，还不具备良好的道德约束效用。其三是个人行为层面，体现于公民个体由于道德价值混乱、选择迷茫所导致的在公共领域中存在的行为层面越轨现象，当然这三种道德失范形式是相互影响、相互制约的有机体。

道德失范既是一种现象描述，也是一种价值判断，作为一种现象描述，道德失范是指人们在日常生活中存在的违反道德的行为；作为一种价值判断，道德失范体现为人们在行为上表现出不符合道德的现象背后在意识层面的混乱和含糊。其中，价值判断型道德失范又可分为两种类型：一种是根本上缺乏基本良知，是意识层面的问题，以错误的意识为先导，不可能有正确的行为，也就是内心缺乏道德意识，不能作出合乎道德的行为；另一种是基本的良知存在，但是在意识转化为行为的环节上出现了问题，使得内心的道德没有成功地转化为现实的合乎道德行为。当把道德失范视为现象描述和价值判断时，其中隐含一个前提，即存在某种自明的既定标准，这是道德失范的前提，离开此自明的既定前提，道德失范便无从谈起。而这个既定的某种规则不是一成不变的，不同时代有特定的要求，一般而言是政治上占统治地位的利益集团的价值要求。"统治阶级的思想在每一时代都是占统治地位的思想。这就是说，一个阶级是社会上占统治地位的物质力量，同时也是社会占统治地位的精神力量。"[1] 由此可见，在社会生活中具有支配和主导地位的价值是在政治和经济上占主导地位的利益集团主导的，而道德失范是指对这种主导价值的违背。另一方面，从道德失范发生的背景来分类，在常态下发生的道德失范表现出局部性和短暂性的特征，任何一个社会形态和历史时期都有道德失范的情况出现。而社会转型时期的道德失范，与常态下的道德失范现象有明显区别，它意味着从根本上而言，过去长期发挥作用的道德运行模式已不能完全适应新的社会存在，其约束力失去了原有效能。而应时代发展需求的新的道德运行模式却并没有发展成熟到能引领人们的价值，并约束人们的行为。这种类型的道德失范正是对我国道德失范现象的原因的高度概括。

社会公德失范是道德失范的一种类型，是指在公共生活领域中出现的道德失范。社会公德起源于调节社会成员利益的需求，以传统沿袭的风俗习惯、大众普遍认同的准则规范和人们内心的信念为手段和方式来化解社

---

[1] 《马克思恩格斯选集》第 1 卷，人民出版社 2012 年版，第 178 页。

会生活中人与人的劳动关系和利益关系等各种关系,反映了人们公共生活的道德需要。社会公德失范就是公德原则没有受到社会成员真正的认同和贯彻,原有的公德规范作用式微而更有力的公德规范模式构建不完善,个人在公共领域的公德行为没有得到有效的约束,公德价值层面的失落、规范层面的失效以及个人行为层面的缺乏导致社会公共领域呈现某种紊乱无序状态。

2. 社会公德失范现象分析

我国《公民道德建设实施纲要》指出:"社会公德是全体公民在社会交往和公共生活中应该遵循的行为准则,涵盖了人与人、人与社会、人与自然之间的关系……要大力倡导文明礼貌、助人为乐、爱护公物、保护环境、遵纪守法为主要内容的社会公德,鼓励人们在社会上做一个好公民"。[①] 由此看出,社会公德涉及人与人、人与社会、人与自然这三大领域的相关要求,以此作为依据,将现实中社会公德失范现象进行归类。

第一,人与人之间的社会公德失范现象。在现实的人与人的交往过程中,不讲文明礼貌、不讲信用、不尊重他人的行为并不罕见,忽视助人为乐和见义勇为、"事不关己高高挂起"的道德冷漠现象也客观存在。2018年8月21日一辆开往北京南站的列车上,一名男子不肯对号入座,霸占了一名女乘客靠窗户的位置,并且对上前劝阻的乘务员胡搅蛮缠。然而这并非个案,诸多人在与他人交往时或者与他人处在共同空间时,其言谈、举止、待人接物没有表现出应有的品行和礼仪。此外,针对道德冷漠现象,廖申白、孙春晨在《伦理新视点——转型时期的社会伦理与道德》一书中做了相关统计,其中对陌生人表示关心态度的只占8.57%,绝大多数人都"睁一只眼闭一只眼"[②],这就不难理解为什么在大街上、在光天化日之下、在众目睽睽之中,常有遇难者无人救助、行凶者无人追捕。

第二,人与社会之间的社会公德失范现象。个人是社会中的个人,社会是由个人组成的社会,人与社会是相互联系、密不可分的。社会的存在和发展离不开众人的努力,人的生存和发展需要以社会为平台。人与社会之间的社会公德失范现象时有发生,如损坏公共设施、破坏公共秩序、危

[①] 本书编写组编:《〈公民道德建设实施纲要〉学习问答》,中国言实出版社2001年版,第8页。

[②] 廖申白、孙春晨:《伦理新视点——转型时期的社会伦理与道德》,中国社会科学出版社1997年版,第35、140页。

害社会安全等行为。在人们日常生活中不爱护公物等行为客观存在，图书馆里的书总是被乱写乱画，公园里的公共健身器材总是"短命"，踢翻的垃圾桶、不翼而飞的井盖、被打烂的街道路灯等等很多现象至今为止也没有杜绝。从近期发生的事情来讲，解决交通行程"最后一公里"的惠及公众的共享单车在国内迅猛普及的同时问题频出，反映出的社会公德问题引发公众讨论且热度不减，共享单车被喻为"一面很好的国民照妖镜"。同样，还有诸多破坏公共秩序的行为让人难以容忍，小到插队、"中国式过马路"，大到见诸报端的种种有害行为。如2018年8月，某男子在郑州机场T2航站楼14号安检通道接受安检时，因充电宝不能过安检，怒砸充电宝引发自燃；2018年10月在重庆万州，一乘客因错过一站与驾驶员互殴导致公交车坠江15人丧生。

第三，人与自然之间的社会公德失范现象。人与自然是相互联系、相互依存、相互渗透的，人由自然脱胎而来，其本身就是自然界的一部分，保护自然环境的观念由来已久。然而，现实生活中，破坏自然环境的行为却悄然发生，在生活生产中公德失范的行为时有发生。比如水龙头总是因为没有关牢而在滴水，空无一人的房间里空调、电扇等电器却还在运行，一次性用品被大量使用，电池、塑料等难以降解的垃圾被随意丢弃，野生动物被摆上了餐桌，"绿色出行"成了一句空口号。同样由于环保意识不强导致的生产污染更是环境破坏的重要原因。《人民日报》于2018年4月14日在一篇题为"完成硬指标还得加把劲"的文章中公布了国家发展和改革委员会发布的2017年国民经济和社会发展规划执行情况。其中，全年经济社会发展主要目标任务较好完成，"但19个约束性指标中，3个指标完成情况与全年目标存在差距，分别是非化石能源占一次能源消费比重、地级及以上城市空气质量优良天数比率、地表水达到或好于Ⅲ类水体比例，这3个指标都集中在生态环境保护相关领域。"① 这说明保护环境，任重道远。

（三）社会公德治理大数据的应用价值

社会公德失范现象提出了社会公德治理大数据的应用诉求，但社会公德治理大数据能否凭借其自身优势有效解决和遏制社会公德失范，这便涉

---

① 《完成硬指标　还得加把劲》，《人民日报》2018年4月14日第9版。

及社会公德治理大数据的应用价值问题。

1. 有利于生成多元主体协同治理格局

社会公德治理主体对治理社会公德失范问题有着重要的影响，而大数据通过技术重新定义了治理主体的边界并且实现了社会公德主体的协同关系，创建了更加高效科学的多元主体协同治理格局，为治理失范问题奠定重要前提。

在现代社会公德治理概念中，"政治国家与公民社会、公共机构与私人机构以及全体公民等多主体的参与合作"是与传统的治理相比最为明显的区别所在和突出的特点，也是治理社会公德问题的关键。社会公德治理中的主体协同既是对政策的响应也是对现实的回应。一方面，党的十六届四中全会提出："深入研究社会管理规律，完善社会管理体系和政策法规，整合社会管理资源，建立健全党委领导、政府负责、社会协同、公众参与的社会管理格局"[①]，初步提出了多方面协同的概念雏形。党的十八届三中全会提出"创新社会治理体制"的任务，并将社会管理体制中的"政府负责"改为"政府主导"，更进一步突出这种协同格局的特点。另一方面，这个特点在没有大数据技术为支撑的前提下，只能停留在理论层面探讨，难以在现实中实现。而大数据技术日益发展，以其开放共享的功能成为倒逼多主体协同参与治理社会公德失范问题的重要驱动力，提供了将多元主体治理的协同格局从理论层面转化为现实的可能。以此为前提，多元主体都将通过大数据在社会公德治理中发挥自身独特的作用。

首先，政府作为社会公德治理最重要的主体，毫无疑问在治理社会公德问题的过程中要发挥主导作用。但是过去各级政府部门由于全局观念和共享意识的缺乏以及技术限制，在信息资源的管理与使用上都是各自为政，数据之间吝于共享，甚至设置障碍导致数据之间、系统之间难以兼容，严重阻碍了彼此间的信息流通，又造成重复建设、资源浪费。而大数据能够最大限度地融合不同类型的数据和公德资源，依靠统一的数据库和数据平台实现信息之间的共享。2016年10月中央政治局专门集体学习了网络强国战略，习近平总书记指出："随着互联网特别是移动互联网发展，社会治理模式正在从单向管理转向双向互动，从线下向线上线下融

[①] 中共中央文献研究室编：《十六大以来重要文献选编》中册，中央文献出版社2011年版，第287页。

合，从单纯的政府监管向更加注重社会协同治理转变。"① 打通政府各个部门之间的数据壁垒，实现立体网格化内外网络互通、上下数据共享，消除技术阻碍，解决政府各个部门之间信息共享的问题，使得公德大数据的内容由零碎化转变为整体化，成为社会公德治理的重要平台支撑。同时，政府将不再是单一的管理主体，治理过程不再是自上而下的单向度管控。社会公德治理要依靠各个主体之间的相互协作才能实现。实现政府同社会之间的良性合作，以此最大限度减少政府干预，最大范围收集民众智慧，最大程度解决社会公德失范问题，为民众生活创造更好的条件。

大数据使得社会公德治理主体从一元向多元转变以及主体之间的协同治理成为可能。互联网快速发展，自媒体、社交网络广泛普及，使得社会公德大数据更多存储在社交平台、新媒体网站、社会组织等等，而不仅掌握于政府部门，倒逼政府由"全能包办式"社会公德管理向开放的社会公德治理转变，也就是转化为政府主导之下由社会机构或组织以及公民"分而治之"的多元共治方式。企业和公众参与社会公德治理能够最大限度地避免由政府作为一元主体的弊端，弥补政府管理的不足。社会组织、企业、公众可以成为大数据技术的提供者，政府可以向其购买服务。另外政府应强化其核心职能而把那些管不了、管不好、不该管的事情交由社会。将社会公德治理中部分公共事务，按照一定的方式和程序，交由具备条件的社会力量、社会组织来承担。这不仅将社会公德失范问题化大为小，而且大大减轻了政府压力。此外，大数据拉近了政府和公民之间的距离，为公民个人参与治理公德问题提供了便利条件，使得人们意识到社会公德治理是与自己相关的事务而不仅仅是政府的事情。数据开放可以让体制内外的人一起参与进来，为政府今后的治理提出建议，解决政府无法完成的以及棘手的问题，政府更多地利用民众的智慧，并激发全社会的智慧和创意，利用"众筹效应"，集思广益，择善而从，产生巨大的数据红利。正如政治哲学家哈耶克所言，一个社会的知识掌握在每一个个人手中，只有自由发挥每个人的智慧，这个社会的文明才能得到进步。通过社会公德治理大数据共享来推动社会公德治理主体多元化，扩大社会公德治理主体的范围和边界。在大数据确定各个主体的具体功能、职责的前提

---

① 《习近平在中共中央政治局第三十六次集体学习时强调　加快推进网络信息技术自主创新　朝着建设网络强国目标不懈努力》，《人民日报》2016年10月10日。

下，增强各个主体之间的互动与合作，共同促进治理能力和治理水平的提高，实现"1+1>2"的治理效能提升。

2. 有利于提高社会公德治理科学化水平

大数据应用能够提高社会公德治理科学化水平体现在：一方面利用大数据整合功能客观全面描述社会公德现状，促进治理主体的思维模式和认知模式转型升级，增强治理主体进行社会公德治理的科学性；另一方面利用大数据预测功能帮助治理主体把握社会公德的规律，从而科学设计社会公德治理的政策和方针，防患公德失范问题于未然。

（1）大数据整合功能促进社会公德治理的客观性

单种数据来源都有一定的局限性和片面性，事物的本质和规律隐藏在各种原始数据接近无限的相互关联之中。只有融合、集成各方面的原始数据，才能反映事物的全貌。大数据海量信息特征为其避免单种数据局限、形成整合数据提供了可能性，大数据的整体性功能使得事物信息获取更为全面、态势分析更为客观。社会公德治理大数据集聚了不同种类和不同结构的个体公德行为数据，全面客观反映整个社会公德状况。全面客观描述社会公德状态在大数据出现之前是不可能实现的，传统的定量分析在没有强大的技术作为支撑时往往表现出多方面的弊端：首先，研究范围受到较大的局限性，问卷调查、抽样调查等研究方式覆盖的只能是局部的阶层和人群，导致研究结果偶然性较大、准确性难以保证。其次，研究过程中受到主观因素影响比较大，如在设计问卷过程中，可能有意无意引入主观因素，不能完全排除模糊歧义乃至误导，或者为了完成调查，对被调查者施以物质刺激，易导致部分被调查者纯粹为了奖励而应付调查、返回低质问卷的弊端。最后，研究结果沿用以部分代替整体的思维方式。整体由部分构成，在技术受到限制的情况下只能用部分代表整体，用部分推断整体的方法实际上很难避免以偏概全带来的结果走样和对事实描述的偏差。众多因素最后导致研究结果和实际情况大相背离，而以这样的结果作为社会公德治理的依据，效果往往不尽如人意。

类比数学，大数据既是计算工具，也是计算推理演绎的思维模式，是一种新时代的技术发展集成体现，更是一种通过分析数据和数据之间相关关系来把握世界现状及其发展规律的认识论和方法论，这是大数据整合功能的体现。大数据具有多样性，数据时代随时随地都在产生各类数据，而且这些数据来源丰富、种类齐全，所以可以在起始处防止以偏概全的弊端。不管数据以什么样的方式和结构存在，都将是存在巨大潜在价值的资源，"我们乐于接受数据的纷繁复杂，而不再追求精确性"①，无论是标准的还是非标准的数据都有其存在的理由。除此之外，大数据技术支撑下数据分析可以实现全集计算、关联分析。过去囿于技术的限制，整体只能是抽象层面的整体，在大数据研究中，全体数据取代了随机抽样进行研究。过去抽象层面的整体得以转换为现实层面的整体，整体和部分终于走向了统一。从调查、统计的角度来看，这种基于普查的全集计算能够更好地反映整体的属性，大数据所要实现的是利用数据来观察社会，刻画社会。这样的描绘才是社会公德治理有力客观的支撑。更为重要的是，由于大数据通常是由复杂层次中各种个体的不同行为构成的多结构形态集合，大数据分析的对象是作为数据源而自身又毫不知情的人的"自然流露"，而所谓"自然流露"表明这是个体在忽视其作为大数据采集对象的前提下无意识地表露自身的主观意识以及作出相匹配的行为。大数据的"客观"所需要的正是这样的"主观"，千万个这样相对纯粹的主观最终汇成客观。以此为前提所获取的研究结果自然可以做到"从群众中来到群众中去"，在社会公德治理过程中，数据的客观性、全面性增加了治理公德问题策略的科学性和说服力，有助于摆脱空洞说教的窘态，使得公德观念深入人心，大众对公德规范产生认同，从而转化为自身行为，并养成习惯。

（2）大数据预测功能促进社会公德治理的前瞻性

大数据之所以备受推崇，主要得益于其核心功能——预测。即是把数学算法运用到海量的数据上来预测事情发生的可能性。② 大数据的预测是通过相关关系帮助治理主体把握社会公德发展的规律，从而提出合理的决策预防公德失范问题。过去在没有强大技术支撑的情况下，治理主体能做的或是感性判断预测，或是建立在因果关系基础上的理论逻辑推演预测。由于人类认识的局限性，感性判断的弊端不言而喻。而以因果关系为最主要方法的推演预测也有其局限性。所谓因果关系是指两个变量之间存在必然而不是或然的关系，其中一个变量的出现或变动一定会导致另外一个变量的产生或者变化。以不同的理论指导为前提，必然会导致不同的结果导

---

① [英]维克托·迈尔－舍恩伯格、[英]肯尼思·库克耶：《大数据时代》，盛杨燕、周涛译，浙江人民出版社2013年版，第29页。

② [英]维克托·迈尔－舍恩伯格、[英]肯尼思·库克耶：《大数据时代》，盛杨燕、周涛译，浙江人民出版社2013年版，第29页。

向，以因果关系的推理为基础作出的预测只能实现对事物之间必要关系的探讨。而大数据预测是以一种变量的变化由多种变量以及多种变量之间的复杂关系影响而生成的理论为基础，预测未知的风险只有将各种相关关系考虑进去加以分析才能更为准确。在急剧的社会转型期间，各种问题爆发得总是格外猛烈，公德失范问题出现的原因是多种多样的，各种原因之间的相互作用的过程也是复杂的，通过因果关系来预测事物的发展漠视了宏观公德失范现状形成的复杂性，忽略了导致公德失范多种原因之间的相关性。换句话说，囿于技术不发达而导致以因果关系为思维的主导模式分析问题时，预防只能存在理念中，在现实中难以落实，具体到解决公德失范问题，应急性"灭火式"的处理措施常常被用来缓解一时之需，这样的处理模式往往成本高、效果差、治标不治本、处理不彻底。

  网络专家巴拉巴西在接受《人民日报》采访时指出："建立在相关关系分析法基础上的预测是大数据的核心。……通过找出一个关联物并监控它，我们就能预测未来，我们就能读懂历史的韵律，进而寻找到通往未来的钥匙。"① 大数据技术用相关性分析取代因果分析且恰如其分地反映了变量之间的复杂关系。通过对比因果关系和相关关系两者的基础理论，可以总结出二者的不同，即在统计上研究一个变量发生变化时，其他的变量也能看到变化，但是这个变量发生变化的原因难以确定，可能是它促使了其他变量的变化，可能是其他变量促使了它的变化，或者他们共同导致了它们之外的变量出现变化。通过分析一种数据和另一种数据之间存在的相关关系，可以分析出这些数据之外的其他数据之间的关系。随着视角的不同可以揭示出几乎无限种关系。建立在相关关系上的大数据技术可以帮助治理主体把握事物规律、预测事物的发展和人的行为趋势，从而将问题扼杀在萌芽阶段。在经济、教育、卫生等领域，大数据建立在相关关系的整合分析已经彰显了巨大的价值，在搜索引擎 Google 网站上，利用平台上的数据可以计算出流感的暴发来源和路径，从而采取相应措施和预备相应医疗物资。许多应用平台可以通过大量的消费数据，来帮助消费者购买到更加便宜的机票门票等。在社会公德治理领域，相关性分析也应该得到充分重视。在高度复杂和高度不确定性条件下社会公德领域的诸多变量之间并非简单的因果关系而是一种相互影响、相互作用的相关关系。大数据技

---

① 《寻找通往未来的钥匙》，《人民日报》2013 年 2 月 1 日。

术对海量数据资料进行深度分析，挖掘数据之间的内在关联，透过纷繁复杂的数据乱象概括其本质。预测系统条件下，人们的公德行为、思想都能够被记录，这些相关数据在机器中进行复杂的运算，代替了人的主观思考，减少了主观带来的局限性。利用这些数据进行研究，可以分析人们在公共领域中的道德行为，并且可以得知个人的公德行为实际上并不是完全独立的，相反个人的公德行为是整个公德现状和现象的组成部分，它们存在相互影响、相互依存的关系。对它的管理和分析帮助治理主体把握社会公德的发展规律，进而预测公德失范问题的出现，大大降低治理的成本、提高治理的效率。一方面利用现有数据和实时更新的数据，密切追踪那些存在高概率作出不道德行为的人员，密切关注道德失范问题密集的地点，在越轨行为导致社会秩序紊乱或者其他不良影响出现之前介入公德治理来预防此类现象的发生。另一方面，利用各种网络为代表的新媒体作为大数据的平台，收集民意、集合社会舆论，对现存的不良道德行为进行讨论，由此探寻公众内心的真实想法，把握公众思想品德发展的规律，有针对性地进行预防，从而更好地化解道德冲突与矛盾和可能出现的社会公德失范现象，利用大数据技术为社会公德治理科学决策提供支撑，使得社会公德治理由"经验治理"真正走向"数据治理"，用实证的事实取代主观意识或经验的判断，由被动应对公德失范问题向主动预测转化，能够极大地提高社会公德治理水平。

3. 有利于重塑"德—得"相通的运行机制

《礼记·乐记》说："德者，得也。"在古代道德的"德"和获得的"得"是相通的，道德就是指个人在对道有所认识和践行之后有所获得，其实质是对个体的道德和现实生活之间关系的联结。然而，随着社会转型日益深入，陌生人社会代替熟人社会，在公共生活领域内，人们的道德失范行为难以得到及时有力的评判及惩治，致使"德—得"相通机制断裂。社会公德治理大数据的应用，不仅可以激发社会舆论的道德力量，还可以完成实时性的道德监督，实现公德失范现象在全社会的公开透明，将"德"与"得"之间的通道重新连接。

（1）激发社会舆论的道德力量

维护社会公德体系运行的重要力量之一是社会舆论。道德是依靠社会舆论、传统习俗和人的内心信念调整人们之间相互关系的行为规范的总和。这里的社会舆论主要指的是道德舆论，是关于社会道德评价的舆论。

对符合道德的行为给予肯定、赞扬，对违背社会道德的行为给予批评。社会舆论是对公民行为的外在约束力。在社会舆论难以于现代社会结构中发挥效用的尴尬境地中，可以通过大数据打通各个生活领域，重新构建社会舆论发挥监督作用的机制。

在过去以"己"为中心的差序格局的社会结构中，社会舆论是维护公德体系的重要内容并发挥着不容忽视的重要作用，是社会公德的重要资源。对于身处人际网纽结上的个人而言，自身的道德形象对其生存发展影响巨大且深远，因此众人倾向性的态度对个体的行为具有制约作用，形成精神上的威慑力，社会舆论发挥着监督和调节的作用。而在陌生人与陌生人交往的现代社会中，社会舆论对治理公德失范现象的作用极其有限。当一些人公然违反社会公德而遭人评价和议论的时候，这些失德者反而振振有词，表现出一副毫无顾忌、奈我如何的情形。失德者的这份跋扈可以归咎于失德者在社会公共生活领域中因公德失范行为受到一时谴责，然而谴责仅仅停留在陌生人组成的社会公共领域，随着物理空间的替换和时间的流逝，特定的场景不复存在，谴责也就随之消失了。失德行为不会对失德者的个人生存产生实质的影响，由此社会舆论的力量在陌生人与陌生人交往的社会生活中显得无力，想要发挥道德的作用，就必须将各个生活领域打通，而大数据就是将个人公共生活领域与个人的日常生活、政治生活串联起来的重要技术。

由互联网搭建起来的"虚拟世界"已经被人们所熟知，而在此基础上结合物联网、云计算等技术，大数据时代在逐步构建作为现实世界的镜像反射的"镜像世界"。耶鲁大学计算机系专家杰勒恩特在20世纪90年代就已经提出了"镜像世界"的理论，即把大数据搭建起来的"虚拟世界"比作"镜像世界"，就是在阐述网络虚拟世界是现实世界的映照。消解了物理世界中生活领域分化的弊端，使各个生活世界领域之间的界限也变得越来越模糊以至于可以忽略，同时它将逐渐取代"虚拟世界"的匿名性、非对称性、非真实性而展现出对称性、真实性、即时性的特点，使得生活在大数据时代的每个人都将成为毫无隐私可言的"透明人"，全方位立体化数据化地暴露于公众视野之下。在大数据的帮助下，社会舆论利用大数据联通个人各个生活领域创造的条件再次拥有了道德监督的力量。不仅如此，大数据时代下，便捷的媒体终端为人们参与社会舆论提供了硬性条件，更大程度上汇集起社会舆论的力量。大数据所构建的镜像世界及其特点能在某种程度上消解负面社会舆论的消极作用，更有利于正向社会舆论的形成，因为"虚拟世界"的特点和弊端已经被"镜像世界"的特点所代替，正义的社会舆论有了更好的生成氛围。所以当失范行为被暴露在大众的视野中，公民可以通过视频等方式记录下来并通过网络或平台无限传播，大众可以对失范行为作出自己的评价，最后形成社会舆论，个人的言行对社会的作用是微薄的，但是利用"网民聚合"汇集起来的每一个人的力量是不可估量的，这种具有巨大威慑力的力量使得失德者无处遁形。在"地球村"里失德者无法像过去那样通过"背井离乡"重新开启生活，只能选择直面困境。失德者不仅受到谴责，其本人甚至及其家属的日常生活、职业生活都将承受巨大的压力，例如失德者被"人肉搜索"、丢掉工作等。大数据技术使社会舆论重新发挥作用，失德者将会为自己的行为付出代价，只能重新规范自己的行为，让公众意识到失德者已经改过自新。社会公德治理大数据成为新时代重要的道德力量，它以强大的技术联通了个人各个生活领域，把道德和个体生存直接联系起来，使道德"千夫所指"之力有了着力点。

（2）恢复社会公德的监督功能

新时代仅仅依靠传统方式来治理社会公德失范问题显然已经不能满足道德建设的当代要求。社会公德治理大数据作为一种在信息技术基础上发展起来应用于社会公德治理领域的新技术和新理念，在个人微观层面发挥的作用是直截了当的，即通过大数据实时性的特点将人全面容纳于监视当中，个体的公德失范行为将会被直接记录并实时反馈，借以恢复社会公德的监督功能，由此不断提升社会公德治理的有效性。

实时性是大数据的一个重要特点，也是大数据价值能够不断扩展的重要原因。当物联网、传感器等便捷式终端将各个空间和方位的信息实时传输，将人与人、人与自然界以及人与社会交往过程中的复杂行为以及背后的思想可视化，公民的公德行为便实时处在大数据为"第三只眼"的观察监督之下。大数据突破了时间和空间的界限实现了监督全覆盖，使得监督无时不有、无处不在。一是事前预测性的监督，一方面是对已有的数据进行分析处理，如果将大数据比喻为水库，那么已有的数据就是水库中储存的水，通过对已经获取的信息和数据分析归类，可以摸索出一定规律，就可以对易于发生社会公德失范的场合和情景重点关注，对容易作出或者过去经常作出道德失范行为人员进行分类总结以及重点追踪，提前预防公德失范问题的出现。另一方面，如果把大数据比喻为水库，还要注意水库中不断流进来的水，也就是对不断更新和收集的数据进行分析处理。依靠大数据的实时性特点和信息快速处理的能力，治理主体可以对某一将要可能实施的公德失范行为作出科学的评估，从而将社会公德失范行为扼杀在萌芽阶段，使得公德失范行为得到及时纠正，并最大限度地减少其带来的损失和危害。二是社会公德失范发生时的监督，大数据激发了群众作为主体的积极性，为构建全民监督格局提供了条件。大数据使得人人成为自媒体，这也就意味着人人都是监督他人的力量，在公共生活领域中，当目睹他人的不道德行为时，个人可以随手拍照、摄像并通过各种平台、客户端上传，这些数据是进行社会公德治理的重要数据来源，当今就不乏关于失德者的行为被拍下上传网络平台并引发群众讨论的相关例子，如2018年高铁出现的"霸座男"，广州地铁的"瓜子哥"等。公民通过大数据形成人人监督、人人负责的社会公德监督体系，使得对社会公德行为者及失范现象随时随地的监督成为可能。三是社会公德失范行为发生之后的监督，实时性缩短了公德失范行为到结果反馈之间的时间，实现及时回应监督，在处理程序上可以防止监督的碎片化、断裂化的问题。行为被数字化记录，一切的惩戒也有了客观依据，在证据面前人人平等，大数据可视性为社会管理提供更加有力的证据。大数据不仅可以将事情更加客观地呈现，也可以实现更加公开化、透明化，并得出明确结果。之前的"霸座男"，事后受到罚款以及限制出行的处罚，便给普通大众作了预警提醒。这种明确的处理结果给了大众正确导向，认识到违背公德的行为不仅会被大众所公知，还会受到大众谴责以及相应处罚。以往的监督是事后的、背后的监督，监督结果往往不了了之或者模棱两可，而大数据监督是开放、公开的监督，实现监督与被监督者间的互动，公民可以提出自己的想法，并在舆论讨论中更加明确规范社会行为，被监督者事后可以积极主动地反映自己的问题或者意见看法，大数据监督在全国织就一张越来越严密的社会公德失范惩戒网络，以明确的惩罚结果给公民以正确的导向。

三 大数据时代社会公德治理运行机制概述

大数据时代社会公德治理运行机制的核心要义在于有效推动社会公德治理大数据的广泛应用，实质内容是社会公德治理大数据应用要素的相互联结及其过程。大数据时代社会公德治理的要素联结以主体协作的方式客观呈现，主体协作及其过程的解剖成为分析大数据时代社会公德治理运行机制的直接理路，而主体能力差异化的关系模型决定了大数据时代社会公德治理运行机制类别的多样化。

（一）大数据时代社会公德治理运行机制的概念阐明

阐明大数据时代社会公德治理运行机制的概念，应当以对大数据时代社会公德治理的释义为切入点，且离不开对社会公德治理大数据应用要素的分析。

1. 大数据时代社会公德治理的释义

在人类社会的历史长河中，数据扮演着社会进步和时代发展推动器的重要角色。互联网广泛应用之前，囿于社会发展条件，尤其是科学技术条件的限制，人类社会多样化、复杂化的数据信息难以保存和记录下来，即使能够保存和记录，海量数据的获取、分析也是人工所无法实现的难题，数据影响我们的生活却不能参与和制约我们的生活。互联网广泛应用之后，物联网、社交媒体、云计算、大数据等为海量数据的产生、获取、整合和分析提供了技术支持，人与人、人与物、物与物之间的关联能够以数据的形式被记录和保存下来，大数据参与到我们的政治生活、经济生活、社会生活和日常生活之中，数据化生活成为人们生活的常态，人类社会进入大数据时代。大数据时代的到来，引发了人类社会的一系列变革，改变了我们的生活方式、生产方式和思维方式，不仅影响着人类社会物质文明的创造，更加影响着精神文明的发展。大数据在社会公德治理中的广泛应用，便是大数据时代深入推进及其时代价值的具体彰显。

大数据与社会公德治理相结合，其前提是要具备社会公德治理的大数据思维，其目的是要通过治理社会公德失范来营造人人遵守公德规范、人人敬畏公德原则的公共生活环境，其实质是要在社会公德治理过程中充分挖掘社会公德治理大数据的时代价值，其核心是多元主体相互合作、协同共治。基于此，大数据时代社会公德治理是指政府、企业和公民等多元主体共同参与，寓大数据思维于社会公德治理全过程，利用大数据技术收集、传递、整合、分析和处理社会公德治理大数据，以此解决和遏制社会主义市场经济发展过程中产生的社会公德失范问题，在此基础上，整合、提炼和弘扬中国特色的社会公德，以营造健康良好的社会公共环境、维护和谐稳定的社会公共秩序为目的的治理过程。可见，大数据时代社会公德治理概念的提出表征着一种时代印记，即是大数据技术、大数据信息、大数据产业等发展到一定程度在社会公德治理领域结出的时代果实；彰显着一种治理思维，即是拓展治理领域，实现社会公德治理与科学技术精准对接的思路；提供着一种文明道路，即是提高社会公德治理水平、加强社会主义精神文明建设的必由之路。

2. 大数据时代社会公德治理运行机制的概念

"运行机制"是一个偏正短语，其中心词是"机制"，要理解运行机制的基本含义，首先必须弄清什么是机制。现代汉语词典对机制的解释是："泛指一个工作系统的组织和部分之间相互作用的过程和方式"，"机制"最早出现在自然科学领域，后来在社会科学领域得到普遍应用。[1] "对'机制'的概念，我国学者大多强调系统要素之间的结构、相互关系和彼此影响……包括事物各要素的结构、功能及其发挥功能的作用过程和作用原理。"[2] 由此可知，运行机制可以被认为是系统内部各要素之间的结构、功能和相互关系，以及各要素相互影响、相互作用进而实现系统总体目标的运行方式和作用过程。基于此，大数据时代社会公德治理运行机制是指以大数据为资源展开社会公德治理活动过程各种要素的结构功能及其相互关系，以及这些影响要素产生影响、发挥功能的运行方式和作用过程。从系统论出发，要素是构成系统的基本单元，也是系统客观存在并能够维持其正常运行的最小单元。可见，厘定大数据时代社会公德治理的构成要素是探究大数据时代社会公德治理运行机制的前提和基础。

社会公德治理要素是构成社会公德治理大系统的基本单元，也是推动社会公德治理运行机制良性运行的基本要件。张耀灿等在《现代思想政治教育学》中指出，"思想政治教育系统的基本要素包括思想政治教育主体、思想政治教育客体、思想政治教育介体、思想政治教育环体"。[3] 思想教育、政治教育和道德教育是思想政治教育的基本内容，社会公德治理作为道德教育的重要一环，亦可从此出发来确定其基本要素，即社会公德

---

[1] 中国社会科学院语言研究院：《现代汉语词典》第5版，商务印书馆2007年版，第628页。

[2] 吴广庆：《思想政治工作运行机制的制度学分析》，硕士学位论文，中共中央党校，2010年，第7页。

[3] 张耀灿等：《现代思想政治教育学》，人民出版社2001年版，第147页。

治理主体要素、客体要素、中介要素和环境要素。社会公德治理是政府、企业和公民等多元主体共同参与的过程，它们是治理活动的发起者、组织者和实施者，在社会公德治理过程中扮演着不同的角色、承担着不同的责任，具有强烈的主体能动性。社会公德治理客体是社会公德治理的作用对象，可划分为两类，一类是直接客体，即社会公德失范现象，另一类是间接客体，即社会公德失范行为的行为人，两类客体相互联系、相互依存。社会公德治理介体是社会公德治理主体与社会公德治理客体相互联系、发生作用的中介因素，主要包括主体作用于客体的内容信息和方法手段。社会公德治理环境是指能够影响并环绕社会公德治理活动过程的一切外部因素的总和。大数据时代社会公德治理强调的是大数据与社会公德治理相结合，强调在社会公德治理中引入大数据，其治理过程是对内容丰富、形式多样的以大数据为手段进行社会公德治理具体活动的抽象概括，因而社会公德治理大数据平台是社会公德治理主体作用于客体的中介，也是社会公德治理内容信息和方法手段生成实施的主要载体，关乎社会公德治理各项任务的达成和各类目标的实现。基于此，大数据时代社会公德治理运行机制的内容要素可从目标要素、主体要素、客体要素、平台要素和环境要素予以分析。

（二）大数据时代社会公德治理运行机制的分析理路

目标要素、主体要素、客体要素、平台要素和环境要素作为大数据时代社会公德治理的基本单元，是推动社会公德治理大数据广泛应用的基本要件，各要素之间的相互联结以主体协作的方式客观呈现，解剖大数据时代社会公德治理的主体协作方式成为分析大数据时代社会公德治理运行机制的基本理路。要素联结是指社会公德治理构成要素相互联系、相互作用推动以大数据为资源进行社会公德治理各项活动正常开展的联结方式。主体协作是指社会公德治理主体要素相互联结、良性互动推动以大数据为资源进行社会公德治理各项活动正常开展的协同方式。大数据时代社会公德治理强调多元主体协同共治，"共治"是治理的核心概念，主体协作和要素联结是一个问题的两种表达，要素联结可以通过主体协作的方式客观呈现的理由如下：

首先，主体要素与其他要素的相互关联性决定了以主体协作客观呈现要素联结的可能性。大数据时代社会公德治理的各类主体分工明确、职能清晰，是大数据在社会公德治理中应用的发起者、组织者和实施者，扮演着联系各构成要素相互作用、激发各要素功能发挥以推动治理活动正常运行的核心纽带角色。具体而言，社会公德治理目标任务既需要主体依据社会公德现状和时代发展需求科学制定，也需要主体统筹社会资源、善用方式方法予以完成；社会公德治理客体与主体相伴而生，离开了公德失范和公德失范者，就没有多元主体协同共治社会公德；"大数据平台"作为社会公德治理大数据应用的中介枢纽，其投资建设、具体运行、后期维护等都需要主体积极主导；此外，各主体思想的相互碰撞、行为的相互交织共同构筑了社会公德治理的大环境。因此，大数据时代社会公德治理的运行过程，就是政府、企业和公民相互合作、协调联动以建设运行"大数据平台"为依托，在发挥和消解社会公德治理积极因素和消极因素的基础上，治理社会公德失范问题和规范社会公德失范行为，进而建构适应时代发展需要的社会公德治理体系的活动过程。可见，各类主体与社会公德治理其他构成要素存在直接且紧密的联系，这种相互关联性使得分析社会公德治理主体相互协作客观呈现各构成要素相互联结成为可能。

其次，要素作用的不确定性和联结方式的复杂性决定了以主体协作客观呈现要素联结的重要性。大数据时代社会公德治理的正常运行并不是依靠各构成要素独立发挥作用，而是需要各要素像机器零件般组装成整体，进而协调有序运转才能实现。但机器零件组装流程和操作方式具有唯一性，若忽视流程的贯通性、顺序性和方式的可操作性，必然失败。这就意味着社会公德治理大数据应用要素相互作用具有不确定性，即各要素联结后发生作用的性质、大小难以准确判断，可能某些要素在某种条件下成为治理成效的阻碍因素，又在另一种条件下成为治理成效的促进因素，可能在这一条件下的功能作用比在那一条件下的功能作用更大。要素作用的不确定性同时也意味着要素联结方式的复杂性，社会公德治理各构成要素联结顺序并不呈几何组合有规律地排列，各要素遵循某种机理相互联结推动活动正常运行，作为活动整体需要从抽象层面系统把握这种机理。大数据时代社会公德治理构成要素作用的不确定性和联结方式的复杂性要求分析要素联结应以一种简洁且关联性高的视角作为切入点展开，主体协作成为客观呈现要素联结的最佳选择。

最后，社会公德治理的核心概念"共治"决定了以主体协作客观呈现要素联结的必然性。"治理"是社会公德治理的中心词，理解社会公德建设"治理"转向的根本诉求是分析大数据时代社会公德治理构成要素相互联结的重要前提。目前，学术界关于"治理"内涵的研究较为丰富，其中得到大多数学者认可的是全球治理委员会对"治理"的界定，即"各种公共的或私人的个人和机构管理其共同事务的诸多方式的总和"[①]。俞可平认为，"治理一词的基本含义是指在一个既定的范围内运用公共权威维持秩序，满足公众需要"[②]。姜晓萍指出，治理是在实现和维护群众利益的过程中，发挥多元治理主体的作用以推动社会有序和谐发展的活动过程。[③] 张康之强调，治理相较于过去的管理形式，打破了行政管理主体的一体性，把管理的主体中心主义转变成公共管理的客体中心主义。[④] 可以看出，社会公德建设实现治理转向，强调多元主体协同共治替代以往单一主体一元主导，社会公德治理在本质上是治理主体相互合作、共同参与解决公共生活领域社会公德失范问题和处理各种社会关系的活动，多元主体协同共治是社会公德治理转向的根本诉求。大数据时代社会公德治理的多元主体共治诉求隐喻着主体协作能够客观呈现各构成要素相互联结，因为社会公德治理主体协作的过程，实质上就是各构成要素相互联结的过程。

综上所述，主体协作能够客观呈现社会公德治理构成要素的相互间关系，是各要素相互联结的最佳表达方式。探究大数据时代社会公德治理运行机制应当在分析社会公德治理大数据应用要素结构和功能的基础上，以主体协作方式作为切入点展开深入研究。

（三）大数据时代社会公德治理运行机制的类别界分

在不同的国家、同一国家不同的发展阶段，受到历史文化传统、国家政治体制、社会发展程度等因素的影响，政府、企业和公民的能力存在强弱之分。能力强的政府称之为"强政府"，能力强的企业称之为"强企业"，能力强的公民称之为"强公民"，反之，能力弱的可依次称为"弱政府"、"弱企业"和"弱公民"。大数据时代，基于主体能力的差异化关

---

① 参见俞可平《治理与善治》，社会科学文献出版社2000年版，第4页。
② 俞可平：《治理与善治》，社会科学文献出版社2000年版，第5页。
③ 姜晓萍：《国家治理现代化进程中的社会治理体制创新》，《中国行政管理》2014年第2期。
④ 张康之：《公共管理：社会治理中的一场革命》（上），《北京行政学院学报》2004年第1期。

系模型生成不同的运行机制类别。

1. "强政府—弱企业—弱公民"型主体协作

在"强政府—弱企业—弱公民"型主体协作方式中,企业无力承担社会公德治理大数据应用方案和项目产品的规划建设,公民社会主体性还未真正激发,只能凭借强有力的政府完成大数据时代社会公德治理的目标任务。王绍光和胡鞍钢在《中国国家能力报告》一书中比较明确定义了政府能力的概念,认为政府能力就是指政府将自己的意志、目标转化为现实的能力。[①] 进一步来说,政府能力是"为完成政府职能规范的目标和任务,拥有一定的公共权力的政府组织所具有的维持本组织的稳定存在和发展,有效地治理社会的能量和力量的总和"[②]。就社会公德治理大数据应用而言,政府能力强,是强在依靠自身优势、凭借自身力量实现大数据时代社会公德治理的目标任务,能够为人民群众提供满意的社会公共服务和营造和谐的社会环境氛围。政府能够敏锐捕捉到社会公德失范问题的危害性以及大数据之于治理社会公德失范问题的现实价值,并且具备在社会公德治理中引入大数据的综合能力,同时,还能在全社会范围内动员组织多种力量参与社会公德治理。企业能力弱,是指企业没有能力在市场资源配置中发挥决定性作用,这就致使企业失去了与政府在特定的制度框架内直接对话的资格,集中体现在企业大数据思维意识、数据信息资源和处理海量数据的核心技术以及大数据平台建设运行经验并未达到社会发展的客观要求。公民参与社会公德治理的积极性、主动性不高,参与社会公德治理的综合素质不强是公民能力弱的直接体现。

2. "弱政府—强企业—弱公民"型主体协作

在"弱政府—强企业—弱公民"型主体协作方式中,政府希冀在社会公德治理中发挥大数据的潜在价值,但"心有余而力不足",只能求助于高新技术企业打造专业化、智慧化的社会公德治理大数据平台。然而,企业追求利益的天性决定了其参与社会公德治理的前提条件必定是有利可图,这就需要政府要么直接给予财政补贴使其获得回报,要么提供良好的政策环境使其创新盈利方式。企业能力是多方面的,主要包括产品和服务竞争能力、技术能力、营销能力、组织管理能力、财务能力、市场决策能

[①] 王绍光、胡鞍刚:《中国国家能力报告》,辽宁人民出版社1993年版,第6页。
[②] 施雪华:《政府权能理论》,浙江人民出版社1998年版,第309页。

力等。"为提高企业对环境的适应性，保证实现可持续发展，企业希望通过培养和提升技术能力来创造独特的竞争优势，并在市场上取得领先优势。"① 可以看出，技术能力对于一个企业的生存发展是至关重要的。数据资源丰富、数据技术高超和数据思维敏捷是大数据企业能力强的集中体现。就社会公德治理而言，企业能力强，强在拥有社会公德治理不可或缺的数据资源，强在拥有自主研发的大数据核心技术，强在能够利用大数据技术为政府和社会提供专业性、高效化的应用产品服务，并且凭借自身的核心竞争力具备与政府在特定制度框架内对话协商的资格。也就是说，企业具有高度的前瞻性，看到大数据在社会公德治理领域中的潜在市场价值，并且有能力建设运行社会公德治理大数据平台。政府能力弱，并不意味着政府看不到大数据在社会公德治理中的潜在价值，最主要的是没有核心技术借以推动社会公德治理大数据的具体应用。公民能力弱，既是指公民社会参与意识薄弱，也是指公民参与社会治理的能力不高，诸如沟通能力、合作能力、组织能力、协调能力以及数据思维能力等。

3. "强政府—强企业—强公民"型主体协作

在"强政府—强企业—强公民"型主体协作方式中，政府、企业和公民具有完备的社会公德治理能力，围绕着共同的目标进行分工合作、协同配合，从而实现社会公德治理公共利益的最优化。政府简政放权，进行政策创新，推动公共信息透明共享，引入市场机制，积极培育社会力量参与公德治理。同时，政府能够在社会公德协同治理过程中规范主体行为，协调主体行动，保障主体利益，防范数据问题。企业不仅拥有在社会公德治理中引入大数据的数据技术、数据思维和管理能力，而且更重要的是企业具备一定的社会责任感，能够积极主动配合和参与政府关于社会公德治理的相关工作。强公民集中体现在公民参与能力强。"公民参与是不特定人数的公民（包括公民个体或团体）为了实现民主政治、公共利益或公民资格等某种特定目标，从而采取一定方式来试图对政府决策或公共政策等国家治理活动产生一定效用的行为活动。"② 公民参与能够提高公共决策的质量，制约和监督社会主体，加强法治社会建设，推动国家治理体系

---

① 王淑敏：《企业能力如何"动""静"组合提升企业绩效？——能力理论视角下的追踪研究》，《管理评论》2018 年第 9 期。

② 王建国、刘小萌：《善治视域下公民参与的实践逻辑》，《河南师范大学学报》（哲学社会科学版）2019 年第 2 期。

和治理能力现代化。就社会公德治理而言，公民能力强体现在以下几个方面：首先，公民不再依靠政府全方位提供社会公共服务，具有积极主动参与社会公德治理的责任意识。其次，在社会公德治理过程中，公民真正理解并努力践行权利和义务相统一的原则，既认识到自己的公民身份，也认识到他人的公民身份，在坚守自身道德涵养的同时，引导和监督他人的道德意识和道德活动。最后，公民具备沟通能力、质疑能力、合作能力、技术能力等参与社会公德治理所必需的能力。

综上所述，大数据时代社会公德治理的运行机制具有较大的差异性，也有着各自的优势和不足之处，社会公德治理大数据的应用是一个复杂的系统性工程，作为社会公德治理决策者的政府将是选择和实施某一运行机制的重要主体。三种类型的社会公德治理大数据运行机制都有各自的应用场景，并不是放之四海而皆准的。政府、企业和公民等主体能力的强弱是选择大数据时代社会公德治理机制的重要参考标准，而在不同的城市或者在同一城市的不同发展时期各主体能力必定有着较大的差异性，需要结合实际情况选择相应的治理机制。

第三章　大数据时代我国社会公德治理运行机制个案分析
——以广东省佛山市"城市平台"建设实践为切入点

大数据时代社会公德治理的本质是以社会公德治理大数据作为道德资源恢复陌生人社会的道德监督功能、预测功能和引领功能，重启"德—得"相通的道德运行机制，借以推动公德建设迈入多元主体协同治理的新阶段。客观而言，我国社会公德治理大数据的应用实践早于理论发现，大数据与社会公德治理的碰撞在全国多个城市的精神文明建设实践中已然以或隐或显的方式出现，并且取得较为显著的成效，但也存在一定的运行困境。理论源于实践又指导实践，本部分选取广东省佛山市"城市平台"[①]建设实践作为调研对象，基于佛山市"城市平台"建设中的社会公德治理现状的分析，从构成要素、主体协作方式及过程等方面解读"城市平台"建设中的社会公德治理运行机制，并与广东省"城市平台"建设中的社会公德治理作横向比较，总结佛山市"城市平台"建设中社会公德治理运行机制的经验与不足，为建构完善大数据时代我国社会公德治理运行机制提供实践材料支撑。

---

① 我国"十二五"期间开始智慧城市建设，移动互联网、物联网、云计算是智慧城市建设的技术条件；城市创新能力是智慧城市建设的经济条件。广东省佛山市是我国首批试点"智慧城市"之一，其"城市平台"建设是智慧城市建设的先进案例，它通过建立大数据平台，实现政府、市民和企业合力推动城市智能化发展。广东省佛山市的"城市平台"建设中包含了社会公德建设的内容，为本课题的展开和完成提供了实践支撑。

一 广东省佛山市"城市平台"建设中的
社会公德治理现状

通过对广东省佛山市"城市平台"建设实践的调研分析，发现大数据在佛山市社会公德治理中的应用发展已渐趋成熟，且成效良好。在新时代条件下，佛山市"城市平台"建设中的社会公德治理实践机遇与挑战并存，需要在善于把握机遇、勇于面对挑战的基础上推动大数据时代我国社会公德治理走向新的阶段、攀上新的高度。

（一）"智慧佛山"与"城市平台"概况

党的十八大以来，在以大数据、物联网、云计算等新兴技术高速发展的时代背景下，在党和国家政策法规的大力支持下，智慧城市建设成为我国当前城市发展的战略聚焦点，成为城市现代化建设的必经阶段。关于"智慧城市"的概念，学者们从不同的侧重点出发予以界定，还未形成统一且明确的权威性定义。亿欧智库对智慧城市的界定与本书旨趣相同，认为智慧城市是一种新理念和新模式，基于信息通信技术（ICT），全面感知、分析、整合和处理城市生态系统中的各类信息，实现各系统间的互联互通，以及时对城市运营管理中的各类需求作出智能化响应和决策支持，优化城市资源调度，提升城市运行效率，提高市民生活质量。[①] 我国《关于促进智慧城市健康发展的指导意见》指出，智慧城市是运用物联网、云计算、大数据、空间地理信息集成等新一代信息技术，促进城市规划、建设、管理和服务智慧化的新理念和新模式。[②] 简单地说，智慧城市就是通过现代化高精尖技术的智慧运用，推动城市变得更加聪明，人民变得更加幸福。智慧城市的发展建立在以完备的网络通信信息基础设施和海量的数据资源集成为代表的信息化和数字化建设的基础上，也就是说智慧城市的建设离不开海量数据及处理海量数据的核心技术。"智慧城市的建设离

[①] 《道阻且长，行则将至——2019 年中国智慧城市发展研究报告》（http://www.iyiou.con/research/20200917744.html）。

[②] 发展改革委、工业和信息化部、科学技术部、公安部、财政部、自然资源部、住房和城乡建设部、交通运输部：《关于印发促进智慧城市健康发展的指导意见的通知》（http://www.gov.cn/gongbao/content/2015/content_ 2806019. htm）。

不开大数据，大数据是智慧城市各个领域都能够实现'智慧化'的关键性支撑技术"。① 大数据作为智慧城市建设的动力源，需要依托"城市平台"发挥其潜在价值，需要凭借"城市平台"实现其智慧功能。"城市平台"是智慧城市数据信息收集、整合、共享、分析和应用的平台，是支持智慧城市业务发展的基础性平台。中兴通讯对"城市平台"下了一个较为成熟的定义，即基于云计算、物联网、SOA、互联网等各种先进的通信技术和IT技术，建立一个弹性灵活、快速响应、共享协同、资源高度集中复用的、统一的、城市级的应用系统体系架构。"城市平台"是一个智慧城市资源调度、信息处理的应用平台，在智慧城市建设中因其应用领域和功能指向的差异性有着不同的存在形式，诸如智慧交通大数据平台、智慧城管大数据平台、智慧社区大数据平台等等。可见，大数据是智慧城市的核心资源，"城市平台"是智慧城市的核心枢纽，两者相互联结、相互依存，共同推进智慧城市建设发展，借以提高社会文明程度和人民幸福指数。实证分析大数据时代社会公德治理运行机制的具体实践应以"城市平台"为切入点，因为社会公德治理大数据作为一种信息资源和新兴技术，需要"城市平台"的建构运转彰显其价值。

  2013年1月，我国住房和城乡建设部公布第一批国家智慧城市试点名单，广东省佛山市名列其中。早在2010年10月，佛山市发布《四化融合智慧佛山发展规划纲要》（以下简称《纲要》），《纲要》是佛山智慧城市建设的指导性文件，也是全国首个系统的智慧城市发展战略规划。"智慧佛山"建设大体上经历了三个发展阶段：1. 基础初建阶段（2011—2012年）：着重基础设施建设。佛山市政府在全面调研本市各区县基础设施建设现状和发展需求的基础上，因地制宜制定基础设施建设总体规划和阶段性建设方案，并颁布相关文件、实施有关举措推动佛山基础设施趋于完备；2. 快速发展阶段（2013—2014年）：系统应用全面开花。在这一阶段，佛山市政府大力引进新兴技术积极推进交通、城管、环保、社区、工商等领域的智能化、一体化建设，各部门结合自身职能需求建构起独立的部门大数据平台系统。3. 整合协同阶段（2015年至今）：平台驱动协同共享。整合协同阶段旨在整合各应用领域的数据资源和实现各系统平台互联互通借以建成统筹智慧佛山整体协调发展的城市平台。在近十年的时

---

① 吴红辉：《智慧城市实践总论》，人民邮电出版社2017年版，第102页。

间里,"智慧佛山"建设不断引领政务、民生、产业等众多领域的发展和改革,佛山市信息基础设施建设快速提升、经济产业加快转型、政务服务水平不断提高、社会治理体系渐趋完善、民众满意度日益提高。自2012年以来,在中国社科院信息化研究中心、国脉互联智慧城市研究中心联合发布的年度《中国智慧城市发展水平评估报告》中,"智慧佛山"6次闯入全国智慧城市建设前十强,2014年排名第十一位、2017年排名第十二位。可以说,经过长期系统的规划建设,"智慧佛山"取得了显著成绩,大数据在佛山市社会治理中的应用也取得了显著成效。

我国目前仍处于并将长期处于社会主义初级阶段,地域之间、城乡之间以及城市之间的发展程度参差不齐,集中体现在政府行政能力、社会文明程度、公民生活水平等存在较为明显的差距,加上城市历史文化底蕴的不同,致使各个智慧城市的发展模式和发展阶段难以趋同。总的来看,我国智慧城市的建设探索出两类发展模式,一种是"点—面"模式,即从不同政府部门、不同治理领域出发构建部门"城市平台",待平台发展成熟,最终连成一片打造城市级的"城市平台";另一种是"面—点"模式,系统规划构建城市级"城市平台",在此基础上打造不同应用领域的部门级"城市平台"。"智慧佛山"建设选择的是第一种"点—面"模式。在"智慧佛山"建设的过程中,佛山市纪委监委、市公安局、市住房和建设局、市安全生产监督管理局、市人民政府行政中心等部门依据自身优势特色和职能权限搭建起形态不一、功能不同的部门级"城市平台",诸如"公共安全视频联网平台""智能交通平台""党风廉政建设大数据平台""数字城管""智能食品药品监管平台""政务服务大数据基础平台"等,众多部门级"城市平台"相互联结初步架构起"智慧佛山"发展的基础平台体系。目前,作为"智慧佛山"建设主管机构的佛山市政务服务数据管理局正致力于汇集各部门"城市平台"资源,打造城市级主控"城市平台",以期共享各平台数据资源、实现各部门协同联动,推动"智慧佛山"深入发展。系统梳理佛山市各部门"城市平台"的功能效用,并结合《公民道德建设实施纲要》关于公民社会公德行为规范的主要内容,即文明礼貌、爱护公物、保护环境、助人为乐、遵纪守法,发现佛山市各平台在建设运行的过程中或多或少地出现了社会公德治理典型案例,大数据在佛山市"城市平台"的社会公德治理过程中的有效应用,为本研究的展开和完成提供了较为丰富的实践材料。①

（二）"城市平台"建设中社会公德治理的运行成效

佛山市"城市平台"的建设运行大大提高了社会公德治理效率和维护了社会公共生活秩序。在佛山市"城市平台"未投入使用前，人民群众违背公德规范成本低和政府治理公德失范成本高的矛盾客观存在，这就决定了政府因人力、物力和财力等资源的限制难以持续开展针对且有效的社会公德治理活动，运动式、风暴式的专项整治活动成为治理社会公德失范现象的"最佳选择"，这种整治活动的实际效果具有阶段性、强制性特征，难以达到预期理想目标。在"城市平台"建设运行后，依托大数据平台持续运转，企业、公民在不同程度上参与社会公德建设，使得以往政府单一治理社会公德失范所需的各类资源的获得途径多样、难度趋低，持续性、永久式的长效治理活动代替了运动式、风暴式的专项整治运动，治理社会公德失范现象的实际效益在大数据时代得到了实质性提高。现从佛山市"城市平台"建设实践中挑取两个社会公德治理经典案例予以剖析，更为直观呈现大数据在社会公德治理中的应用。

治理案例1：智能治理货车超载行为

佛山市交通运输局在广东赛诺科技股份有限公司的支持下联合打造交通综合行政智能执法平台，该平台结合交通综合行政业务特征以及信息化环境，建立起统一的数据标准和数据建模，实现各交通执法行政部门的系统联通和数据共享，在此基础上构建交通综合行政现场和非现场智能执法业务框架体系，为今后的交通违法行为有效管理提供有力的数据支撑和解决方案。佛山市交通综合行政智能执法平台涵盖数据交换平台和智能执法平台两大应用服务，整体架构可简单描述为：感知层——采集数据；网络层——传递数据；平台层——处理数据；应用层——应用数据，政府、企业、公民借助平台功能有效完成货车超载治理。

---

① 部门级"城市平台"和城市级"城市平台"究其核心架构而言是相同的，不同的是数据资源内容和具体应用范围，因而，下文对"城市平台"的阐释不做具体区分。

超载行为是社会公共生活领域中典型的公德失范事件，既危及自身和他人生命安全，又影响公共交通秩序、破坏公共基础设施。大数据智能平台出现之前，佛山市交通运输局定期采取专项整治行动治理货车超载问题。具体而言，在专项治理期间，政府派出大量警力24小时驻守各交通路口，查处超载行为并依法对其进行惩治教育。此种治理方式在短时间内尤其是整治活动期间对运输企业具有一定的威慑力，且能够取得良好成效。但是长期来看，运动式的整治模式治标不治本，运动结束后此类违规行为仍会出现甚或出现"报复性"增长。

大数据智能执法平台建成之后，政府、企业和公民多元主体共同参与形成了货车超载协同治理模式。具体而言，第一，收集货车超载大数据信息。一是基于大数据平台，快速直接利用高清视频卡口系统对是否超载进行智能研判，并加以远程取证和实时追踪。同时，形成超载货车大数据，如车牌号、时间、承载量、车主信息等。二是基于信访投诉处理平台，收集市民通过各种有效渠道依法进行举报的超载大数据，并根据超载类型由上而下即时分发任务给不同的执法职能部门。第二，分析货车超载行为大数据信息。一是具体道德失范行为大数据信息分析。利用数据采集交换平台快捷调取公德失范者身份信息、历史违法行为和信用记录，并依据超载特定行为信息在法律法规库中完成此次交通执法相关法律法规的智能检索。二是整体道德失范行为大数据信息分析。通过对佛山市货车超载大数据整体信息分析，预测超载行为容易发生的集聚地、集聚时间、重点公司和司机等信息。第三，处罚和预防超载行为。一是处罚超载行为。通过对超载行为数据的综合分析，制定针对性的处理方案，并依托平台完成现场执法或非现场智能执法。二是预防超载行为发生。依据货车超载信息大数据预测，针对性地在集聚地加派警力、对超载重点司机采取重点监控，把事后执法改变为提前预防，从根本上杜绝货车超载行为的发生，进而净化社会风气。

基于交通综合行政智能执法平台的社会公德治理是政府、企业、市民共同参与的协同型社会公德治理模式。就三类主体而言，政府起到主导作用，企业提供技术支持和保障，市民和社会组织参与货车超载治理的信息提供。协同型社会公德治理模式使社会公德治理由运动式管理转变为持续性治理，主体协同代替政府垄断、事前预防代替事后处理、过程结果同步代替结果评判等，使社会公德建设实现了由管理向治理的质性转变。同时，因为社会公德治理是基于大数据的同步过程管理和预防防范管理的有机统一，因而实现了"德—得"相通的道德运行机制的正常运行。现阶段，将公德信用与公民生活相关联的处置案例日益普遍化，深圳市把闯红灯记录与公民贷款相挂钩、杭州市把公德信用制度与公民就医相关联等都是"德—得"相通机制的具体应用。在社会主义初级阶段公民道德水平差异化客观存在的条件下，从刚性制度上保障社会公德治理的实际效果有其存在的必然性和合理性，有效推进了我国道德建设。

治理案例2：网格化社会公德治理格局

佛山市南海区数据资源中心通过企业招标形式打造社会治理网格化平台。平台建设由点到面分三阶段完成：一期建设侧重平台搭建，试点探索，二期建设注重平台拓展，推广应用，三期建设实现平台升级，全面推广。南海社会治理网格化平台以分析决策库、人口库、法人库、政务库、城市环境库、经济库、地图库等七大基础数据库及共享工商、民政、卫生、计生、流管等部分社会服务管理的信息资源为基石，以覆盖整个南海区行政范围的大数据社会治理平台为核心枢纽，以社区、街道为原始单位有序划分成不同的网格治理单位，并在不同层级的网格单位配备相应的网格管理员，管理员依托大数据平台实现政务服务、经济服务、社会服务等的智能化、一体化。南海区社会治理网格化平台的大数据处理程序从低到高分为五层：基础设施层——采集数据；数据层——数据存储、交换等；支撑层——为数据应用提供各类基本业务功能和服务；应用层——数据分析与应用；接口层——为各用户端提供传送和阅览信息服务。基于网格化社会治理平台，政府、社会组织、公民可以协同完成社会公德失范现象的治理，提升市民公德、净化社会风气。例如，社会治理网格化平台运行下的违章停车行为的高效处置。

当违章停车行为发生后，政府、社会组织和公民通过大数据平台的公民端和政府端共同完成对公德失范行为的规约。首先，在公民端，公民个人和社会组织通过提供信息、监督事件发展等参与到违章停车的治理过程中。第一，公民个人和社会组织在微信上关注"南海政务通"公众号，填写姓名、身份证号码、手机号码、居住地址等个人资料完成微信注册，获取参与社会公德治理的基本资格。第二，发现身边的违章停车事件后，公民个人和社会组织可登录"南海政务通"微信公众号，点击菜单栏"我是网格员—网格事件上报"，平台自动识别注册资料和当前地址。第三，公民和社会组织按照系统提示选择违章停车行为所属的街道，填写违章详细内容诸如车牌号、日期等和上传图片，为治理违章停车行为提供详细数据信息。第四，公民和社会组织通过微信公众号的"事件处理进展"栏目随时查询处理结果并对处理结果作出评价反馈。其次，通过政府端，政府引领、推动和完成违章停车行为治理。第一，通过大数据平台政府收集、确认、整理违章停车数据信息，并在相关的人口库中搜索该司机身份信息；第二，依据身份信息查询和获取该司机历史违章行为数据，借以判定该违章类型及危害程度；第三，参照平台大数据分析和职能部门相关规定给出解决方案，并结合事件发生地点和类型派发治理任务至相关职能部门或网格管理员处；第四，职能部门或网格管理员依据解决方案处理违章停车行为，同时在微信公众号系统的相关栏目发布事件处理详情及结果；第五，职能部门依据违章停放车辆大数据信息，判定违章停车行为易发地和频发时间并有针对性地采取防范措施，预防违章停车行为发生。

佛山市"城市平台"自建成运行以来，社会公德治理成效显著提升，近些年，佛山市接连获得"全国文明城市""国家卫生城市""全国双拥模范""国家园林城市"等荣誉称号，均是对社会公德治理成效的有力佐证。在治理社会公共生活领域中道德失范现象的同时，以佛山市政务服务平台大数据为依托，佛山市开展了"佛山好人""佛山美德之星""佛山道德模范"和"最美佛山人"等一系列道德模范评选活动，从榜样示范的引领视角强化了社会公德治理的实效性。佛山市各级各类道德模范的评选均采取网上个人评选和单位推荐相结合的方式，畅通了线上线下相结合的投票渠道，并且全体候选人的事迹材料都要在网上公示，可以讲佛山市社会公德治理形成了共建共治共享的格局。

（三）"城市平台"建设中社会公德治理的机遇挑战

独具佛山发展特点的"城市平台"的建设运行是"智慧佛山"作为我国智慧城市建设先行典范的核心支撑，经过十多年的建设，佛山市"城市平台"的发展渐趋成熟，使得大数据在社会公德治理中的应用范围更加广泛、应用效益更加凸显。现阶段，社会主义市场经济快速发展过程中带来的社会结构调整、社会利益分配、社会关系复杂等难题致使佛山市"城市平台"的社会公德治理机遇与挑战并存。

1. 社会公德治理面临的机遇

第一，政府政策的大力支持。大数据时代社会公德治理相关政策的颁布实施为佛山市"城市平台"建设运行提供了良好的政策环境。就大数据应用而言，在国家层面，2015年8月，国务院发布《促进大数据发展行动纲要》，明确了在社会治理领域应用大数据的战略规划和目标任务。2015年11月，《中共中央关于制定国民经济和社会发展第十三个五年规划的建议》首次在国家层面提出实施"大数据发展战略"。在地方层面，2014年，广东省设立大数据管理局，印发《广东省促进大数据发展行动计划（2016—2020年）》。就智慧城市建设而言，在国家层面，2012年11月，住房和城乡建设部发布《国家智慧城市试点暂行管理办法》。2014年8月，国家发改委、工信部等八部委联合发布《关于促进智慧城市健康发展的指导意见》。在地方层面，2015年7月，广东省发布《广东省促进智慧城市健康发展工作方案》。2010年10月，佛山市发布智慧城市建设的指导性文件《四化融合智慧佛山发展规划纲要》。2015年6月，佛山市发布《智慧城市及智慧新城建设工作方案》。此外，"十三五"期间，广东省和佛山市相继出台各项政策措施助力"智慧佛山"的建设发展。就社会公德治理而言，2011年党的十七届六中全会提出"道德领域突出问题专项治理"，2012年中央精神文明建设指导委员会提出"深入开展道德领域突出问题专项教育和治理"，2019年《新时代公民道德建设实施纲要》提出"深化道德领域突出问题治理"，强调运用技术等手段有力惩治失德败德、突破道德底线的行为。加强社会公民道德建设一直是我国社会发展的重中之重，而科学技术是开展社会公德治理活动的关键支撑。可见，随着国家、省市相关政策的颁布，政策红利不断释放为佛山市"城市平台"的社会公德治理有效推进带来了前所未有的机遇。

第二，机构职能的健全完善。大数据时代社会公德治理组织机构的建立健全和职能体系的发展完善为佛山市"城市平台"的长效运行提供了坚实的体制保障。在国家层面，已经建立起以国家统计局为纽带，中央宣传部、中央文明办、国家发展和改革委员会、国家住房和城乡建设部等部门各司其职的大数据社会公德治理行政格局。国家统计局承担组织领导和协调全国数据资源收集、汇总、整理和共享工作，同时建立并管理国家统计信息自动化系统和统计数据库系统，组织制定各部门、各地区统计数据库和网络接口的基本标准和运行规则，确保数据真实、准确、及时和联通。中央宣传部、中央文明办、国家发改委、住建部等部门在国家统计局全面准确的数据信息支持下，结合部门行政职能系统设计在社会治理各领域应用大数据的技术框架，促进大数据战略的实施。在省级层面，2014年，广东省成立大数据管理局，作为省经济和信息化厅的内设机构，是全国最早设立的大数据管理局之一。2018年，为适应全国行政机构改革和大数据发展战略实施的需要，撤销广东省大数据管理局，重新组建广东省政务服务数据管理局。广东省政务服务数据管理局内设办公室、电子政务基础设施与数据资源处、安全管理处等八个正处级机构，在履行职责的过程中坚持和加强对广东省政务服务和数据管理工作的集中统一领导，承担起广东省大数据社会治理的统筹协调职能。在市级层面，"智慧佛山"建设初期，佛山市成立工作领导小组，市长任组长，分管副市长任副组长，各相关职能部门主要负责人为成员，领导小组下设办公室，办公室设在市工业和信息化局，负责"智慧佛山"建设的具体组织实施。2017年12月，佛山市组建政务服务数据管理局，主要承担"智慧佛山"建设规划和年度建设计划并组织实施工作，统筹协调各部门、各地区社会公德治理大数据收集、汇总、共享以及技术应用等工作。佛山市政务服务数据管理局内设办公室、政策法规科、政务管理科、建设统筹科、数据应用科、基础安全科、交易监管科等七大科室，履行数字运营、数字监督和数据审计等职责，各科室相互合作形成佛山市大数据社会公德治理管理一体化格局。此外，佛山市下辖五区先后设立区级政务服务数据管理局以保障"智慧佛山"的建设运行。在我国大数据战略实施的进程中，"国家—省—市—区"四级联动的大数据管理组织机构趋于健全及其职能体系渐趋完善，逐渐构建起大数据在社会公德治理中应用的政府协调推进机制，确保了佛山市大数据社会公德治理的正常运行。

第三，公民参与意识日益增强。佛山市"城市平台"的社会公德治理良性运行离不开社会公众的积极参与，公民是在社会公德治理中应用大数据的重要主体。公民参与是公民通过一定的途径、采取有效的方式参与到社会政治和公共生活中去，借以保障自身合法权益和推动社会良序发展。改革开放以来，随着经济体制的变革和社会发展方式的转变，佛山市公民参与呈现新的发展态势。一方面，公民参与渠道日益多样化。传统意义上的公民参与主要依靠听证会、信访、人大代表会议等渠道进行，微博、微信、QQ 等新媒体的发展拓宽了公民参与的方式。另一方面，公民参与的领域日益广泛化。在相当长的时间范围内，信息通信不流畅、制度发展滞后致使政治生活中的民主选举、民主监督、民主管理成为公民参与的主要内容。现阶段，公民参与逐渐渗透到立法、行政、司法、社区治理、环保、国家安全等各个领域。总的来看，佛山市人民群众参与意识不断增强的原因有二，一是党和政府不断完善公民参与方面的法律法规，健全公民参与社会政治和公共生活的组织机构诸如基层群众自治组织、各级人民代表大会和政治协商会议等，来保障公民参与的权利和畅通公民参与的渠道。二是社会主义市场经济不断发展，公民与他人、集体的利益关系日益紧密，为保障自身合法权益和社会公共利益，客观要求公民积极参与社会生活。肖哲、魏姝对过去十年间（2008—2017）31 份中美学术期刊以及中国知网可查的博士学位论文中的 102 个中国公民参与案例结果进行了回顾和分析，得出结论：越来越多的民众通过各种途径主动介入，或者被动卷入有关公共事务的决策和执行当中，公民参与社会生活在过去的几十年间取得了积极成果。[1] 这也间接表明，我国公民参与的意识和热情不断提高，途径和方式日益多样。

第四，数据产业的不断发展。大数据时代，数据资源作为推动社会发展和城市建设的核心动力源，需要依靠数据产业推动其潜在价值最终实现，大数据产业的蓬勃发展为佛山市"城市平台"的建设运行提供了有力支持。国家政策的大力支持、数据应用的快速普及、大数据技术自主创新能力的不断提高对于我国大数据产业市场的发展规模保持超高速增长势头具有重要作用。2018 年 3 月，中国电子信息产业发展研究院发布《中国大数据产业发展评估报告（2018 年）》，报告指出，京津冀区域、长三角地区、珠三角地区、中西部地区和东北地区大数据产业集聚发展格局基本形成。[2] 据 2020 年《中国互联网络发展状况统计报告》数据显示，2019 年我国大数据市场总体收益达 96 亿美元，2019 年至 2023 年预测期内的负荷年均增长率为 23.5%，增速高于全球平均水平。同时，大数据

---

[1] 肖哲、魏姝：《中国公民参与的形式与结果：对 102 个案例研究的再分析》，《东南学术》2019 年第 4 期。
[2] 《〈中国大数据产业发展评估报告（2018 年）〉发布》（http://www.sohu.com/a/229125553_527662）。

与零售、工业、金融、营销、社会管理等领域的融合程度不断加深，在整合生产要素、促进经济转型、支撑决策研究等方面的作用愈加明显。① 此外，佛山市大数据产业在政府政策的大力支持和社会发展潮流推动下，逐渐走向规模化、集约化和创新化的发展阶段。"随着政策的不断落实，佛山市在大数据、云计算、物联网产业方面的发展优势将会愈发突出，助力智慧佛山在新一轮科技革命和产业变革中，抢占未来发展战略制高点。"② 大数据产业的快速发展，使得佛山市"城市平台"的社会公德治理具备较为成熟的产业基础和坚实的技术支持。

2. 社会公德治理面临的挑战

第一，社会公德治理大数据信息共享共用的挑战。早在 2010 年，佛山市就已经迈入智慧城市建设规划行列，但在 2012 年佛山市"城市平台"建设仍处于各政务部门独立、自发性建设阶段，缺少统一的政府组织机构予以统筹协调。2013 年，随着智慧城市建设成为国家城市发展重点建设项目，佛山市才开启一体化城市平台建设工程，即有意识地统筹建设各部门所属数据库、数据平台和健全相关制度体系，随即佛山智慧城市建设在全国取得先发优势。但是，随着智慧城市战略在全国的深入发展，佛山市"城市平台"建设的早发优势逐渐消退，和其他城市一样面临着大数据治理的质量提升诉求。在数据标准方面，佛山市在建设智慧城市过程中，市政府相关职能部门和各区县政府为完成各自职能任务获取更多治理效益，投入大量资源建设自己的系统平台，平台建设过程中所用的数据目录、数据格式、数据编码、技术端口等方面的执行标准存在差异性，在一定程度上造成并加剧"数据孤岛"现象。在数据平台方面，因传统管理模式和部门组织架构的影响，不同行政部门之间、同一行政部门不同层级之间因政绩、利益、责任等原因严守本部门数据资源。此外，因各职能部门和县区政府目标定位和发展程度不一，致使数据平台发展的成熟程度不同，造成数据平台之间相互孤立，难以有效联通。在大数据使用方面，各部门设置大数据共享使用屏障，仅立足自身利益需求开展和利用大数据，使得大数据价值难以充分发挥。基于此，社会公德治理大数据资源在

---

① 《第 45 次〈中国互联网络发展状况统计报告〉（全文）》（http：//www.gov.cn/2020 - 04/27/c.1589535470378587.htm）。

② 《2016 智慧佛山发展白皮书》（https：//wenku.baidu.com/view/c34b8df276c66137ef0619b0.html）。

佛山各"城市平台"建设运行中共享共用成为一大难题，这为佛山市深入开展大数据在社会公德治理中应用的实践活动带来不少挑战。

第二，社会公德治理政策制度建设面临的挑战。在社会公德治理中应用大数据作为一项新兴实践活动在佛山市"城市平台"建设运行中已经初步彰显，但是基于"城市平台"的社会公德治理制度体系建设还存在较为明显的短板。一方面，佛山市关于以大数据为资源进行社会公德治理的政策法规更多地分散于各部门"城市平台"的建设规划中，在社会公德治理中应用大数据的宏观顶层设计和具体指导方案还未完全形成。大数据在社会公德治理中能否应用及其应用价值、大数据在社会公德治理中应用的技术架构、大数据时代社会公德治理的科学内涵及战略意义等构成佛山市社会公德治理大数据实践应用的顶层设计。佛山市"城市平台"建设中的社会公德治理具体指导方案应当包括在社会公德治理中应用大数据的指导思想、发展定位、应用目标、主要任务、保障体系等方面的内容。另一方面，佛山市关于以大数据为资源进行社会公德治理的体制机制还未完全构建，主要体现在：纵向层面上，佛山市在社会公德治理大数据应用过程中"市—区—镇联动机制"不完善，市级层面出台的社会公德治理政策意见和整体方案，对区、镇社会公德治理的规划布局、发展方向等定位不够清晰，导致区域失衡、重复建设、资源浪费等问题。横向层面上，大数据在佛山市社会公德治理中的应用体系和主体协同机制不健全。社会公德治理大数据应用体系不健全集中体现在大数据仅仅成为佛山市政府行政执法和提供社会公共服务的手段，大数据应用面得不到更大的拓展，如利用大数据探索个人信用征信体系等诚信制度的建设还较为停滞。佛山市"城市平台"的社会公德治理走向多元主体共建共治共享的阶段，还需以动力机制、信任机制、协调机制、监督机制、竞争机制等为支撑的主体协同机制的建构与完善。

第三，社会公德治理大数据信息安全的挑战。拥有趋于完善且互联互通的数据库是佛山市"城市平台"建设运行的前提基础，是大数据时代社会公德治理的数据支撑。在佛山市"城市平台"建设之前，跨领域跨部门的数据库并不存在，数据信息独自存放在不同的信息系统内，多是碎片化、不完整的，对政府、公民甚至是企业的信息安全造成的威胁具有可控性。"城市平台"建设运行后，零散的碎片化的数据信息已然可以"化零归整"，各种类型数据库得以建立并通过数据平台实现互联互通、开放共享，这使得信息安全问题成为佛山市社会公德治理大数据应用中的重大挑战。具体而言，佛山市社会公德治理大数据应用中的安全挑战体现在两个方面：一是社会公德数据隐私问题，大数据在社会公德治理中的有效应用推动各种类型的监控系统和各式各样的信息采集方式层出不穷，使得佛山市人民群众在大数据时代成为"赤裸裸的人"，公民数据信息尤其是隐私信息一旦泄露必然会给当事人造成不应有的困扰，诸如遭受人肉搜索，引发全社会"千夫所指"，迫使自身及家人失去生存生活的必要条件。二是社会公德数据滥用困境，公民某些方面的数据信息诸如身份证号码、手机号码、家庭住址、家庭成员等是不法企业和个人牟取经济利益的重要资源，若无健全体制机制的监管，可能会出现被一些不法分子盗用并加以滥用的问题，诸如日常生活中经常接到广告推销电话，更甚者引发网络诈骗和非法传销等犯罪行为。此外，某些公职人员为获得更多政绩可能会伪造、篡改社会公德数据信息，这是大数据信息安全面临的又一挑战。因此，大数据是一把双刃剑，在推动佛山市"城市平台"建设中社会公德治理长效发展的同时，也有可能危及人们的身心健康和社会的和谐稳定。

第四，社会公德治理主体能力的挑战。大数据时代，政府、企业与公民（社会组织）作为社会公德治理的主体，其能力的大小在很大程度上决定了他们参与治理的广度和深度，继而影响大数据在社会公德治理中的应用实效。我国社会公德建设处在由管理向治理转向的过渡期，政府如何由社会公德管理的"垄断者"地位经由"放管服"改革转向社会公德治理的引导者角色，企业在提供大数据资源和使用大数据技术的过程中如何实现追求经济利益与履行职业道德之间的高度平衡，公民和社会组织如何真正完成"服务社会、奉献人民"的社会公德治理者主体角色的转换等都是亟待解决的问题。具体到佛山市"城市平台"的社会公德治理来看，政府单一主导公德建设色彩明显，简政放权实现公德治理转向还在路上，企业经济利益至上原则贯穿治理过程始终，有道德地在社会公德治理中使用大数据还有很长一段路要走，公民和社会组织主动担负社会责任参与公德治理的积极性不高，社会主人翁意识较为淡薄，诸此种种直接表明佛山市社会公德治理大数据应用中存在主体"缺位"问题。究其缘由，在社会转型过程中，政府如何把握"管"与"放"的度进而更好地提供服务一直是实践操作和理论研究的"瓶颈"问题，这一问题需要在全面深化改革的过程中以"摸着石头过河"的心态予以持续解答。对于专业的大数据企业而言，如何使其不为眼前利益和局部利益所惑而追求程序正义是保障社会公德治理大数据正确使用的核心问题。目前，区块链技术在一定程度上可以避免大数据被人为处理的可能性，但是技术问题的真正解决还要依靠人类自身，大数据企业自觉履行职业道德依赖社会历史的进步和时代环境的引导。公民和社会组织在日常生活中更多地关注与方便生活、方便公务息息相关的社会公德问题，而忽略一般性的涉及社会整体利益的社会公德问题，除非社会公德失范事件真正触及社会底线引发全民公愤，否则很难激起他们的治理主体意识。可见，政府、企业、公民能力不足问题的客观存在，直接影响佛山市"城市平台"的社会公德治理主体参与程度，阻碍了社会公德协同共治局面的形成。

二 广东省佛山市"城市平台"建设中的社会公德治理运行机制

大数据时代社会公德治理的核心概念是"共治"，本部分从分析广东省佛山市"城市平台"建设中的社会公德治理构成要素出发，探讨参与佛山市社会公德治理大数据应用主体的职能、相互间关系及其协作过程，借以客观呈现多元主体协同共治社会公德的实然状态，达到分析佛山市"城市平台"的社会公德治理运行机制的目的。

（一）"城市平台"建设中社会公德治理的构成要素
1. 社会公德治理的目标要素

任何系统组织及其行为活动都有着明确的目标，目标是系统组织运行预期所要达到的结果，对系统内部各子系统的发展运行具有指导作用。基于佛山市"城市平台"的社会公德治理的目标是在社会公德治理中应用大数据预期所要达到的治理效果，主要包括两方面的内容：一是在社会公德治理中应用大数据以解决和遏制社会公德失范问题。在社会转型期，发生在公共领域的各种社会公德失范问题客观存在，诸如"小悦悦事件""高铁霸座男事件"，如若这些问题得不到妥善解决和遏制，必然会破坏公德原则权威、影响社会公共秩序。在治理社会公德失范问题过程中的大数据运用，能够提高社会舆论效用度和公义性、重塑社会公德监督调节功能，针对不同类型的公德失范现象提供科学的治理策略和治理措施，最大程度降低社会公德失范引发的社会负面影响,从而达到有效治理的目的。同时,也可以以治理社会公德失范事件为契机开展道德教育活动,培育公民的道德良知,辅之以大数据技术预测预警功能预防可能二次发生的失范现象,多措并举较好地遏制甚至是杜绝社会公德失范问题。二是在社会公德治理中应用大数据以建构适应社会发展需要的公德治理体系。社会转型期,传统公德资源消失致使公德运转机制受阻是社会公德失范问题出现的根本原因,在社会公德治理中应用大数据能够实现"固定空间"和"固定人群"的回归,推动"德—得"相通运行机制的正常运转,这是大数据与社会公德治理相结合的理论基点。同时,大数据与社会公德治理的结合要求政府一元主导的社会公德建设向多元共治的治理转向,以在社会公德治理中引入大数据为契机探索多元主体协同参与的现代化公德治理体系和提高治理现代化能力,成为大数据时代社会公德治理的根本目标。基于此,佛山市"城市平台"的社会公德治理的目标具有层次性,其直接目标是在全市范围内解决和遏制社会公德失范现象,在此基础上建构适应佛山发展需要的公德治理体系是其最终目标,两者相互依存、相互作用,直接目标蕴含着对最终目标的本质诉求,而最终目标的实现又是建立在直接目标之上的。

佛山市"城市平台"建设中社会公德治理目标的确定对于社会公德治理大数据的广泛应用而言具有积极意义,主要体现在三个方面:一是引领导向作用。佛山市"城市平台"建设中社会公德治理的目标能够为政府、企业和公民等多元主体积极参与治理的思想观念的调整、实践行为的规范指明正确方向,明确的方向有助于引导各主体在治理过程中协调配合、统一行动。二是凝聚激励作用。在社会公德治理中应用大数据是为了营造安定有序的社会环境、满足人民群众对美好生活的向往。佛山市"城市平台"建设中社会公德治理目标的确立,能够让广大市民清晰地明白大家同属于一个利益共同体,明白自身行为与他人、集体行为相互协调、相互融洽的重要意义,从而有助于增强社会整体的凝聚力,激励他们为实现共同目标不懈努力。三是评价考核作用。评价考核是目标潜在的一个基本效能,目标中规定了什么,评价考核时就应该体现出什么。佛山市"城市平台"建设中社会公德治理的目标是判断各主体行为动机和治理成效的重要依据,也是科学制定社会公德治理评估指标和考核体系的重要参考标准。

2. 社会公德治理的主体要素

社会公德治理的主体是在社会公德治理中应用大数据的发动者、组织者和实施者。佛山市"城市平台"建设中的社会公德治理主要包括三大主体：一是佛山市政府。政府是国家权力机关的执行机关，即国家行政机关。[1] 从横向上看是佛山市各公权力组织的总和，从纵向上看既包括佛山市政府也包括各区县政府。大数据时代社会公德治理是佛山市精神文明建设的重要组成部分，是提高佛山市民思想道德素质的重要手段，政府作为社会公共服务的提供者和社会主导价值的引领者，应当也必须参与社会公德治理大数据的广泛应用。二是大数据企业。企业一般是指以盈利为目的，向市场提供商品和服务，实行自主经营、自负盈亏、自我发展独立核算的法人实体和经济组织。[2] 本书所涉及的企业主要是指以营利为目的，以大数据为生产要素，能够向政府和社会提供社会公德治理所需的数据资源、数据技术和数据思维的独立法人或其他社会经济组织。在大数据战略引导下，大数据成为推动社会治理精准化、科学化不可或缺的战略资源，社会公德治理领域亦是大数据企业创新盈利模式的新兴市场。佛山市"城市平台"建设中社会公德治理的企业主体主要是指在佛山市政府的引导和支持下，凭借大数据核心技术为智慧佛山建设提供"城市平台"项目产品并获得合理报酬的社会经济组织。三是公民。公民是指拥有一国国籍，并根据该国法律规定享有从事管理社会和国家等公共事务的权利的人。[3] 公民作为社会公德规范的践行者和社会公德治理成效的受益者，是佛山市社会公德治理大数据应用的主体力量。一方面，佛山市社会公德规范的作用对象是生活在公共场合的所有公民，公民能否自觉遵守、普遍遵行公德规范决定了社会公德治理专项活动是否需要开展。另一方面，佛山市社会公德治理的服务对象是生活在公共场合的所有公民，社会公德治理成效决定了公民能否获得积极健康、良善有序的社会生活环境。需要指出的是，社会公益组织和社区也是佛山市"城市平台"建设中社会公德治理的重要力量，由于前者是公民自愿组成的非营利性社会团体，后者是公民聚集在某一地域且生活上互相关联的自治组织，他们在社会公德治理大

---

[1] 中国社会科学院语言研究所词典编辑室编：《现代汉语词典》，商务印书馆2016年版，第1674页。
[2] 陈至立主编：《辞海·缩印本》，上海辞书出版社2022年版，第1754页。
[3] 陈至立主编：《辞海·缩印本》，上海辞书出版社2022年版，第707页。

数据应用过程中的地位作用与公民基本一致，所以在这里将社会公益组织、社区统一划分为公民主体。

3. 社会公德治理的客体要素

社会公德治理的客体是大数据在社会公德治理过程中的应用对象，是大数据时代社会公德治理各项活动客观存在的主要原因。在佛山市"城市平台"的社会公德治理中，客体可划分为两类，一类是直接客体，即社会公德失范现象。社会公德失范现象是指生活在公共空间的人们作出的违反人与人、人与社会、人与自然之间关系的准则规范的错误行为。社会公德失范现象的存在不仅真实反映了一个社会的公民道德水平，而且严重影响了社会公共生活的良性发展。社会公德失范现象作为大数据时代社会公德治理的直接客体，具有长期性、复发性的特点。长期性体现在社会公德失范贯穿于社会历史发展始终，不论是在封建王朝时期还是新时代的中国，又或是未来更远的社会，只要私有制和阶级关系不消灭，公德失范现象必将长期存在；复发性体现在某种社会公德失范现象得到妥善解决后，依然会有出现的可能甚至是反复出现，这与当时的政策措施、时代条件和社会发展水平密切相关。公德失范现象的长期性和复发性特征为大数据时代社会公德治理提出了更多的挑战，但也提供了广阔的空间。因此，佛山市社会公德治理大数据应用的直接目的就是解决和遏制发生在佛山市境内的社会公德失范现象。另一类是间接客体，即导致社会公德失范的行为人。在社会公德治理中应用大数据的根本目的在于建构适应佛山发展需要的社会公德治理体系，进而营造人人遵守公德、人人敬畏公德的社会文明环境。文明在于公民，环境系于公民，社会文明环境的营造旨在培养具有高度道德自觉的公民，公民素质好则是助力社会主义精神文明建设的主力军，公民素质差便成为社会公德治理的主要对象。公德失范现象与公德失范者相伴而生，治理社会公德失范现象客观要求依据相关法规条例采取有效措施惩治失范者，促使其规范约束自身的道德行为，进而培育公民的道德自觉。社会公德失范现象和社会公德失范者相互联系、相互依存，共同构成佛山市"城市平台"建设中社会公德治理的客体要素。

4. 社会公德治理的平台要素

支撑"智慧佛山"发展的"城市平台"是政府、企业和公民相互联结的枢纽，也是社会公德治理内容信息和方法手段生成实施的载体，更是社会公德治理大数据处理分析应用的基础性平台，因而可以视作社会公德治理主体作用于客体的中介。"城市平台"在"智慧佛山"建设过程中因其功能指向的差异性有着不同的存在形式，不同"城市平台"的技术架构虽有所区别但基本包括以下几个方面（见图3-1）：数据接入是指通过各种终端产品，诸如电脑、移动平板、手机、摄像头等，采集和传递海量的结构化、半结构化和非结构化社会公德数据；数据存储是指对接入的社会公德数据进行交换、清洗、过滤后，将有效数据存储在数据资源中心或数据库；数据分析是指对数据资源中心的存储数据和实时数据进行属性分析、精细分析和智类分析，最大程度挖掘社会公德数据的潜在价值；数据可视化主要是实现数据走势、数据指标、数据对比、数据比喻等的可视化；指挥中心大屏的功能是综合呈现海量信息、精准调用业务信息和实现高精度的大场景指挥。可以说，佛山市"城市平台"的建设运行关乎社会公德治理实际成效的取得，是在社会公德治理活动中应用大数据的关键

指挥中心大屏：海量信息综合呈现　业务信息精准调用　高精度大场景指挥

⇑

数据可视化：指标可视化　数据分布可视化……

⇑

数据分析：属性分析　精细分析　智类分析

⇑

数据存储：数据交换　数据过滤　数据清洗

⇑

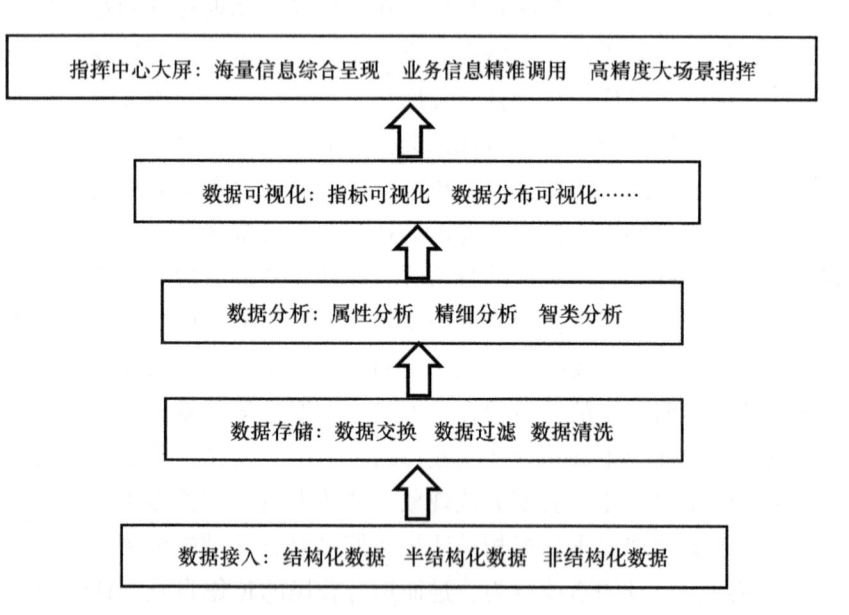

数据接入：结构化数据　半结构化数据　非结构化数据

图3-1　社会公德治理大数据平台

资料来源：参考小步创想成都"智慧城管大数据平台"技术架构绘制。小步创想科技有限公司（简称小步创想）是一家集解决方案服务咨询、软硬件产品研发、产品销售服务为一体的高新技术企业。近年来，小步创想结合大数据、可视化、物联网等先进技术，自主研发设计城市治理大数据、城市综合指挥中心等产品及解决方案，有助于全面提升城市治理科学化、精细化、智能化水平。

要素，其功能可概括为以下几个方面：一是发现、收集、整合社会公德治理数据信息，平台可凭借各个终端产品及时发现社会公德失范现象，也可凭借数据交换、存储等技术汇集分析互联网上关于某个社会公德失范现象的事件信息和舆论信息；二是直观呈现社会公德失范综合信息，利用智能分析技术、预测预警关键技术、可视化分析技术等对历史数据和实时数据予以分析挖掘，进而在指挥中心大屏显示出社会公德失范现象的发生地域、公众关注指数、危害程度、舆论指向等；三是科学设计社会公德失范事件解决方案，政府相关部门依托平台查询借鉴以往此类事件解决方案以及相关经验教训，综合现时数据信息及时快速制定最佳解决方案；四是通过大数据平台长效运转实时监控事件走向，掌握具体情况，精准调整解决方案。

5. 社会公德治理的环境要素

社会公德治理的环境是指与社会公德治理有关的、影响社会公德治理目标任务实现的一切外部因素的总和，是大数据时代开展社会公德治理相关活动的基本要素之一。佛山市"城市平台"建设中的社会公德治理环境要素主要包括政策制度环境、社会文化环境、市场经济环境等。政府及其职能部门制定和颁布的关于社会公德治理的政策措施和规章制度是佛山市社会公德治理正常运行的政策保障，为大数据在社会公德治理中的应用提供指导性方案。开放活跃健康向上的社会文化环境能够激发多元主体尤其是公民遵守公德规范、参与公德治理的积极主动性，助力社会公德治理多元主体协同共治模式的生成。竞争有序的市场环境能够刺激大数据企业不断提高科学技术水平，努力打造更高质量的大数据平台，进而更加高效地参与大数据时代的社会公德治理。环境要素与其他要素相互影响，共同作用于大数据在社会公德治理中的应用。一方面，佛山市社会公德治理的环境要素影响并塑造着其他要素，社会公德治理是在环境中发生发展的，各要素尤其是主体要素的生成和环境要素密切相关；另一方面，佛山市社会公德治理的其他要素处于环境要素之中并制约着环境要素，环境要素不仅影响着其他要素，也会因其他要素的变化而发生改变。值得注意的是，社会公德治理环境与治理主体息息相关，既由主体生成，又影响主体活动，环境对社会公德治理的隐性影响见于主体相互协作推动治理成效的生成过程。

(二)"城市平台"建设中社会公德治理的主体协作方式

佛山市"城市平台"建设中社会公德治理的主体由政府、大数据企业和公民构成，各主体相互联结、共同作用推动了社会公德治理大数据的具体应用，现从静态视角的职能分工和动态视角的相互间关系对各主体的协作方式予以解读。

1. 主体职能

在佛山市"城市平台"的社会公德治理运行过程中，政府、大数据企业和公民均以各自的方式参与进来，是大数据时代社会公德治理的主要主体，其中，政府是领导者、规划者和执行者，而企业和公民相对处于边缘化状态。

就佛山市政府而言，围绕"城市平台"的建设运行主要承担以下工作：第一，系统编制全市数据目录，加强各部门数据清洗。佛山市各部门"城市平台"自由分散的特点，决定了全市数据资源的多样性、复杂性和孤立性，而数据的真实可靠又是开放共享数据信息的前提基础，解决此类问题需要在全市范围内编制数据目录和统一数据标准，在此基础上展开数据清洗以保证社会公德治理大数据的真实可靠。第二，建设数据交换共享平台，实现"心状"数据交换。在确保各部门数据目录和数据标准统一后，需要建设数据交换共享平台以实现佛山市各部门级"城市平台"的互联互通和资源的开放共享。所谓"心状"数据交换是指各部门以数据交换平台为集散中心实现数据的采集和共享。第三，日常数据协调管理。在各部门开放共享数据的过程中，需要相应的组织机构即佛山市政务服务数据管理局协调各部门"城市平台"间利益关系以达成资源共享、平台互通的共识，并为数据共享提供相应的技术支持。第四，集政府部门力量规划设计"城市平台"解决方案，并出资委托招标公司开展竞标活动，进而获取成型的"城市平台"项目产品。第五，集政府部门力量独立负责"城市平台"日常运行，其实现方式有两种：一是政府设立专门机构和配备相应工作人员进行管理运行；二是若政府及其公职人员工作量达到饱和状态或职权限制，聘用第三方服务团队参与"城市平台"日常管理。第六，集政府部门力量负责"城市平台"的考核评估和联合企业参与"城市平台"的升级改造。除以上工作任务外，政府多措并举展开公民道德教育，增强和提高佛山市民的公德治理参与意识与能力，并联合企业和公民对社会公德失范现象展开治理。

就大数据企业而言，其职能作用主要是为佛山市"城市平台"的建设运行提供技术支持。具体来讲，大数据企业在政府组织的项目产品竞标活动开启后，参考政府规划设计的"城市平台"解决方案，根据自身资源优势和企业特色，组织人力物力制定优质投标计划书，积极主动参与竞标，竞标成功后签订合同按质按量完成"城市平台"项目产品建设，随后移交相关政府部门获取相应利益回报，并在一定期限内提供平台的维护升级服务。需要指出的是，参与佛山市"城市平台"项目产品招标的大数据企业不仅仅限于佛山市境内的数据企业，而且还包括全国其他地区的数据企业，佛山市政府组织专家学者考评竞标企业综合能力和评议竞标计划书，按照各项具体指标坚持最优原则最终选定开发大数据时代社会公德治理项目产品的大数据企业。

就公民而言，在佛山市"城市平台"建设运行过程中，佛山市人民群众一方面会积极参与与自身利益密切相关的治理活动，另一方面也会配合参与政府各项社会公德治理政策的实施和活动的开展，诸如较为自觉地提供社会公德数据信息、较为主动地评价社会公德相关事件。佛山市"城市平台"的建设运行提高了公民参与社会公德治理的便捷性，但佛山市人民群众在社会公德治理过程中的积极主动性还需进一步提高，正如调研中被访者所言，"对于群众来说，大数据只是一种工具。无论是管理还是服务，群众是被动方，遵循规则享受服务，是一个受益者。群众关心的是能否方便便捷，在意的是是否受益。"

2. 主体间关系

在佛山市"城市平台"运转过程中，政府、企业和公民之间相互联结、相互作用，生成具有佛山城市特色的社会公德治理大数据应用的主体协作关系（见图3-2）。

在佛山市"城市平台"的社会公德治理过程中，政府与企业之间是一种契约合作的关系。政府为了更好地治理社会公德失范问题和提供社会公德建设服务，避免因自身技术劣势等因素导致公德治理效益不高的情况出现，通过竞争招标的形式按照最优原则选择佛山市"城市平台"社会公德治理项目产品的最优提供者。大数据企业为了拓展业务领域，扩大社会影响力，获得更多的利润收入，凭借自身优势积极参加政府主办的"城市平台"项目产品投标活动。由此产生的结果是，政府与中标企业协

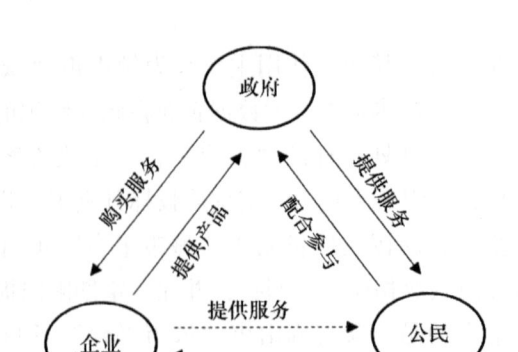

图 3-2 佛山市"城市平台"的社会公德治理主体间关系

商达成共识签订协议合同，随之两者便产生契约合作关系。一方面，佛山市政府为中标企业建设"城市平台"项目产品提供政策支持和资金保证，确保其建设工作顺利开展。同时，政府也需根据合约规定按照法定程序对企业建设"城市平台"的行为活动进行监督考核。另一方面，在政府政策和资金支持下，中标企业需要按照合同内容在规定的时间内向政府提供高质量的项目产品，并在一定期限内负责"城市平台"项目产品的维修升级工作。佛山市政府与中标大数据企业的契约合作关系随着协议合同的失效或终止而解除。

在佛山市"城市平台"的社会公德治理过程中，政府与公民之间是一种服务与"被服务"的关系。一方面，佛山市政府为了更好地解决社会公德失范问题、营造健康有序的社会环境，在"城市平台"项目产品开发完成后，引导公民积极参与"城市平台"的日常运行，诸如参与社会公德治理决策的制定、参与社会公德失范问题的解决。政府侧重于依托"城市平台"为公民提供更好更便利的社会公德治理服务，充当社会公共生活"守夜人"的角色。另一方面，公民为了满足自身利益需求，有选择性地主动参与部分社会公德治理活动，即政府颁布政策规定要求公民参与时，公民会配合政府相关行动，诸如提供个人数据信息，而无强制规定时，公民参与治理的盲目性和随意性较为明显，主要体现在为政府制定政策提供建设性意见或主动监督甚至解决社会公德失范问题等方面。可见，公民参与佛山市"城市平台"的社会公德治理带有一定的随意性和"服从性"，更多的是配合佛山市政府开展社会公德治理。因此，在佛山市

"城市平台"的社会公德治理过程中,政府和公民良性互动的关系还未真正凸显。

在佛山市"城市平台"的社会公德治理过程中,大数据企业与公民之间是服务生产者和服务消费者的关系,两者之间的关联性较为单一且程度不强。一方面,在政府的支持与要求下,企业需要为公民提供合适满意的社会公德治理大数据应用项目产品和优质服务。另一方面,公民在政府的鼓励与要求下,参与大数据时代社会公德治理产品服务的运行过程。可见,在佛山市以大数据为资源进行社会公德治理的过程中,企业和公民之间依靠政府联系起来,其直接关系还需进一步厘清。

(三)"城市平台"建设中社会公德治理的主体协作过程

佛山市"城市平台"建设中社会公德治理的主体协作过程具有较为明显的阶段化特征,具体可分为前期准备、中期治理、后期总结三个阶段,政府、企业和公民在不同阶段发挥的作用具有较大的差异性。

1. "城市平台"的社会公德治理前期准备阶段:政府主导,企业配合

佛山市"城市平台"的社会公德治理前期准备阶段,主要是政府一元主体主导的活动过程。首先,政府主导"城市平台"的社会公德治理顶层设计。佛山市政府综合各职能部门物质资源和智力资源,探究佛山市"智慧城市"建设的可能性和可行性,建立和制定"智慧城市"建设的体制机制和方针政策,确定"城市平台"的功能效用,规划设计"城市平台"的建设方案,构思"城市平台"的技术架构,这一系列过程均是由政府及其职能部门主导完成的。其次,政府主导"城市平台"的社会公德治理项目产品开发。完备的数据库和完善的项目产品是佛山市"城市平台"的社会公德治理正常运行的决定性因素。就数据库而言,佛山市政府通过组建佛山市政务服务数据管理局并制定相关数据政策,诸如《佛山市政务数据资源管理办法(试行)》,来统筹佛山政务服务数据资源的开放共享和互联互通。就项目产品而言,佛山市政府在完成"城市平台"建设方案规划设计后,主导"城市平台"项目产品的开发,这一过程主要包括委托招标公司招标、组织招标能力评估、选择招标对象、签订合同协议等内容,而企业在经济利益的驱动下,凭借其技术优势帮助政府完成"城市平台"项目产品的开发。

2. "城市平台"的社会公德治理中期实施阶段：政府主导，公民配合

佛山市"城市平台"的社会公德治理项目产品开发完成后，政府和公民分别是其运行主体和服务对象，因而基于"城市平台"的社会公德治理中期实施阶段是政府主导、公民配合的活动过程。大数据在佛山市"城市平台"社会公德治理过程中的应用主要体现在为社会公德治理提供科学决策和预测社会公德失范现象发生趋势两方面。首先，政府主导"城市平台"的社会公德治理科学决策。政府依托"城市平台"来分析处理社会公德治理大数据信息，在此基础上，制定适应佛山市社会公德状况和满足民众实际需求的相对科学的公德治理决策，并鼓励公民参与决策的审议和执行。同时，在治理社会公德失范问题的过程中，政府基于"城市平台"的实时和历史社会公德治理大数据分析，合理制定该失范事件的处理措施，并将治理任务通过"城市平台"及时分派给有关职能部门，保证公德失范事件得到有效处理。其次，政府主导"城市平台"的社会公德治理失范现象预测预警。政府基于"城市平台"的社会公德治理大数据关联性分析，分析研判社会公德失范发生趋势，进而采取各种有效措施尽力减少或避免某些失范事件带来的严重危害。在这一系列的过程中，公民主要是配合政府参与社会公德治理，集中体现在公民是"城市平台"的社会公德治理的制约对象和服务对象，同时，企业除负责平台维护外也不再参与佛山市"城市平台"的社会公德治理日常运行。

3. "城市平台"的社会公德治理后期总结阶段：政府主导，企业、公民配合

佛山市"城市平台"的社会公德治理后期总结阶段，主要任务是公德治理的总结评估和改造升级，政府是这一过程的责任主体。依据实践对象划分，佛山市"城市平台"建设中社会公德治理的总结评估主要包括两方面的内容：一是在治理某一社会公德失范事件或实施某项社会公德治理决策后，需要撰写总结材料、进行案件归档，其中，涉及对"城市平台"的社会公德治理具体过程的总结评估。二是某一阶段或某一时期"城市平台"的社会公德治理活动结束后，需要总结经验教训，以便更好开展下一阶段的工作任务，主要表现为个人工作总结或部门工作总结。此外，为更好地了解"城市平台"的社会公德治理运行成效，佛山市政府有时也会采取诸如访谈、调查问卷等方式收集公众意见。总结评估完成

后,若基于"城市平台"的社会公德治理运行过程存在较大问题,则需要在完善社会公德治理大数据应用项目产品开发方案的基础上借助企业的力量实现项目产品的升级改造。

三 广东省佛山市"城市平台"建设中的社会公德治理运行机制评介

作为智慧城市发展的先行典范,佛山市因自身经济水平、政治条件、社会发展和历史文化的独特性形成了特定的社会公德治理大数据应用模式。在比较分析广东省"城市平台"建设中的社会公德治理运行状况的基础上总结佛山市"城市平台"的社会公德治理运行机制的经验与不足,有助于从理论上更好地建构完善大数据时代我国社会公德治理的运行机制,从实践上更好地发挥大数据在我国社会公德治理中的应用价值。

(一) 比较视野下省市两级"城市平台"的社会公德治理运行机制

在探讨总结佛山市"城市平台"建设中社会公德治理运行机制的经验与不足之前,先来看看广东省"城市平台"建设中的社会公德治理,将两者作简要比较,以便更好地展开分析。广东省相较于佛山市而言,因其行政力量、战略定位等的不同决定了主体参与社会公德治理的差异性。佛山市大数据社会公德治理的运行过程强调政府主导下企业、公民的协调配合,而广东省大数据社会公德治理侧重政府、企业和公民的协同共治。本部分以"粤省事"为例深入分析广东省社会公德治理大数据应用的运行模式。

"粤省事"是我国首个集成民生服务的微信小程序,也是广东省智慧城市建设的重要成果,用户通过身份核验后即可在小程序办理多项民生服务。"粤省事"由"数字政府"改革建设领导小组直接指导,广东省政务服务数据管理局主办,会同省公安厅、省人社厅、省民政厅等省直单位,以及广州、深圳、肇庆、江门等四个试点地市共同开发建设,数字广东网络建设有限公司[①](以下简称"数字广东公司")提供技术支持。"粤省

---

① 为助力推进"数字政府"改革建设各项重点工作,优化营商环境,改善政务民生服务,让"数字政府"触手可及,数字广东网络建设有限公司(以下简称"数字广东公司")由腾讯、联通、电信和移动共同投资,于 2017 年 10 月正式成立。

事"的投入使用旨在充分发挥互联网技术优势，让数据多跑路，群众少跑腿，调动发挥群众参与政治事务和社会公共生活的积极性、有效性，实现政务服务个性化、精准化和一站式"指尖办理"。利用大数据进行社会公德治理是"粤省事"的功能之一。例如广州市内违章停车行为的治理，公众搜索微信"粤省事"小程序进行实名注册并授权登录，点击"专区"栏找到"广州交警服务专区"，进入市内路面紧急帮助"一键移车"选项，填写移车信息诸如车牌号、号牌种类、移车原因、移车地址、联系方式等，移车原因涵盖车辆停放影响他人出行、占用他人车位、影响营业、影响施工等，提交信息后平台将会根据违规停车事态以及事件发生地点等选择相应职能部门派发任务，相关职能部门接到任务后将会在第一时间有效处理该事件。

"粤省事"作为大数据在社会公德治理中应用的典型案例，其运行过程展示了广东省大数据社会公德治理协同型模式（见图3-3），广东省政务服务数据管理局作为管理者，协同省公安厅、人社厅、民政厅等省直单位，购买数字广东网络建设有限公司的技术服务，为公民便捷参与社会公德失范问题治理提供支持。数字广东网络建设有限公司在广东省政府的引导和支持下，整合相关职能部门数据资源，建立政务服务各大基础数据库，利用高新技术打造助力城市发展和社会进步的应用平台，并为应用平台的运行维护提供技术支持。公民作为服务对象通过微信或手机App等渠道发表政策观点、提供事件信息、监督政府企业作为，借以参与社会公德治理。此外，为避免数字广东网络建设有限公司滥用数据，广东省政府还引入数字监督公司和审计公司实现企业间的相互监督。不同于广东省大数据社会公德治理协同型模式，佛山市政府成立数字运营部门、监督部门和审计部门，三部门合作形成大数据社会公德治理一体化模式（见图3-4）。佛山市大数据社会公德治理与广东省大数据社会公德治理最大的区别在于企业不直接依托大数据平台参与治理社会公德失范现象，政府囿于技术困境，在完成大数据应用于社会公德治理的方案后，出资购买社会公德治理项目产品，企业完成项目产品开发后交付政府运行。比较政府参与大数据社会公德治理的两种模式，广东省大数据社会公德治理模式参与主体权责明晰，佛山市权责区分不明晰。具体到工作机制顶层设计，广东省形成了以广东省政务服务数据管理局牵头，省公安厅、人社厅等省直单位协同，企业和公民参与的管理联运机制，多方立足自身工作优势协同参与

图 3-3 广东省大数据建设的基本模式

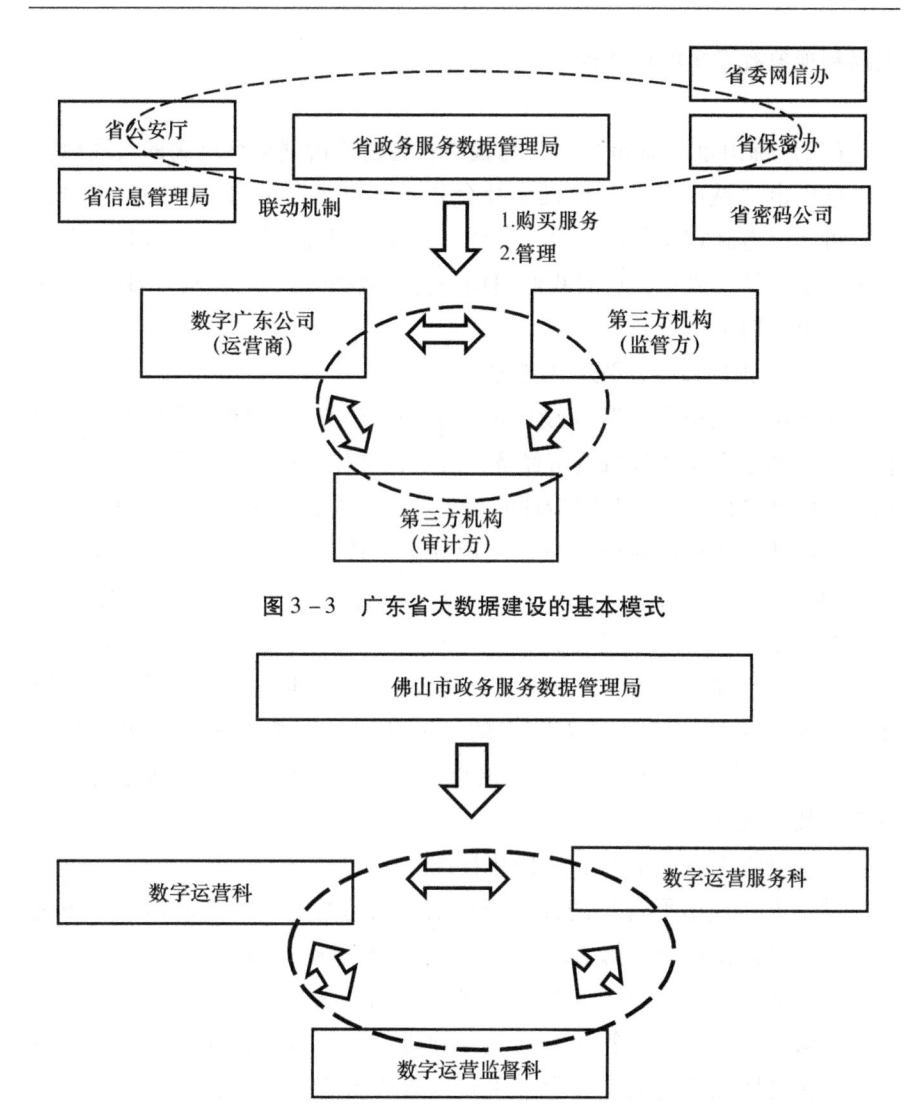

图 3-4 佛山市大数据管理基本模式

大数据社会公德治理工作,协同效果显著。佛山市政府集社会公德治理权责于一体,易产生权责不清、工作推诿等现象。就办事程序而言,佛山市大数据社会公德治理一体化模式使得办事流程简单,工作易于推动;广东省大数据社会公德治理协同型模式,易造成办事流程复杂,工作制约严重等情况。就大数据使用安全而言,佛山市一体化模式有助于防范大数据信息外流与谋利风险;广东省协同型模式因企业的参与,信息被挪用、以数据谋利现象有发生的可能性。

（二）佛山市"城市平台"建设中社会公德治理运行机制的实践经验

佛山市"城市平台"建设中社会公德治理运行机制的经验是多方面的，可从因地制宜完善顶层设计、统一管理治理过程和明确主体职能分工三方面予以简要概括，这对我们建构完善大数据时代社会公德治理运行机制具有重要启示。

1. 注重顶层设计，强调因地制宜

佛山市"城市平台"建设中的社会公德治理是一项系统复杂的信息化工程，基于全面地分析城市经济、政治、文化、社会、生态文明等各领域的实际状况构思社会公德治理的顶层设计，进而确保佛山大数据社会公德治理的地域性和针对性，是佛山市社会公德治理大数据应用的重要经验。佛山市政府以文献研究和实地调研相结合的方式梳理城市发展脉络，深入细致地分析了"智慧佛山"的发展基础及其面临的机遇和挑战，并从战略意义、发展目标与发展定位、主要任务、保障体系和重点工程等5个方面制定了适应佛山发展需求的《四化融合、智慧佛山发展规划纲要》，为大数据在佛山市社会公德治理中的应用提供了明确的发展方向和完善的战略规划。

2. 治理过程统一管理，阶段化特征明显

佛山市"城市平台"的社会公德治理的运行过程是在政府主导下完成的，尤其是在社会公德治理大数据的管理和运用方面。市长、副市长和各相关职能部门主要负责人组成"智慧佛山"领导小组，建立佛山市政务服务数据管理局统一管理智慧城市建设中海量数据的集合、共享和协调，并由各职能部门依托大数据平台主管大数据在社会公德治理中的应用。政府统一管理佛山市"城市平台"的社会公德治理过程实现了大数据在社会公德治理中的阶段化应用，大数据社会公德治理的目标按照治理前期、治理过程中和治理后期分阶段予以实现。社会公德治理大数据应用的目标任务在各阶段拆解成不同的具体目标，在治理前期侧重于完善相关政策法规、建立健全体制机制以及开发社会公德治理项目产品；治理过程中侧重于依托"城市平台"解决和遏制社会公德失范现象，并有计划地开展各种社会公德教育活动，借以实现社会公德的有效治理；治理后期侧重于总结评估社会公德治理活动的经验教训和实际效益。可见，分阶段开展各项治理活动可以保证佛山市"城市平台"的社会公德治理运行过程流畅,避免因责任模糊、工作重复以致目标任务难以实现的情况出现。

3. 主体分工明确,引入市场参与治理

佛山市"城市平台"的社会公德治理虽是政府主导下展开的,但大数据企业和公民在不同程度上参与进来,且在政府的有效引导和制约下,各主体职能分工明确。从佛山市"城市平台"的社会公德治理主体要素建设现状可以看出,佛山市已然意识到大数据对于社会公德治理的重要价值,并且采取积极行动将大数据意识转化为大数据实践。诸如修订数据资源管理办法,包括明确政府部门数据资产归属问题、明确政府部门数据共享条件、经法定主体授权向特定第三方开放数据等;又如推动大数据平台建设,包括解决各部门数据标准不统一的问题、提高政府部门大数据运算能力等;再如培养公民参与意识,包括加强公民道德教育、拓展公民参与渠道等,诸多措施为大数据在市场监管、政务服务、信用类服务和社会治理等方面的应用服务奠定了前提基础,也有助于大数据在社会公德治理中的广泛应用。就佛山市政务服务数据管理局而言,其下辖六个科室,各个科室分工明确、职责清晰,主要职能包括数据运营、数据运营服务和数据运营监督三大类。佛山市以"城市平台"为依托的社会公德治理相关职能部门,依据数据运营、运营服务和运营监督职能明确各科室任务分工并以任务分工为指向加强科室建设,进而为大数据时代社会公德治理活动正常开展提供组织保障。同时,佛山市政府各职能部门因自身技术能力的限制,需要以招标的形式引入大数据企业开发"城市平台"项目产品,进而充分发挥大数据企业在开发"城市平台"项目产品过程中的技术优势和经验优势。我国政府虽有能力掌握大数据核心技术,但因社会分工的不同和其他方面的制约(如职能转型、机构臃肿、人员冗杂等),没必要投入大量资源加强对社会公德治理大数据技术的自主研发,以购买服务的形式在社会公德治理中引入大数据是最佳选择,这就决定了大数据企业凭借技术优势参与社会公德治理的必然性。大数据企业在佛山市大数据社会公德治理过程中承担建设社会公德治理大数据平台的任务,并负责社会公德治理大数据平台的后期维护升级。佛山市人民群众以制约对象和服务对象身份参与大数据社会公德治理,就制约对象而言,社会公德失范者需要接受社会舆论的制裁和行政力量的惩罚,就服务对象而言,社会公民能够通过各部门"城市平台"较为主动地提供社会公德治理大数据以及评价社会公德失范事件，社会公德数据信息是大数据时代社会公德治理持续有效推进的基础资源，而公民则是社会公德大数据来源的重要主体，既要自愿无偿提供自身的相关数据，也要通过积极主动提供社会公德失范事件的数据信息等方式参与社会公德治理。

（三）佛山市"城市平台"建设中社会公德治理运行机制的不足

佛山市"城市平台"建设中社会公德治理运行机制的建构仍处于探索阶段，因自身发展条件的制约，还存在一定的不足之处，需要在采取有效措施克服不足的基础上不断完善适合我国发展要求的大数据时代社会公德治理运行机制。

1. 考核监督体系亟须完善，治理软实力有待提高

考核监督佛山市"城市平台"建设中社会公德治理的各项活动、各个阶段是客观呈现大数据在社会公德治理中实际应用效能的主要渠道，对于升级大数据社会公德治理项目产品、完善大数据社会公德治理方式方法、提高大数据社会公德治理实效性具有重要意义。然而，佛山市社会公德治理大数据的应用考核工作主要依赖政府完成，考核渠道方式以书面文字和召开会议总结为主，考核监督效果并不尽如人意。在社会公德治理语境中，政府、企业和公民都必须用数据说话，大数据意识是佛山市"城市平台"的社会公德治理软实力的集中体现。在国家大数据发展战略和智慧城市建设浪潮的推动下，佛山市政府各职能部门都在不同程度上认识到大数据之于社会治理的重要性并已经将社会治理视为大数据应用的重要领域。但受到传统整体思维方式和管制思维的影响，有些部门还未真正树立起大数据思维意识，尤其是对在社会公德治理中引入大数据还没有给予足够的重视。客观地说，佛山市人民群众整体上并不具备大数据基本理论知识，对大数据功能价值的认识还远远不够，更不用说认识并参与政府部门数据管理、数据治理和数据服务等工作。相对于政府和公民而言，企业大数据思维意识比较强烈，因为大数据是企业盈利的核心资源，关乎企业成败兴衰。但是，企业大数据思维的应用集中在经济领域，或者说是能够谋求更多经济利益的领域，并未有侧重地将其数据思维应用于社会公德治理大数据价值的挖掘上。

2. 运行模式多元化程度不足，长效运行乏力

在佛山市各部门"城市平台"规划设计的过程中，"重技术、重项

目、轻应用"① 的倾向较为明显，换句话而言，基于"城市平台"的社会公德治理存在追求"高大上"技术框架而缺少解决实际问题以满足公众合理需求的客观问题。同时，佛山市"城市平台"的社会公德治理项目产品的开发运行所需资金绝大部分来源于政府财政支持或者各职能部门的融资，而项目产品所需资金由几十万到几百万不等，这便在一定程度上给政府带来财政压力，财政资金短缺或使用率不高成为佛山市"城市平台"长效运维的阻碍之一。此外，可能在一些不确定性和确定性的因素影响下，"城市平台"后期运行难以实现预期效益致使政府承担较大的财政投资风险。因此，无论是从功能效用，还是从资金来源来看，佛山市"城市平台"的社会公德治理运行模式还存在不小的困境，需要适应社会发展需要采取各种有力措施实现公德治理运行模式的转型升级。

3. 主体职责不健全，共治效果未充分彰显

佛山市"城市平台"建设中社会公德治理的参与主体涉及政府、企业和公民，但各主体在社会公德治理过程中或多或少出现越位、缺位和错位问题，致使社会公德共治效果难以有效实现。在佛山市大数据社会公德治理过程中，政府一元主导色彩较为明显，体现在以下几个方面：第一，佛山市"城市平台"建设运行的社会公德治理大数据主要来源于政府及其职能部门，企业数据和其他社会主体数据资源未能有效融合应用，容易造成社会公德数据信息不全的问题。以国内互联网三巨头 BAT（百度、阿里、腾讯）为例，这些企业是"数据金矿"的拥有者，百度拥有用户需求数据和公共 web 数据，阿里巴巴拥有交易数据和信用数据，腾讯拥有关系数据和社交数据，而这些数据资源是构成社会公德治理大数据的重要组成部分。第二，佛山市各部门"城市平台"的建设运行大多以实现本部门社会管理服务目标为指向，政府与社会、政府与公民之间的联动性较弱，容易造成社会公德治理大数据应用范围窄的问题。第三，政府主导佛山市"城市平台"的社会公德治理解决方案设计和项目平台日常运维，其他社会主体的智慧力量在一定程度上被忽视，容易造成社会公德治理大数据应用脱离实际需求的问题。政府一元主导容易引发大数据应用空间大与现实应用场景少的矛盾，致使大数据在社会公德建设中的应用还未达到

---

① 《2016 智慧佛山发展白皮书》（https：//wenku.baidu.com/view/c34b8df276c66137ef0619b0.htm）。

"善治"的状态。同时，政府主导色彩明显致使大数据企业在佛山市"城市平台"的社会公德治理过程中的地位作用并未充分彰显：第一，企业未能有效参与佛山市"城市平台"的社会公德治理解决方案的设计；第二，企业未能有效参与佛山市"城市平台"的社会公德治理项目产品的日常运营；第三，企业未能有效参与佛山市社会公德数据信息的整理分析、开放共享和应用服务。近些年来，在政府和社会的支持倡导下，大数据企业凭借自身技术优势参与不同领域大数据平台建设运行，积累了丰富的建设运营经验，这些经验和核心技术相互作用使企业具备创新数据使用方式的能力，而这种能力是企业在社会公德治理过程中充分挖掘大数据潜在价值的根本凭借。企业在社会公德治理过程中"缺位"容易引发大数据潜在价值大与实际应用价值小的矛盾，致使社会公德治理大数据潜在价值未能充分彰显。当然，受社会发展程度、政府和企业成熟度等的限制，企业全程参与大数据时代社会公德治理还有很长一段路要走。此外，市民群众一度成为佛山市"城市平台"建设中社会公德治理的"单向度"作用对象，而不是共同建设者。基于佛山市"城市平台"的社会公德治理运行模式现状分析，可以看出，公民能够通过社会公德治理大数据平台较为主动地提供自身数据信息以及评价社会公德失范事件，但这都是为解决和遏制社会公德失范现象，并未在此基础上较好地延伸社会公德治理大数据的德行培育功能，佛山市"城市平台"更多充当公民道德行为的监督制约工具。公民参与佛山市精神文明建设的积极主动性有待提高、渠道有待拓宽、能力有待提升是造成这一现状的主要原因。公民在大数据社会公德治理过程中"错位"的后果可能使大数据时代社会公德治理发生异化，使其不再是教育人的手段，而是制约人的工具。

综上所述，佛山市"城市平台"建设中社会公德治理的运行机制既有可资借鉴的地方，诸如政府扮演重要角色、引入企业参与治理、坚持以人民为中心，也有需要弥补的不足，集中体现在政府、企业和公民的角色地位及其相互关系较为模糊。伴随社会发展和时代进步，适应主体能力增强的需要，佛山市"城市平台"的社会公德治理运行机制不断趋于完善成为必然。

第四章　大数据时代我国社会公德治理运行机制的逻辑建构

基于广东省佛山市"城市平台"建设中的社会公德治理运行机制分析可知，技术进步与主体发展是挖掘大数据在社会公德治理过程中潜在价值的关键要素，然而，纵观我国社会公德建设整体状况，技术发展不平衡与主体能力不强仍然是社会公德治理大数据高效应用的现实困境。以问题为导向，大数据时代我国社会公德治理运行机制的逻辑建构，从理论层面而言，要在厘清社会公德治理的运行机理及基本机制的基础上，深耕社会公德治理与大数据相互碰撞的具体模式及其过程，从实践层面而言，要在解剖社会公德治理大数据具体应用案例的基础上，把准大数据时代社会公德治理运行的实践理念与策略。

一　大数据时代我国社会公德治理运行机制建构的现实困境

社会公德治理大数据的充分应用需要完备的软硬件设施，宏观上看，硬件设施指大数据应用的相关技术，软件设施指向大数据应用的相关主体，没有技术支持和主体支撑的社会公德治理便失去了动力之源，因而，两者的发展限度构成了大数据时代我国社会公德治理运行机制建构的现实困境。

（一）体系之殇：技术发展不平衡带来社会公德治理局限

建基于大数据时代的社会公德治理以大数据在我国各地区、政府各部门的平衡充分应用为前提，平衡的大数据技术发展与数据共享又是其起点，反观之，技术发展的不平衡与数据共享、应用的难题便成为社会公德治理大数据有效运行的主要困境。

1. 社会公德治理运行机制建设中的互联网发展羁绊

自2013年中国大数据元年开启伊始，我国物联网迅猛发展，反映在便携式终端拥有量的网民数量、支持主体协同治理的政务大数据平台数量等的急剧增长上。就便携式App终端而言，截至2020年3月，我国网民规模为9.04亿，手机网民规模为8.97亿，分别较2018年年底提升4.9个百分点和0.7个百分点。[①] 就政务服务平台建设而言，2019年全国31个省（区、市）和新疆生产建设兵团、40余个国务院部门建成政务服务平台。2019年12月，国家政务服务平台整体上线试运行，联通32个地区和46个国务院部门，对外提供国务院部门1142项和地方政府358项在线服务。截至2019年12月，32个省级网上政务服务平台的个人用户注册数量达2.39亿，其中实名注册个人用户达2.21亿，占比92.5%。[②] 这两组数据客观地说明了我国社会公德治理需要的大数据平台和公民拥有量已初具规模，物联网作为大数据时代的新型道德资源，在理论上得到证明的同时，技术上也具备了可能性支撑。

基于物联网的大数据总体持续迅猛发展为我国社会公德治理提供了技术支持可能性的前提下，城乡居民App终端拥有量、不同地区政务平台建设量、不同地区居民政务平台使用量等方面的发展存在不平衡，外加网民利用网络参与社会公德治理的意识不充分等，阻碍社会公德治理的大数据运用进程，这是大数据时代社会公德治理不断推进的另一面，即社会公德大数据发展不充分、不平衡阻碍治理实践。

从城乡居民App终端拥有量差距可直接观测大数据技术上的城乡差距。截至2020年3月，我国农村地区互联网普及率为46.2%，网民规模为2.55亿、占网民整体的28.2%；城镇地区互联网普及率为76.5%，网民规模为6.49亿、占网民整体的71.8%。[③] 截至2020年3月，我国非网民规模为4.96亿，其中城镇地区非网民占比为40.2%，农村地区非网民

---

① 中共中央网络安全和信息化委员会办公室，中华人民共和国互联网信息办公室，中国互联网络信息中心：《2020年第45次中国互联网络发展状况统计报告》。

② 中共中央网络安全和信息化委员会办公室，中华人民共和国互联网信息办公室，中国互联网络信息中心：《2020年第45次中国互联网络发展状况统计报告》。

③ 中共中央网络安全和信息化委员会办公室，中华人民共和国互联网信息办公室，中国互联网络信息中心：《2020年第45次中国互联网络发展状况统计报告》。

为 59.8%，非网民仍以农村地区人群为主。非网民不上网的原因主要是不识拼音和不懂电脑等知识因素、没有电脑等客观因素①，直观反映了城乡差距和收入差距对于社会公德治理公民参与的影响。两组数据说明，在大数据应用方面城乡差距较大。

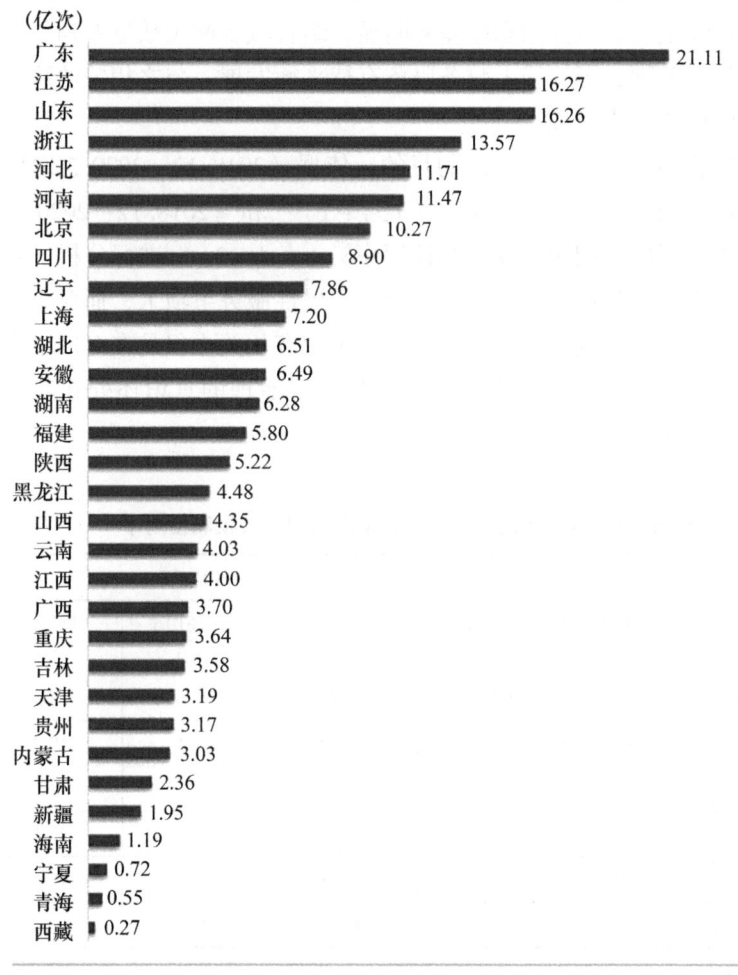

（亿次）

广东	21.11
江苏	16.27
山东	16.26
浙江	13.57
河北	11.71
河南	11.47
北京	10.27
四川	8.90
辽宁	7.86
上海	7.20
湖北	6.51
安徽	6.49
湖南	6.28
福建	5.80
陕西	5.22
黑龙江	4.48
山西	4.35
云南	4.03
江西	4.00
广西	3.70
重庆	3.64
吉林	3.58
天津	3.19
贵州	3.17
内蒙古	3.03
甘肃	2.36
新疆	1.95
海南	1.19
宁夏	0.72
青海	0.55
西藏	0.27

2019.12

图 4-1　部分省份百度移动端政务服务搜索量

资料来源：百度。

---

① 中共中央网络安全和信息化委员会办公室，中华人民共和国互联网信息办公室，中国互联网络信息中心：《2020 年第 45 次中国互联网络发展状况统计报告》。

政务服务平台运行中的搜索状况客观反映地区间互联网使用上的差距。2019年百度移动端政务服务搜索量为201.97亿次。其中,最高的广东省网民百度移动端政务服务搜索次数高达21.11亿次,最少的西藏网民百度移动端政务服务搜索次数仅为0.27亿次,其他各地差异如图4-1所示①。虽然各地常住人口存在一定的差异,但从图中仍可发现,不同地区的网民对待线上政务服务的态度差异明显,结合城乡网民数量差别、不同地区网民数量差别,可知线上政务服务有待平衡发展,与之相关的社会公德治理协同模式还未形成。

进一步看城乡网民使用网络的目的,依据《2018.12—2020.3网民各类互联网应用用户规模和使用率》(表4-1)②和《2018.12—2020.3手机网民各类互联网应用用户规模和使用率》(表4-2)③进行分析,我国网民关注焦点基本集中在日常生活领域的便民性服务事项上,而对于社会事件,特别是社会风气治理鲜有关注。如果说有相关也仅是在对网络新闻的关注中包括了道德热点事件,网民参与道德治理的意识还处在起始阶段,大数据使用并不充分。

表4-1　　2018.12—2020.3 网民各类互联网应用用户规模和使用率

应用	2020.3 用户规模(万)	2020.3 网民使用率(%)	2018.12 用户规模(万)	2018.12 网民使用率(%)	增长率(%)
即时通信	89613	99.2	79172	95.6	13.2
搜索引擎	75015	83.0	68132	82.2	10.1
网络新闻	73072	80.9	67473	81.4	8.3
网络支付	76798	85.0	60040	72.5	27.9
网络购物	71027	78.6	61011	73.6	16.4
网上外卖	39780	44.0	40601	49.0	-2.0

---

① 中共中央网络安全和信息化委员会办公室,中华人民共和国互联网信息办公室,中国互联网络信息中心:《2020年第45次中国互联网络发展状况统计报告》。
② 中共中央网络安全和信息化委员会办公室,中华人民共和国互联网信息办公室,中国互联网络信息中心:《2020年第45次中国互联网络发展状况统计报告》。
③ 中共中央网络安全和信息化委员会办公室,中华人民共和国互联网信息办公室,中国互联网络信息中心:《2020年第45次中国互联网络发展状况统计报告》。

续表

应用	2020.3 用户规模（万）	2020.3 网民使用率（%）	2018.12 用户规模（万）	2018.12 网民使用率（%）	增长率（%）
旅行预订	37296	41.3	41001	49.5	-9.0
网约车	36230	40.1	38947	47.0	-7.0
在线教育	42296	46.8	20123	24.3	110.2
网络音乐	63513	70.3	57560	69.5	10.3
网络文学	45538	50.4	43201	52.1	5.4
网络游戏	53182	58.9	48384	58.4	9.9
网络视频（含短视频）	85044	94.1	72486	87.5	17.3
短视频	77325	85.6	64798	78.2	19.3
网络直播	55982	62.0	39676	47.9	41.1
互联网理财	16356	18.1	15138	18.3	8.1

表4-2　2018.12—2020.3手机网民各类手机互联网应用用户规模和使用率

应用	2020.3 用户规模（万）	2020.3 手机网民使用率（%）	2018.12 用户规模（万）	2018.12 手机网民使用率（%）	增长率（%）
手机即时通信	89012	99.2	78029	95.5	14.1
手机搜索	74535	83.1	65396	80.0	14.0
手机网络新闻	72642	81.0	65286	79.9	11.3
手机网络支付	76508	85.3	58339	71.4	31.1
手机网络购物	70749	78.9	59191	72.5	19.5
手机网上外卖	39653	44.2	39708	48.6	-0.1
手机在线教育课程	42023	46.9	19416	23.8	116.4
手机网络音乐	63274	70.5	55296	67.7	144
手机网络文学	45255	50.5	41017	50.2	10.3
手机网络游戏	52893	59.0	45879	56.9	15.3

总体上看，作为社会公德治理资源的大数据技术的应用与普及目前仍存在较大的城乡差距和地区差距，限制了社会公德治理的全面协同实施；同时，社会公德治理主体的治理能力有待加强，特别是主观认知上存在较大差距。如何提升大数据时代社会公德治理能力是我们面临的新的时代课题。

2. 社会公德治理运行机制建设中的数据割据

建基于物联网的海量数据一体化是大数据时代社会公德治理的前提条件之一，政务实践中国家、省、市等各级政府之间、同级政府中各部门之间的政务平台繁多和新旧数据掣肘阻碍了社会公德治理运行机制的形成进程。

自 2019 年《关于加快推进全国一体化在线政务服务平台建设的指导意见》出台之后，我国大数据一体化进程从分头建设转向统筹建设、从信息孤岛转向协同共享。但是，大数据信息一体化建设开启和推进之难，造成了社会公德治理机制建设中的信息区域割据局面，这一问题从政务服务平台数量之多可窥见一斑。如表 4-3[①]所示，政府网站设立最多的四川省有近 1000 个政府网站，最少的新疆生产建设兵团有 51 个政府网站，其余各省在这两个数据之间，均值为 418 个政府网站。就各省内部而言，诸多市区政府网站以及各部门网站如何实现一体化，特别是如何实现大数据的共享已是难事；就不同省份之间而言，政府网站数据的共享更是难上加难。而海量数据共享是社会公德治理的技术前提，鉴于此，社会公德的省内区域性治理机制建构成为主流。

表 4-3 　　　　2018.12—2019.12 分省政府网站数量

省份	2019.12	2018.12	缩减（%）
北京	72	80	10.0
天津	105	133	21.1
河北	499	573	12.9
山西	398	422	5.7
内蒙古	537	618	13.1

① 中共中央网络安全和信息化委员会办公室，中华人民共和国互联网信息办公室，中国互联网络信息中心：《2020 年第 45 次中国互联网络发展状况统计报告》。

续表

省份	2019.12	2018.12	缩减（%）
辽宁	543	666	18.5
吉林	302	373	19.0
黑龙江	207	449	53.9
上海	63	88	28.4
江苏	645	800	19.4
浙江	558	689	19.0
安徽	810	909	10.9
福建	433	495	12.5
江西	533	625	14.7
山东	864	1120	22.9
河南	841	1054	20.2
湖北	707	852	17.0
湖南	576	746	22.8
广东	617	867	28.8
广西	573	758	24.4
海南	108	127	15.0
重庆	113	342	67.0
四川	909	1066	14.7
贵州	413	450	8.2
云南	302	394	23.4
西藏	215	165	-30.3
陕西	627	752	16.6
甘肃	520	616	15.6
青海	134	181	26.0
宁夏	126	158	20.3
新疆	161	167	3.6
新疆生产建设兵团	51	147	65.3
合计	13562	16882	19.79

资料来源：开普云。

另一方面，传统数据与大数据间的对接、转换也是制约社会公德治理大数据形成的重要原因。具体到社会公德治理领域，其一，数据的使用目前处在由传统数据（抽样数据、局部数据、片面数据）向大数据的过渡阶段，很多传统数据的价值还未充分发挥出来，仍旧有可利用价值。如何全面整合、挖掘传统数据及其价值，实现对传统数据的合理转化与利用成为数据发展的难题。其二，对于新产生的大数据的运用能力诉求更高，相较于传统的数据搜集、存储、处理、计算等流程，大数据的整个利用过程需要专职数据技术人员参与其中，当前，专业化、高水平的大数据专职队伍建设尚未成熟。其三，新旧数据之间如何转化，也是社会公德治理机制建构过程中需要解决的重要问题。如何科学建立新旧数据之间的逻辑与现实关联，进而实现传统数据与大数据的替代、互补与融合成为治理难题。

可见，技术基础掣肘、大数据发展阶段与技术处理能力等要素共同制约着大数据一体化的进程，阻碍了大数据时代社会公德治理主体协同局面的形成。

3. 社会公德治理运行机制建设中诚信制度的操作性滞后

在我国，诚信制度建设最早出现在经济领域中，1999年8月在上海试点成立上海资信有限公司，主要从事个人和企业信用征信服务。2000年6月底，上海市个人信用联合征信系统正式开通，具体采用政府组建、公司企业操作运营的模式，应各商业银行、相关机构等的业务开展需要提供个人或企业信用报告。同时期，深圳也建立起个人信用征信系统。在各地试点的基础上，2004年2月，中国人民银行启动了个人征信系统建设，2006年1月，全国集中统一的个人信用信息基础数据库建成并正式运行，同年7月底，银行信贷登记咨询系统升级成为全国集中统一的企业信用信息基础数据库。2007年4月人民银行分设征信管理局和征信中心。2014年国务院颁布《社会信用体系建设规划纲要（2014—2020年）》《关于加强个人诚信体系建设的指导意见》等，2016年国务院出台的《关于建立完善守信联合激励和失信联合惩戒制度加快推进社会诚信建设的指导意见》是我国第一部规范性的国家诚信制度建设文件，文件中提出失信主体不得进入互联网金融领域。2020年8月中央文明委印发《关于开展诚信缺失突出问题专项治理行动的工作方案》，是第一部专门性诚信行动纲领，针对10个领域的诚信缺失问题开展专项治理。可见，在国家政策的支持下，诚信制度建设的组织架构和顶层设计逐渐趋向成熟。

在网上个人信用征信体系的探索上支付宝（中国）网络技术有限公司走在全国前列，花呗是其开发出的以个人信用为基础的金融产品，该消费信贷产品的投入使用实现了消费者信用采集、征信数据分析、征信产品提供的一体化，实现了即时的跨地区征信业务。在"支付宝"探索成功之后，微信、京东网上商城等一批网络平台都开启了不同种类的信用支付金融产品，对于个人征信起到一定监督作用。

与个人征信业的发展相对同步，规范这一行业的法律法规得以建立与完善。2002年深圳市出台《深圳市个人信用征信及信用评级管理办法》，2003年上海市人民政府第15号令公布了《上海市个人信用征信管理试行办法》，2007年《江苏省个人信用征信管理暂行办法》出台，各地管理办法中虽未对征信机构明确规定，但从规范要求分析来看，很多地方将征信机构的性质定义为企业法人，并采用核准制对征信机构的设立进行管理。2012年12月26日国务院第228次常务会议审议通过了我国《征信业管理条例》，自2013年3月15日起施行，这预示着全国统一的个人信用法律规范的建立。

经过近20年的发展，我国诚信制度基本建成，但是其还未真正实现良善运转。如图4-2[①]所示，在网民遭受的各类网络安全问题中，占比最高的个人信息泄露、网络诈骗直接反映出诚信制度实践运行机制的局限性。同时，对于网络不诚信行为的处置措施有待进一步完善。以三鹿奶粉事件为例，三鹿奶粉因含有三聚氰胺而可能导致婴儿出现肾结石，且受众高达近4万人，招致全国范围内的谴责谩骂。面对高额利润，企业失去社会良知铤而走险，事发后国家对其惩罚内容，主要表现在对负责人的问责和企业的停产整顿，而这只能做到事后处理，缺少事前防范。和巨大利润相比较，不诚信集团付出的代价较之高额的利润而言显得微不足道，加之企业生产过程监督制度建设的滞后使企业和组织存在侥幸心理，社会公德治理的进程受阻。社会和个人信用制度建设是与社会公德治理直接相关的，例如杭州出台的诚信记录优良者可以优先就医的制度对于市民的社会公德建设具有积极的推动意义。但是，目前从国家到地方的诚信制度规范性文件居多而实操性文件较少，且还未形成全国一体化的诚信建设机制。

[①] 中共中央网络安全和信息化委员会办公室，中华人民共和国互联网信息办公室，中国互联网络信息中心：《2020年第45次中国互联网络发展状况统计报告》。

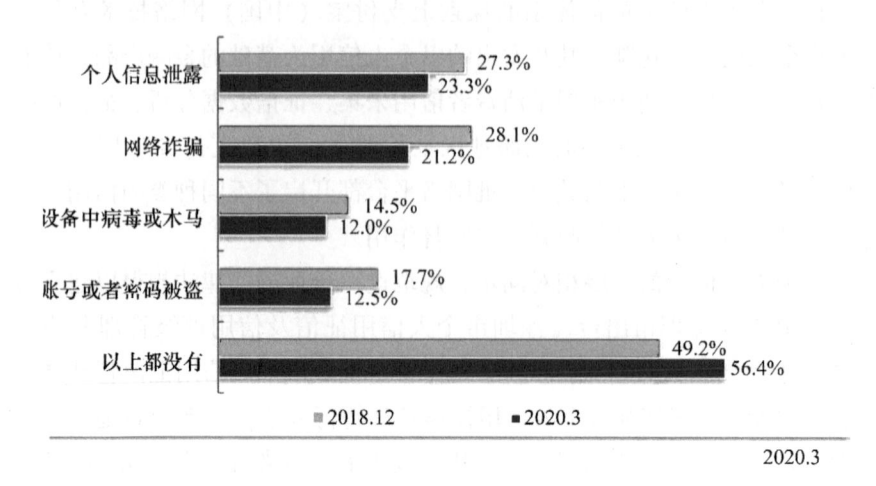

图 4-2 网民遭遇各类网络安全问题的比例

资料来源：CNNIC 中国互联网络发展状况统计调查。

（二）能力之殇：主体发展中的社会公德治理局限

就社会公德治理的运行机制而言，治理能力建设是其主体性内容，好的体系一定要有具备驾驭能力的主体操作才能取得成效。厘清我国目前的社会公德治理主体，是明确建设之路的关键。

1. 政府：平衡点之困

由社会管理向社会治理转变，治理主体发生了质的转变，即由"党委领导、政府负责、社会协同和公众参与"转变为"党委领导、政府主导、社会协同、公众参与、法治保障"。由"政府负责"转变为"政府主导"表明政府是共建共治共享社会公德协同治理机制的主导性主体而不是唯一主体。确立三大主体协同关系，既要打破过去"非官即民"二元主体格局，又要打破政府垄断公共权力的格局。共建共治共享理念中的"共"体现了全民参与社会公德治理的主体价值取向，"全民"是政府、社会、公民三大治理主体结构性力量的整合。作为社会公德治理语境中的全民概念，"既要消除'全民＝全体人民''全民＝全体公民''全民＝民间'的狭义理解，也要破除'非官即民'的二元思维习惯。"[①] 它一方面是指由公民或人民组成的民间社会力量；另一方面指以实现公共利益为

---

① 俞可平等：《中国的治理变迁：1978—2018》，社会科学文献出版社 2018 年版，第 342 页。

指向的政府、市场、社会组织三大力量整合而成的社会结构性力量。在社会公德治理语境中，政府如何发挥治理功能又不僭越其他两大主体而形成垄断局面是政府主体的首要任务。增加"法治保障"表明我国社会公德治理进入法治化时代，社会公德治理主体协同要做到有法可依、有法必依、违法必究，法律成为治理的最终依据，不因主体拥有权力的性质和范围而改变治理模式与治理进程。

其次，政府不再成为公共性权威的唯一主体。当社会公德在法治视域下由三大主体协同治理时，就意味着政府不再是公共性权威的唯一主体。公共性是政府的第一属性，政府源于实现公共目标、维护公共利益。在中国语境中，党的性质、传统文化蕴含的价值取向等决定了人们把国家理解为可以信任的"善"，政府应该主动承担更多的责任。同时，因为国家拥有监狱、法庭、军队等强制力工具，其公共权威性得到强化。但是，进入现代社会，特别是改革开放以来，政府责任经历了"以阶级斗争为纲""以经济建设为中心""以社会建设为中心"的三个发展阶段之后，政府的公共性职能得到进一步加强。但是，政府职能特别是治理理念转变后，政府垄断公共性职能的局面才有可能被打破，市场和社会力量才开始承担公共性角色，形成公共性权威。例如，市场企业以公共利益为旨趣的捐赠活动，公民因慈善目的而形成的社会组织都承担了公共性角色，实现了国家的公共利益。在社会公德治理语境中，政府如何与市场、社会共同承担公共性职能，形成不同模式的公共性权威是政府需要探索的问题。

同时社会公德协同治理模式也需要保障政府在三大主体中的主导地位。三大主体协同治理过程中，要坚持政府的主导地位，避免三大主体的"均分"治理。社会主义国家的社会公德治理，三大主体协同治理模式既不是"强政府—弱市场—弱社会"模式，也不是"弱政府—强市场—弱社会"模式，更不是"弱政府—弱市场—强社会"模式，而是以社会公德治理对象为依据形成科学解决治理难题的具体化主体协同模式。

2. 社会组织何以平衡近期局部利益与长远全局利益？

社会组织分为营利组织和非营利组织两大类，营利组织是以企业为主体的社会团体，非营利组织是公民基于一定目的而自觉组成的社会团体。具体到两类社会组织，企业在发挥社会公德治理功能时，其关键在于如何摆脱短期局部利益而着眼长远全局利益；公民组织在发挥社会公德治理功能时，其关键在于如何生成公共性权威。

对于企业而言，如何在经济利益和公共服务之间找到平衡点是营利性社会组织参与社会公德治理的关键。其一，社会公德治理大数据是专门用于社会公德治理的海量数据，但其价值却不仅仅局限于社会公德治理，以营利为目的的企业是否仅把海量数据用于社会公德治理的数据挖掘、分析、使用等是企业能否守住社会公德治理道德底线的关键。其二，对于企业而言，如何在社会公德治理过程中保持自身的相对独立主体地位是营利性社会组织参与社会公德治理的又一关键。在实证调研过程中，企业参与社会公德治理主要是以政府购买服务的方式实现，在参与过程中受到政府的领导与监督。在政府主导的主体协同机制中，企业避免沦为政府的政绩工具也是其要守住的法律底线。具体而言，企业不能为了得到政府的认可而出现篡改数据、歪曲数据、隐瞒数据等行为。其三，对于企业而言，如何在社会公德治理过程中保持责权利统一也是营利性社会组织参与社会公德治理的关键所在。当企业以政府购买服务的方式进入社会公德治理领域时，政府主导地位突出，企业作为服务主体相对消费者政府处于劣势地位。整个社会公德治理过程以政府为主导，公共权力掌握在政府手中，企业承担大数据责任进而获取商业利益。原本一体化的责权利被政府和企业分而有之，没有公共权力的企业往往被动承担责任，利益获取也处于不平等地位。企业在社会公德治理中处于这样一种尴尬地位，导致其为了自身存活极易走向以数据不法牟利的不道德之路。

对于非营利性社会组织而言，如何获取公共性权威是其困境所在。首先，在中国语境中，公私之分是权利的分界线，"公"意味着公共权威存在；"私"意味着公共权威剥夺，因而民间性质的社会组织之公共权威天然受到公众质疑。具体到社会公德治理机制中，当政府把具体事务委托给非营利性社会组织时，面对公众质疑如何保证应有的工作效果是值得思考的问题。例如，志愿者参与地铁秩序维护工作，但效果并不理想；抗击疫情期间，志愿服务人员遭受各类阻挠甚至人格侮辱。其次，公共权威滥用风险。就公共权威产生的来源来看，一是来自政府的赋予，二是来自民众的公意。虽然非营利性社会组织无法直接获取政府赋予的公共权威，但是围绕某一社会事件形成的社会群体却自起点处便因公意生成公共权威，这是由社会舆论力量加持的公众权威。但是，这种源于公意的社会组织形成的天然权威性，在现实生活中往往会引发道德绑架、碎片化理解等问题。源自公意的天然公共权威如何实现理性化成为非营利性社会组织开展社会公德治理的前提条件。

3. 公民何以生成公共精神？

公民公共精神生成是其参与社会公德治理的主观意识条件，是社会公德治理的基本内涵之一，它是社会公德建设由管理走向治理的根本标志。"尽管两者（治理与政府统治——著者注）都涉及目的性行为、目标导向的活动和规则体系的含义，但是政府统治意味着由正式权力和警察力量支持的活动，以保证其适时制定的政策能够得到执行。治理则是由共同的目标所支持的，这个目标未必出自合法的以及正式规定的职责，而且它也不一定需要依靠强制力量克服挑战而使别人服从。"① 基于法治保障的民主协商、公意权威等是实现社会治理目标的有效途径。

目前，我国社会公德治理处在起步阶段，公众使用大数据多基于功利性目的，因而走出"小我"形成"大我"是公民参与社会公德治理的关键。自近代以来，中国经历了"站起来""富起来"两大发展阶段，目前开启进入"强起来"发展阶段的序幕。与之相适应，我国的社会建设形成三大发展模式。在改革开放之前，我国社会管理是立基于意识形态基础之上，以政治动员的方式实现社会管理。但是，"文化大革命"基本耗尽了这一基础。改革开放之后，绩效代替了意识形态成为社会管理的基础，即以经济建设为中心、发展就是硬道理作为社会管理的基础。在这一阶段我们的经济取得惊人的发展，但伴随而来的是大量的社会问题、社会矛盾以及社会冲突，这说明发展理念需要质变，"科学发展观""和谐社会"被提出，公平正义成为与经济发展同等重要的社会管理基础，这就标志着社会公德建设正在由管理阶段进入治理阶段。处在两种建设模式转型阶段，公民如何实现从注重经济到经济和公平正义齐注重的转变，成为社会公德治理公民主体培育的核心问题，这一问题的实质就是如何兼顾局部眼前利益和全局长远利益。

同时，民主协商中，公民如何保持自身的独立性也是关键问题之一。一方面，处在由"富起来"向"强起来"的转型期，公民主体如何由注重个体发展走向服务社会是实现社会参与的关键。人的独立分为两个层

---

① [美] 詹姆斯·N. 罗西瑙主编：《没有政府的治理》，张胜军、刘小林等译，江西人民出版社2001年版，第4—5页。

面，一是人摆脱了"始发纽带"①的束缚；二是确立新的社会纽带。随着自然科学的长足发展，具体到我国社会主义市场经济体制确立之后，公众获得以摆脱天然关系束缚为内涵基础层面的独立，并开始探索高层次的基于创造的个人发展为内涵的独立。在此过程中，个体摆脱了"单位制"的束缚，借助个人的勤奋、聪明、勇敢或好运气获得个人生活成功，社会允许并鼓励以个人能力为前提的合法性成功。但是，人失去了和群体直接联系的纽带，独立后融入纽带的创造是个人获得高层次自由的能力要求，参与社会管理便成为个体高层次自由的必然要求。但是，受凭个体能力获取财富即为成功观念的余波影响，就公众参与大数据时代的社会公德治理的现状而言，公民更注重的是政府基于大数据提供的惠民服务，对于大数据的其他功能并不热衷且不愿意参与。另一方面，与自然拥有公共权力的政府和拥有组织力的社会组织比较，个人如何在社会公德治理主体协作过程中保持独立性也是值得思考的问题。习近平强调在社会治理中强化政治协商方法，"在中国社会主义制度下，有事好商量，众人的事情由众人商量，找到全社会意愿和要求的最大公约数，是人民民主的真谛。我们要坚持有事多商量，遇事多商量，做事多商量，商量得越多越深入越好"②。进而，公民个人如何在社会治理中服务社会的前提下保持个体的独立性，是主体参与治理必须考虑的问题。

二 大数据时代我国社会公德治理运行机制建构的主要内容

从某种意义而言，社会公德治理是"本"，大数据在社会公德治理中的应用是"末"，大数据时代我国社会公德治理运行机制的建构必然根植于社会公德治理良性运转的内在机理，换言之，建构大数据时代我国社会公德治理的运行机制应以社会公德治理的内在机理为核心支柱，前者是"形"，后者是"宗"，"千举万变，其道一也"③。因此，本部分在分析把握社会公德治理的运行机理及基本机制的基础上，试图从主体协同关系模式及其

---

① [美]埃里希·弗罗姆：《逃避自由》，刘林海译，国际文化出版公司2000年版，第17页。
② 习近平：《在庆祝中国人民政治协商会议成立65周年大会上的讲话》，《人民日报》2014年9月22日。
③ 《荀子》，方勇、李波译注，中华书局2011年版，第106页。

运行过程两方面解构大数据时代我国社会公德治理运行机制的主要内容。

（一）社会公德治理的运行机理及基本机制

1. "德—得"相通的社会公德治理运行机理

国内学者樊浩最早提出中国传统社会的道德运行机理是"德—得"相通[1]，即道德与个体的发展直接相关，讲道德者有好的发展和未来、不讲道德者没有好的发展和未来。血缘关系、地缘关系和知识垄断是保障"德—得"相通道德运行机理顺畅运转的力量。血缘关系生发出天然的伦理道德关系，君臣、父子、夫妻、兄弟作为天然血缘关系也是天然的伦理关系，此处血缘关系与伦理关系附着为一体，直到今天这两者合一的附着状态仍旧未有改变，改变的仅是内容的时代创新与创造性转化。朋友关系在传统社会中是通过纳入到血缘关系体系中来说明其伦理关系的合法性，男性朋友以"兄弟"相称、女性朋友以"姐妹"相称，通过把朋友纳入血缘关系实现陌生人关系向熟人关系的转变，完成伦理约束在全社会一体化格局。地缘限制和知识垄断是保障传统社会中伦理道德规约有效实现的外在力量。弗罗姆在《逃避自由》一书中指出，传统社会是一整块网，每个人是网上的一个纽结，终其一生附着在网上不得动弹。[2] 中国传统社会户籍制度使得每一人从生到死生活在一块土地上，祖祖辈辈鲜有改变。地域限制的道德价值在于它使得每个个体必须遵守道德约束进而得到群体认可，否则便无"立锥之地"。当个体触犯群体的道德规范时，他要么得到群体原谅重新回归群体、要么远走他乡规避群体道德制约。但是，传统社会中远走他乡的代价是作为"黑户"遭受极端歧视地生存着，比较之下，人们更愿意留在家乡承受惩罚、得到原谅，回归群体获得生活资格。此间起作用的是"德—得"相通的道德运行机理，即有道德的人才能有生存的机会，缺德之人会被剥夺生存的机会。较之个体发展而言，生存机会是更为根本和更为人们所关注的存在层面，所以中国传统社会被称为伦理社会不难理解。同时，由上至下的知识垄断传播模式也消除了"德—得"相通道德运行机理的价值认同阻碍，使得大众的道德动机单一纯粹。

---

[1] 樊浩：《中国伦理精神的现代建构》，江苏人民出版社 1997 年版，第 630—649 页。
[2] [美] 埃里希·弗罗姆：《逃避自由》，刘林海译，国际文化出版公司 2000 年版，第 29—30 页。

日常生活中除了国家意识形态性质的知识传播，人们再无其他获得知识的途径，对国家建构的道德知识体系笃信成为必然。

现代社会是领域分化的陌生人社会，陌生人不可能按传统社会中处理朋友关系的逻辑把陌生人纳入到熟人关系中；人员流动也破除了户籍制度的道德价值；价值多元化存在也破除了道德动机的天然齐化状态，"德—得"相通的道德运行机理由于道德资源的失效而出现断裂。具体到社会公共生活领域中，道德失去客观资源支撑沦落为个体主观喜好[1]，社会公德失范现象不断出现并引人关注。探寻能够替代血缘关系网的新型关系网、探寻能够替代地缘关系的新型制约力量，成为转化传统"德—得"道德运行机理的关键。而基于"互联网+"的大数据恰恰具备了这"两缘"关系网所具备的道德功能，基于"互联网+"的大数据成为创造性转化传统"德—得"道德运行机理的新型道德资源。"互联网+"在整合社会分化的前提下生成全社会统一的虚拟关系网、生成后熟人社会。在后熟人社会中，每个人的 ID 码是人际关系网的纽结，个人从出生到死亡一直以 ID 为代码生活在虚拟网络中，不可选择不可逃避，基于大数据的"后熟人社会"生成。在"后熟人社会"中，网络关系代替血缘关系、网络限制代替地域限制、知识选择代替知识垄断成为新道德资源，它创新性发展了"德—得"相通的道德运行机理，使社会公德功能复归，防范道德失范有效有力。当某一个体因违反道德规范而引发众怒时，众人以维护道义为旗帜，以互联网为手段追踪个体大数据、分析数据获取个体客观形象、集体舆论指责道德失范个体、通过影响其工作生活的方式对其进行惩罚，其中最严厉的惩罚是使道德失范个体失去生存机会。此过程中，道德失范个体只有改正错误并得到大众原谅才能重新回归群体获得生存机会，否则会被永久排除在原来的生活领域之外。

2. 社会公德治理的基本机制

社会公德治理是以社会主义核心价值观为指导，政府、社会组织、公民在公共生活领域协同发挥道德功能，力图培养好公民、净化社会风气的社会实践活动。治理是否有效，究其根本是道德功能是否有效发挥。就道德功能而言，学界在道德的认知功能、调节功能、规范（监督）功能上

---

[1] ［英］麦金太尔：《德性之后》，龚群、盛扬毅等译，中国社会科学出版社1997年版，第16页。

达成共识。道德的基本功能在公共生活领域中发挥作用，形成社会公德教育修养机制、社会公德调节机制和社会公德监督机制。

(1) 基于良心的社会公德治理教育修养机制

社会公德治理教育修养机制，是基于公共生活领域中道德认知功能而形成的社会公德治理机制，侧重培养社会成员认同社会主义核心价值体系中的社会公德内容和依据"心中的道德律"反求诸己两方面能力。简言之，这是社会成员良心生成和强化的过程。不同文化中对道德教育有不同的人性论假设，它是社会公德治理机制中人类内在力量和外在力量生成的文化基础和理论支撑。就道德教育的人性论依据而言，西方人信奉"性恶论"而中国人信奉"性善论"。"性善论"文化强调"人之初，性本善"，教育就是挖掘"人的善端"，使人成为真正意义上的人。马克思批判抽象人性论，强调人性是实践的产物，是社会存在的反映，不同的生产力和生产关系结合方式决定了道德的不同样态。马克思也强调人是物质存在和精神存在的有机统一，精神存在是人区别于动物的根本性存在。就人的精神性存在而言，体现精神价值的道德是其核心内容，人天生有崇德向善的精神追求。以马克思关于人的发展理论和民间文化中流行的"人性善"文化传统为理论依据，追求崇高精神成为我国社会公德教育修养机制运行的原理。概言之，社会公德教育修养机制的目的是，通过教育和修养自觉使个体意识到其行为对社会、他人的价值产生的影响，因而能够不断地调整行为目标和行为方式。治理过程不仅诉诸人的理性，也诉诸人的意志品质。因为它将社会的理性判断转化为个人的内心认同后，依据内在自觉而不是外在约束力量指导作出道德选择，这就要求个人具有深厚的修养功夫和坚定的意志力量。从道德本质是调节人与人利益的规范而言，人是社会存在物，社会的正常运行是每个人存在的最好条件，因此每个人对良好的社会秩序都有一份责任。相反，破坏这一秩序短期受益但长远看却损害自己的利益。这一简单道理，我们力图通过教育使人们认识、评价它，进而使每个理性健全的社会成员理解并认同它。

(2) 基于政府的社会公德治理行政调节机制

社会公德治理行政调节机制是基于公共生活领域中道德调节功能而生成的社会公德治理调节机制，侧重于保障道德权威与纠正失德行为，是人类在实践中形成的、具有文化特性的人类良善发展的外在制约力量。简言之，这是以行政力量保障社会公德良性运转的过程。"遗传赋予每个种族

（race）中的每个人以某些共同特征，这些特征加在一起，便构成了这个种族的禀赋。"① 这与鲁迅先生讲到的国民性有异曲同工之处，也与习近平同志讲的每个民族有其独特的历史、独特的文化、独特的国情的思想一致。我国对于国家的认识是建构在人性善与集体主义的基础上的。人们普遍认为，政府是善的，政府是人民的代表，两种思想交织在一起形成了人们对于行政力量的基本认知：行政权力代表善，是维护民众权利的代表。这也是我国文化中长久存在一种"父母官"思想的根本原因。这一文化血脉是我国社会公德领域中行政调节机制建立的基本原理。当社会中群众的民主权利没有得到恰当的约束时，需要行政力量介入进行调节。社会公德行政调节机制的功能通过正面引领和负面惩罚两种方式实现。社会公德行政调节机制的正面引领是指以宣扬主导价值观、树立典型等方式弘扬社会公德精神，引导全社会学习践行主导价值观和典型代表的公德精神。社会公德治理的负面惩罚是以行政强制手段对于违反公德的行为给予公开批评和惩罚，消除社会不良风气。总之，以行政强制手段在公共生活领域中扬善抑恶是社会公德治理行政调节机制的基本原理。

（3）基于舆论的社会公德治理评价监督机制

社会公德治理评价监督机制，是基于公共生活领域中道德监督功能而形成的社会公德治理机制，是内在良心和外在社会舆论发挥作用的过程。如果说社会公德的教育修养功能侧重于培养公民的良心，那么评价监督功能则具备培养良心与激发舆论的双重效用。中国传统文化中强调"四心"人人都有，"恻隐之心，人皆有之；羞恶之心，人皆有之；恭敬之心，人皆有之；是非之心，人皆有之"②。尽管这是对良心的抽象性解释，却由于良心对人类的恒久价值而在日常生活中被接受和传承。马克思以人的社会性说明人的良心是在实践中生成、具有不同文化特性的推动人类良善发展的内在力量。社会公德治理评价监督机制具体上讲是良心和社会舆论内外响应发挥作用的过程，是通过赞扬与谴责舆论影响个体良心进而推动道德机制运转的。当社会中出现道德崇高行为时，社会舆论会给出肯定和赞扬，个体良心丰盈，个体行为被肯定、社会风气提升；当社会中出现道德

---

① ［法］古斯塔夫·勒庞：《乌合之众：大众心理研究》，冯克利译，中央编译出版社2014年版，第7页。

② 《孟子》，文澜译注，科学普及出版社2022年版，第196页。

失范行为时，社会舆论会给出否定和谴责，个体良心受折磨，个体行为被否定、社会风气被消磨。

3. 社会公德治理运行机制的工作原理

如图4-3所示，目标要素、动机要素、保障要素是社会公德治理机制运行所需要的基础性构成要素，且在任何一种治理机制运行过程中，三种要素共同存在、相互依赖、相互影响、相互支持，构成社会公德治理机制的工作原理。第一，社会公德治理目标要素。这是社会公德治理的方向和所要达到的目的，是社会公德治理的核心因素。道德目标表明人类道德与其他生物"社会性活动"的本质区别，在公德治理机制系统中，公德目标决定了道德的性质、内容和评价标准，决定了公德治理机制的性质、运行方式和运行方向，也决定了三大机制的耦合、一体化状况。正因为如此，社会公德治理目标是其运行机制的核心因素、是社会公德治理的关键内容。反思改革开放以来我国公共生活领域中出现的道德失范现象，很大一部分源于道德目标缺失。第二，社会公德治理的动机因素。这是社会公德治理的关键因素，它是基于社会成员认同前提下社会公德机制有效运行的原理和动力，它提供了社会成员践行社会公德的始基。改革开放以来，社会公德失范的主观原因是社会成员不认同公德的价值，造成此结果的客观原因又是社会转型期社会公德建设未找到为社会成员认可的新型动机因素，或者说脱离客观实际和主观需求仍旧以传统模式运行的社会公德无法得到全体社会成员的认可。第三，社会公德治理的保障因素。这是社会公德治理的基础因素，它是保障社会公德治理活动能够正常进行的具体政策、手段、措施等。在这里，社会公德治理才进入到治理活动、行为的层面，它是治理操作的具体内容，是利用动机实现目标的行为系统，是社会公德主体、客体、载体等全要素协同作用的过程。

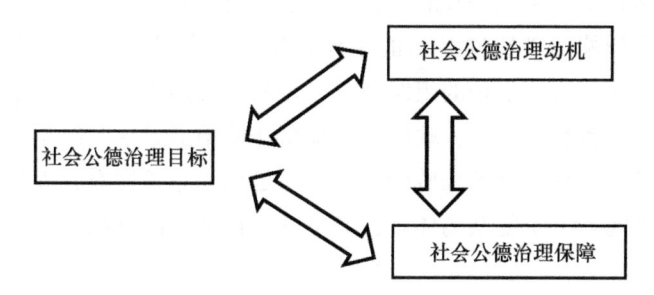

图4-3　社会公德治理机制的工作原理

总体上来看，社会公德治理的三大机制是有机统一的，共同构成社会公德治理基本机制。教育修养机制是行政调节机制和评价监督机制的基础，实现全体成员对社会公德原则、内容和规范的认知；评价监督机制是道德自我调节治理机制，通过良心和社会舆论力量发挥社会公德功能；行政调节机制是道德外力调节治理机制，通过行政力量纠正道德机制运行过程中发生的偏差行为。三大机制依据"德—得"相通的社会公德治理运行机理协同运行。与我国社会公德建设的发展历程一致，目前我国社会公德治理由管理模式进入治理模式，教育修养机制、调节监督机制和行政调节机制相互作用的模式；由政府一元主体建设模式转变为政府主导、社会协同、公民参与的协同共治模式。

（二）大数据时代我国社会公德治理的主体协同模式

基于"德—得"相通的社会公德运行机理的教育修养、行政调节、舆论评价监督三大基本机制的一体化运行在不同的历史发展阶段呈现出不同的模式，体现我国道德建设模式的时代内涵。大数据时代我国道德建设模式是治理模式，社会公德治理的要义就是政府、社会、公民的协同治理，即在主体协同中实现道德治理中的目标、监督、价值引领等机制的良善协同运行。

1. 大数据时代社会公德治理运行机制中的主体

大数据时代，政府管理职能加速转型，市场主体优势不断彰显，公民参与意识日益强烈，各类社会力量必然会直接或间接地以自己的方式参与到社会公德治理进程中。

（1）社会公德治理运行机制中的政府主体

多元主体共治是社会公德治理语境的应有之义，建立政府主导下的多元主体协同共治模式成为时代发展的必然要求和历史前进的必然选择。[1]由一元垄断到多元协同是政府由管理到治理语境转变的角色变换要求，政府处于社会公德治理协同共治的主导地位。其主导地位主要体现为：首先，政府是社会公德治理的组织者。一是从静态角度看，政府是国家主导价值观的制定者、颁布者；政府是道德榜样的塑造者；政府是唯一可以运用行政力量维护社会公德权威的主体。二是从动态角度看，大数据时代社会公德治理既是一个复杂的体系，又是一个长期性的基础工程，政府需要

---

[1] 黄麟：《大数据时代如何推动社会治理创新》，《人民论坛》2018年第9期。

整合集中并充分发挥各主体的智慧力量，统筹推动社会公德治理的建设和发展。其中，建设和维护社会公德治理大数据平台、健全完善体制机制、引导其他主体参与治理等，政府是首要责任人和组织者。其次，政府是社会公德治理的协调者。在协同治理中，政府作为公共权力的天然代表，能够充分发挥自身的主导优势，采用对话、协商等方式协调政府部门间、政府与企业间、政府与公民间的利益关系；在民主协商的基础上形成共识实现社会公德共建和共治；打破各主体间的数据壁垒实现数据真正共享。最后，政府是社会公德治理的监督者。大数据时代社会公德治理实质效益的取得在于政府、企业和公民各司其职、协调配合，这就表明各主体的行为动机直接关乎社会公德治理目标的实现。然而，社会主义初级阶段，隐喻着社会组织和公民个体高度的社会公德治理责任意识处于生成阶段，政府必然承担更大的监督责任，通过问责等具体监督、惩戒方式加快社会公德治理主体协同机制的真正实现。

(2) 社会公德治理运行机制中的社会组织主体

社会公德治理运行机制中的社会组织主体分为营利组织和非营利组织两大类。营利主体主要是指企业，非营利主体主要是指公益性组织。企业在社会公德治理中要承担技术和公共服务两方面的责任，公益组织本身就是以实现公共利益为目的的主体。

首先，企业以专业技术为平台参与社会公德治理进程。社会公德治理大数据的获取、挖掘、使用在我国大部分是以政府购买大数据企业服务的方式展开的，这意味着我国社会公德大数据治理企业在其中发挥重要作用。一是企业拥有社会公德治理所需的数据资源。以国内互联网三巨头BAT（百度、阿里、腾讯）为例，这些企业是"数据金矿"的拥有者，百度拥有用户需求数据和公共 Web 数据，阿里巴巴拥有交易数据和信用数据，腾讯拥有关系数据和社交数据，而这些数据资源是构成社会公德大数据的重要来源。以大数据为基础资源的社会公德治理有效进行必须实现政府数据和企业数据互联共享，且企业因其技术优势在数量类型和数据上更具优势。二是企业拥有处理分析社会公德治理大数据的核心技术。"在大数据时代，企业的角色必不可少，许多企业已经成为大数据时代知识技术的支持者和推动者"。[①] 政府虽有条件掌握大数据核心技术，但因为社

---

① 陈潭：《大数据时代的国家治理》，中国社会科学出版社 2015 年版，第 32 页。

会分工日益细化及政府职能转型的需要，其多是以购买服务的形式在社会公德治理中引入大数据企业。三是企业拥有建设运行社会公德治理大数据平台的丰富经验，换言之，企业具备创新社会公德治理大数据使用方式的能力。大数据平台是社会公德大数据价值实现的载体。近些年来，在政府和社会的大力支持下，大数据企业凭借自身技术优势参与不同领域大数据平台建设运行，积累了丰富的建设运营经验并成为大数据平台建设的专业性力量，而这些经验和专业能力是企业在社会公德治理过程中充分挖掘大数据潜在价值的宝贵财富。总而言之，在大数据浪潮下，以大数据为手段进行社会公德治理是一个庞大且复杂的信息化工程，企业在数据资源、核心技术和管理经验等方面的优势是其他主体无可比拟的，大数据时代社会公德治理离不开企业的积极参与。

其次，社会组织作为重要社会成员参加社会公德治理。其一，社会组织作为团体主体认同和践行社会主义核心价值观，学习同类型的道德典型，特别是营利性社会组织在营利性活动中要守好公德底线。其二，在社会公德治理中发挥调节监督功能，非营利性社会组织直接提供志愿性社会服务；营利性社会组织提供企业员工的公共福利、员工道德监督、"德—得"相通企业文化建设等。其三，社会组织承担全社会公德治理责任，按要求践行自身道德责任，保障社会公德治理运行机制的有效运行；采用合法有效手段协同纠正公共生活领域中存在的失德现象。

（3）社会公德治理运行机制中的公民主体

我国的国体是人民民主专政的社会主义国家，人民是国家真正的主人。党和国家的一切方针政策和行动路线都以实现广大人民群众根本利益为出发点和落脚点，"人民只有投票的权利没有广泛参与的权利，这样的民主是形式主义的"。[①] 满足人民群众美好生活需要是社会公德治理的根本诉求，人民群众不仅是社会公德治理的受益者，也应当是社会公德治理的参与者，是以大数据为手段进行社会公德治理的基础性力量。首先，公民个体是践行社会主义核心价值观和道德教育的根本主体，公民的道德认同情况是社会公德治理有效性的最根本指标，是社会公德修养教育机制有效运转的根本要素。其次，公民是公德协调监督机制的主体，只有每个人

[①] 习近平：《在庆祝中国人民政治协商会议成立65周年大会上的讲话》，《人民日报》2014年9月22日。

具有社会责任感，才能使社会公德的协调监督机制正常运转，进而形成高尚的人格以及良善的社会风气。再次，公民参与社会公德治理是提高治理实效性的重要保障。政府资源和力量有限，不可能参与到社会公德治理各阶段、各环节，广大公民积极参与可以有效弥补政府在某些环节"缺位"的问题，充分利用人民群众的智慧力量实现公德有效治理。

广大公民在参与社会公德治理的过程中彰显其主体作用，公民参与公德治理的途径主要体现在三个方面：首先，公民需要参与大数据时代社会公德治理科学决策的制定。社会公德失范现象客观存在必然危害人民群众身心健康，影响精神文明建设深入推进，阻碍和谐社会建设步伐。大数据时代社会公德治理是以实现人民群众的根本利益为核心指向的，这就意味着社会公德治理的相关决策必须反映民意、汇集民智、凝聚民心。因此，广大人民群众需要积极参与决策的制定和实施，保证决策与人民群众的根本需求相契合，体现以人民为中心的价值取向。充分彰显人民群众合理需求的社会公德治理决策也能够得到人民群众更好地贯彻执行。其次，公民需要参与大数据时代社会公德治理的日常运作。社会公德大数据信息是大数据时代社会公德治理持续有效推进的基础资源，而公民则是大数据信息的重要来源主体，既要自愿无偿提供自身的社会公德大数据，也要积极主动提供社会公德失范现象的有关信息并积极参与社会公德治理。此外，在"大众创业、万众创新"的时代背景下，新时代的中国不乏具备创新思维和创新能力的公民，这类公民也可为大数据在社会公德治理中的应用积极建言献策，创新大数据使用方式，挖掘大数据更多的使用价值。最后，公民需要参与大数据时代社会公德治理的日常监督。大数据时代社会公德治理是政府、企业和公民等多元主体共同参与的活动过程，涉及不同主体各式各样的利益诉求，因而该活动的有效进行离不开全方位的监督。大数据企业客观存在的经济利益至上理念使得其在社会公德治理中的行为活动必然带有较为浓厚的趋利性色彩，可能对政府和公民等其他主体的合法权益造成侵害。除政府外，广大公民是监督和制约企业失德的重要主体。同时，公民也是监督政府作为与不作为的公共力量。

2. 大数据时代社会公德治理运行机制中的主体间关系

大数据时代我国社会公德治理是政府、企业和公民等多元主体共同参与的实践过程，各主体要素以实现社会公德治理目标为动力形成相互联结、相互依存、不可分割的动态交互关系。

(1) 政府与企业之间的相互关系

第一,政府与企业共同建设社会公德治理大数据平台。在佛山市"城市平台"的社会公德治理运行过程中,政府与企业之间的契约合作关系已经较为成熟,这种契约关系集中体现在政府以购买服务的方式推动大数据企业参与社会公德治理。从全国范围来看,大数据企业利用自身优势有偿为政府建设大数据平台是被普遍接受的,但社会公德治理大数据潜在价值挖掘和实现的过程是否需要企业全程参与学术界存在两种截然相反的观点:一种观点认为,大数据平台经由企业建成后可直接交予政府运行,因为政府及其工作人员有能力依托大数据平台开展社会公德治理相关活动;另一种观点认为,企业需要参与大数据平台前期规划和后期运行,政府扮演组织者和监管者的角色即可,因为同政府相比,企业更有能力建设运行大数据平台以保证社会公德治理大数据价值的充分挖掘。较之前一种观点,后一种观点更能体现治理理念。

首先,有利于转变政府职能角色。目前我国社会公德建设处在由管理模式向治理模式转型时期,政府在此阶段定位为协同治理的主导者,即是社会公德治理的发起者、组织者、监督者和评估者。政府正在努力推进治理的科学化发展,政府放权与企业和公民获权是同一过程的两个方面,因而大数据企业参与社会公德大数据建设全过程更符合治理理念的要求。从目前实际来看,若是企业参与社会公德治理大数据平台的建设运行,能够更有效地推动政府从社会公德治理全能者向引导者转变,合理配置政府工作内容、降低政府工作压力,从而有效实现大数据时代社会公德治理的目标任务。其次,有利于促成主体风险共担。政府主导社会公德治理大数据平台建设运行意味着政府是社会公德治理潜在风险的唯一承担者,若是企业参与平台建设运行能够分担政府运维风险,促使社会公德治理风险分配更加均衡,从而保证政府和企业责任共担、风险共担、利益共享。再次,有利于最大化挖掘数据价值。"判断数据的价值需要考虑到未来它可能被使用的各种方式,而非仅仅考虑其目前的用途。"[1] 数据的价值是不可估量的,其用途是多种多样的,需要不断创新使用方式实现数据的循环再利用。社会公德治理大数据是大数据时代社会公德治理取得成效的决定性因

---

[1] [英]维克托·迈尔-舍恩伯格、[英]肯尼思·库克耶:《大数据时代》,盛杨燕、周涛译,浙江人民出版社2013年版,第134页。

素，挖掘开发社会公德治理大数据的价值是提高社会公德治理实效性的关键举措。在社会公德治理过程中引入市场机制，可以让企业来弥补政府在数据使用和价值挖掘上"缺位"的问题。最后，有助于最大化防范数据问题的发生。社会公德治理大数据在运用的过程中，可能会出现数据泄露、数据滥用和数据独裁等伦理问题。"为了防止这些情况的出现，大数据将需要被监测并保持透明度，当然还有使这两项得以实现的新型专业技术和机构。"① 从技术角度而言，政府并不是"新型专业技术和机构"的最佳代表者。若是企业参与社会公德治理大数据潜在价值的挖掘和实现，政府作为组织者、引导者和监管者，可以更好地督促企业利用自身技术优势最大化地避免数据问题产生。

第二，政府监督企业实现局部近期利益与全局整体利益的平衡。企业是以营利为目的的社会组织，社会公德治理要求其营利行为必须是良善的道德行为，当"义"和"利"出现冲突时不能因利忘义，要守好义利有机统一底线。一方面，政府监督企业承担应当承担的社会责任，例如企业保障员工社会福利等；另一方面，政府督促企业参与社会公德治理，例如让其参与社会公共事务的管理等。同时，企业作为社会公德治理的重要主体，应当积极参与社会治理政策的讨论、监督政府实施措施等，推动我国社会公德治理中政府主导地位的真正落实。

（2）政府与公民之间的相互关系

大数据时代社会公德治理语境中，政府与公民之间是一种双向服务的关系。第一，政府需要引导公民积极参与社会公德治理。不论是社会公德治理常态化体制机制建设，还是治理社会公德失范问题，公民都是不可或缺的主体力量。在制定社会公德治理常态化体制机制建设的过程中，政府需要引导公民充分表达自己的意见，只有满足公民的实际需求的体制机制才能更具科学性和民主性。在治理社会公德失范现象的过程中，政府需要积极培育公民的责任意识和参与能力，公民参与的及时有效性决定了社会公德治理的实效性。第二，公民需要协助政府开展社会公德治理活动。在社会公德治理中运用大数据虽然能够大幅度提高治理效果，但这一效果的取得离不开公民的积极协助，如提供治理大数据、进行道德评价等。同

---

① ［英］维克托·迈尔-舍恩伯格、［英］肯尼思·库克耶：《大数据时代》，盛杨燕、周涛译，浙江人民出版社2013年版，第227页。

时，公民还需要监督政府职能部门及其工作人员。目前，政府部门间职能分工模糊、责任互相推诿、过分追求政绩等问题客观存在，工作人员积极主动性不够、为人民服务意识缺失等问题也客观存在，这些问题的消极影响必然会与在社会公德治理中应用大数据产生的功效相互抵消，公民作为国家的主人，有权也有责任监督政府部门及其工作人员的行为。

(3) 企业与公民之间的相互关系

企业与公民之间是服务生产者和服务消费者的关系。第一，在政府的支持下，企业需要为公民提供高品质的基于大数据的社会公德治理产品和服务。这就要求企业不仅要按照政府制定的社会公德治理服务框架提供服务，还要深入人民群众的日常生活，了解其思想行为和实际需求，结合社会公德失范行为共性特征和发生规律提供全民满意的社会公德治理产品服务。第二，公民要实时主动地将社会公德治理的建议意见反馈给企业，并监督企业日常运作。作为社会公德协同治理的直接受益者，公民有权利也有责任对社会公德治理效果作出及时有效的评价反馈。公民体验社会公德治理成效并反馈给企业的过程，就是公民监督企业运作社会公德治理大数据平台的过程。需要指出的是，公民不仅可以将社会公德治理的效果建议反馈给企业实现公民对企业的直接监督，也可以将效果建议反馈给政府实现公民对企业的间接监督。

3. 大数据时代社会公德治理运行模式类型

理论上讲，政府、企业和公民在社会公德治理中处于一种协同共治局面，但实践中基于社会公德治理主体能力差异形成不同类型的主体协作方式，而不同的主体协作方式又生成相应的社会公德治理运行模式。

(1) 依赖型社会公德治理运行模式

在依赖型治理模式中，政府唱着大数据时代社会公德治理的"独角戏"，包揽着社会公德治理的一切事务，主要包括社会公德治理相关政策法规的制定实施，社会公德治理目标任务的确定，社会公德治理三大基本机制的建设与推动，社会公德治理大数据的采集处理和开放共享，大数据在社会公德治理中功能效用和技术架构的规划设计，建设运行社会公德治理大数据平台以及以大数据平台为依托解决和遏制社会公德失范现象，预防控制社会公德治理大数据伦理问题等。政府依靠自身优势、凭借自身力量协调相关社会公德治理职能部门，以大数据平台为依托发动其他社会主体力量共同参与社会公德治理，这一模式的功能效用侧重于政府职能部门和工作人员在社会公德治理中实现信息资源共享、行动协调配合，解决传统政府部门间因数据壁垒、信息孤岛等困境造成行动迟缓、重叠、缺位的问题，从而实现政府职能部门对社会公德的整体治理。

依赖型治理模式实质上就是政府主导社会公德治理全过程，政府是大数据时代社会公德治理的唯一功能主体，企业和公民等其他主体要么不参与，要么"被动"参与社会公德治理。这一模式的优点体现为能够"集中力量办大事"，具体而言，政府享有对大数据时代社会公德治理的控制权和支配权，能够实时准确掌握社会公德治理的整体状况和公民道德水平的基本情况，从而根据具体实际对社会公德治理政策措施作出相应调整，灵活性较强。同时，政府作为权力机关，拥有较为健全完善的监督机制，能够实现对大数据时代社会公德治理全过程的强有力监管。政府一元主导社会公德治理模式的缺点也十分明显，首先，政府需要承担社会公德治理大数据平台建设维护的全部费用，在一定程度上给政府造成财政压力。此外，在一些不确定性和确定性因素的影响下，大数据难以在社会公德治理中实现预期效益致使政府承担较大的财政投资风险。其次，以大数据技术为依托的社会公德治理工作任务繁重、科技含量较高、过程复杂多变、操作运行不易，这对政府及其工作人员的运行管理能力和科学技术素养提出了较高的要求。若政府能力不足或工作量达到饱和状态，很有可能出现社会公德治理难以持续推进的困境。最后，政府一元主导社会公德治理全过程，公民等其他主体处于从属地位，缺乏高效灵敏的反馈监督机制和考核评估机制，影响社会公德治理实质效益的取得。而且，政府在推进大数据时代社会公德治理的过程中，可能会忽略客观道德治理条件，超规模、超标准建设，投资超预算、质量无保证等情况易发生。

（2）趋利型社会公德治理运行模式

趋利型社会公德治理运行模式是以市场配置资源为导向的治理模式。在趋利型社会公德治理运行模式中，政府充当服务者角色，为企业提供良好的政策环境和便利条件；企业以市场需要为依据，按照市场需要开发大数据，进而运用大数据获取商业利润。在此背景下，当社会发展要求使用大数据时，政府以购买的方式获得处理社会公德失范所需要的大数据及相关服务，或者企业以捐赠或提供免费公共服务的方式为政府提供相关数据及服务。无论哪种方式企业都从与政府的合作中获得利益，在前一种方式中企业直接获利；在后一种方式中，通过提升企业形象与公信力从而提升企业的综合竞争实力。趋利型模式侧重于发挥企业的专业技术思维优势来打造高质量的大数据时代社会公德治理产品和服务，一方面能够推动企业积极参与公共服务，解决政府力量不足的局限，真正实现协同共治。另一方面能够提高大数据在社会公德治理中的有效利用率，解决传统社会公德治理智能化水平低的弊端，从而实现社会公德的智慧治理。

趋利型治理模式的典型代表是西方以市场为主导的治理模式。在此治理模式中，政府、企业和公民各司其职互不干涉。其优势在于，政府很少直接参与社会公德治理大数据平台的建设运行，承担的财政投资风险较小。同时，企业为追求利益最大化的目标充分发挥自身技术思维、管理经验等优势参与社会公德治理，积极主动解决社会公德治理过程中可能出现的各种技术问题，并结合实际情况创新社会公德治理大数据的使用方式，从而提高社会公德治理的实效性。其弊端在于：第一，政府在社会公德治理过程中应用大数据的话语权较小，控制力较弱，从而失去了对社会公德治理展开全方位监督和调控的可能性，容易造成无政府主义的大数据失控局面。第二，以营利为目的的企业在收集、分析、运用大数据过程中极易产生侵犯个人和政府隐私，侵犯个人、政府和公共利益等违法问题。第三，趋利型社会公德治理模式中，公民和政府因作为数据采集和消费对象而成为市场的服务对象，但是对于企业的动机、企业的行为过程、企业的产品质量等，除了借助市场规律之外政府和公民很难参与其中，无法真正形成三大主体的协同治理模式。

（3）协同型社会公德治理运行模式

在协同型治理模式中，政府在企业和公民的支持下，制定适应社会发展规律和满足群众需要的社会公德治理政策法规，并采取科学方案治理社会公德失范问题，监督规范企业和公民的参与活动。企业负责挖掘大数据在社会公德治理中的潜在价值，并为政府进行社会公德治理提供全方位的可视化数据信息和科学决策参考。公民积极配合社会公德治理大数据的采集分析和价值挖掘，积极参与社会公德治理政策法规的制定实施，参与社会公德治理方案的贯彻，并实现对政府和企业的有效监督。协同型模式突出强调公民在社会公德治理过程中的重要作用，政府和企业在规划设计以大数据为手段进行社会公德治理解决方案时，需要建立与公民相互联系、相互沟通、听取反馈意见的双向渠道，实现公民线上参与和线下参与的有机结合。政府、企业和公众协同联动模式下的大数据时代社会公德治理侧重于各主体行动的协调配合、职能的充分履行，以实现社会公德的无缝隙治理。

协同型社会公德治理模式是政府、企业和公民等多元主体以维护社会公共利益为宗旨，以社会公德治理原则和大数据逻辑为指导，以健全的制度机制为保障，各司其职、协调配合、共同参与的社会公德治理过程。大数据时代协同型社会公德治理模式是治理理念下的理想型模式，它的优越性在于：第一，有助于提高社会公德治理的透明度，推动政府进一步简政放权，转变政府职能，加快服务型政府建设。第二，有助于提高社会公德治理的公众参与度，深度挖掘和利用公众的智力资源，建立较为完善的效益反馈机制，推动社会公德治理持续有效运转。同时，公民参与可以降低和承担政府以大数据为手段进行社会公德治理的部分资金费用和时间精力，减轻政府的压力。第三，有助于企业拓展新的行业领域，扩大企业的社会影响力，推动企业转型升级。第四，有助于解决和遏制社会公德失范问题，提高社会公德治理的实效性，营造和谐美丽的公共生活环境，更好地满足人民群众美好生活需要。

综上所述，大数据时代因主体协同方式的不同形成三种不同类型的社会公德治理运行模式，它们有各自的优势与不足。在不同的历史阶段，不同的文化背景下，不同的问题导向中，三种社会公德治理模式会单独出现或结合出现。但无论如何，政府、企业和公民等主体能力的强弱是选择社会公德治理模式的重要参考标准，而在不同的城市或者在同一城市的不同发展时期各主体能力必定有着较大的差异性，需要结合实际情况选择相应的治理模式。

（三）大数据时代我国社会公德治理的主体协同过程

大数据时代的社会公德治理是一体化、动态化、连续性的活动，但并不意味着这是无差别的过程，社会公德治理有着不同的运行阶段（治理前期、治理中期、治理后期），各主体需要根据不同阶段的任务目标，找准自身定位，明确具体权责，充分发挥自身力量，形成阶段性有序化的治理，推动协同治理效应生成。

1. 前期：政府主导下的社会公德治理运行机制要素建构

社会公德治理前期工作的核心词是"准备"。大数据时代，社会公德治理以大数据为新型资源，以政府、企业和公民为主体，以治理和遏制社会公德失范问题为目的，是一项复杂系统的信息化工程，该项工程能否建设完成并有效运行取决于前期准备工作是否扎实全面。社会公德治理前期，"准备"工作指向的建构要素主要包括：治理数据的共享、治理决策的制定、主体权责的明确、市场机制的引入、体制机制的建立等方面。政府在社会公德治理前期发挥着至关重要的作用，公民、企业等主体需要积极配合政府主导作用的发挥，建立以政府为主导、企业和公民为主体的前期治理格局，保障社会公德治理工作顺利开展。

首先，政府主导大数据时代社会公德治理的顶层设计。一方面，能不能以大数据为手段进行社会公德治理、如何以大数据为手段进行社会公德治理是大数据时代社会公德治理决策的核心内容，是政府作为公权力执行者需要慎重考虑的问题。能不能以大数据为手段进行社会公德治理，或者大数据在社会公德治理中能否发挥某种功能需要征求广大公民的意见。如何构建以大数据为手段进行社会公德治理的技术架构，或者检验社会公德治理技术架构的可行性需要借助大数据企业和相关研究机构的专业视角予以论证判定和审核评估。另一方面，为保障社会公德治理大数据的有效应用，政府需要充分发挥主导作用，在社会公德治理前期应致力于健全法律法规、制定考核评估制度体系，以便在社会公德治理过程中引导和规范各主体的治理行为。此外，政府应当在社会公德治理前期，明确各主体在不同阶段、不同环节的职责范围，避免在社会公德治理过程中出现主体"越位""缺位"的现象。

其次，政府主导社会公德治理大数据平台的前期建设。一方面，政府主导社会公德治理大数据信息开放共享。宏观上看，社会公德治理大数据信息既包括政府数据，又包括企业数据。微观上看，政府数据还分为不同职能部门的数据，企业数据也是不同类型企业数据的集合。实现社会公德治理大数据信息的开放共享是一项艰巨任务，需要政府凭借其政治权威和公信力建设结构合理的数据资源管理机构、制定科学有效的数据资源管理办法来完成，在这一过程中，企业和公民更多的是配合政府工作，即授权其使用数据资源。另一方面，依靠企业为社会公德治理提供大数据项目产品和解决方案是大数据时代社会公德协同治理的最佳选择，政府应当在社会公德治理前期以竞争招标的形式引入市场机制，这一工作主要包括委托招标公司招标、组织招标能力评估、选择招标对象、签订合同协议等内容。

2. 中期：协同共治下的社会公德建设与问题消解

在前期准备工作完成后，接下来就是政府、企业和公民以大数据平台为依托开展社会公德治理，这一过程的核心词是"共治"。大数据在社会公德治理中的应用主要体现在为社会公德治理提供科学决策和预测社会公德建设趋势两个维度。因此，可从社会公德治理大数据具体应用出发分析政府、企业和公民在社会公德治理过程中共同发力、协同配合的详细情况。

在社会公德治理建设方面：宏观上，企业通过对社会公德治理大数据的整合分析，以数据化的形式客观呈现某一地区或全社会的公德建设情况。政府基于企业提供的社会公德治理数据信息制定一定时期内具有针对性、科学性、符合民众需求的社会公德治理之策。民众应积极参与社会公德决策的实施，培育公德良知，恪守公德规范，修养公德品质。微观上，当社会公德失范问题发生时，处于公德失范"现场"的公民既要对公德失范行为予以及时制止，也要通过各种有效渠道如微信公众号、热线电话等监督举报公德失范现象，为企业和政府及时化解公德失范现象提供有效的数据信息支撑；企业通过对过去和实时社会公德治理大数据信息的全面系统分析，形成治理公德失范现象在形成、发展、蔓延、消退等不同阶段的科学决策；政府是治理社会公德失范现象的重要执行主体，在公民和企业的全方位支持下，结合失范内容选定执行工作任务的具体职能部门，进而依照法律法规予以妥善有效处理。此外，社会公德失范现象一旦引起公众注意，必定在全网范围内形成一定规模的社会舆论。因此，要引导公民作出理性正确的道德评价，还要积极同各种错误言论作斗争，而企业需要通过大数据平台实时掌握舆论情况，并为政府提供有效建议来正确引导社会公共舆论的发展。同理，当遵守社会公德规范典型事件发生时，公民、企业和政府也可以为该事件在全社会的大力弘扬作出积极努力。

在预测社会公德失范现象发生方面：企业通过对社会公德治理大数据信息的关联预测分析，研判社会公德失范的高发场所和高发人群。政府依据企业提供的公德数据信息，一方面可以制定各种应急措施以降低社会公德失范事件可能产生的负面影响，更重要的是采取有效措施控制社会公德失范事件的诱发因素，如加强高发场所或高发人群的巡逻监控，有效避免或减少社会公德失范问题的发生。公民则需要积极配合政府各项措施的实施。综上，在社会公德治理过程中，多元主体各司其职、各尽所能，充分发挥自身的功能作用，主要从公德建设和问题消解两方面为以大数据为手段进行社会公德治理贡献力量，保证治理实质效益的最终获得。

3. 后期：公民反馈和政府、企业评估考核双管齐下

社会公德治理后期工作的核心词是"反馈评估"。大数据时代社会公德协同治理的目的是解决和遏制社会公德失范问题，从而满足人民群众美好生活需要。目的实现与否是判断社会公德治理成效的重要标准。因此，在社会公德治理后期，需要落实以治理目标实现为考核重点的反馈评估体系，这是促进社会公德治理良性运行，实现社会公德治理可持续发展的必要举措。

一方面，公民是以大数据为手段进行社会公德治理的直接体验者，能够切身感受社会公德治理成效，在理性思考后发现总结社会公德治理利弊，继而通过各种有效渠道将意见建议反馈给政府和企业。同时，政府和企业也可以建立配套的咨询反馈体系或设计信度较高、针对性较强的调查问卷，主动、及时、全面地获取公民反馈意见。基于公民信息反馈，政府和企业需要适时对社会公德治理决策或大数据在社会公德治理中运用的导向作出相应调整，解决社会公德治理过程中的不足之处，创新社会公德治理方式方法，以便进一步提高社会公德治理实效性。

另一方面，企业和政府可采取有效措施对大数据时代社会公德治理效果进行考核评估。企业是以大数据为手段进行社会公德治理项目产品和解决方案的直接提供者，为了提高项目产品的服务质量和获取政府公民的信任支持，可以自主地根据大数据平台实际情况科学定义考核指标，确定考核方案，获取社会公德治理成效大数据并对其进行分析处理，从而得出社会公德治理的总体情况，实现社会公德治理大数据平台的创新升级。需要注意的是，出于企业趋利性本质的考虑，避免因徇私舞弊、制假售假、睁一只眼闭一只眼等因素致使评估结果失真情况的出现，不能单纯依赖企业对社会公德治理进行考核评估，还需要引入政府监督。政府作为社会公德治理的发起者和组织者，应当积极推动科学考核评估机制的落实落细，坚持日常监督和综合考评相结合的方式，对社会公德治理的运行情况、实质效益和企业行为等进行监督考核。此外，政府也可委托第三方评估机构对社会公德治理的实际情况进行考核评估，第三方评估机构有着专业的评估团队和丰富的评估经验，其立场是中立客观的，能够很好地保证评估过程和评估结果的真实性、有效性。在对大数据企业监管方面，广东省正在实

践的"1+2"模式值得借鉴。"1"即是指数据管理企业,"2"是指两家相互独立的第三方监管审计机构,三家公司相互制约、相互牵制。第三方数据监管公司负责对数据管理企业申请、分析、共享、应用数据的过程进行跟踪监管监控,出于数据监管公司和数据管理企业都有可能获得数据进而引发数据安全问题或出现包庇袒护现象的考虑,再引入另一家第三方审计公司对这两家公司所有的行为进行监管审计,以此实现数据使用的层层把关、安全监管。

三 大数据时代我国社会公德治理运行机制建构的具体操作设计

理论源于实践,本部分在案例分析社会公德治理大数据具体应用模式的基础上,以问题为导向,从实践理念与策略两方面探究大数据时代社会公德治理运行机制的建构设计,希冀以此为抓手提高全国范围内的社会公德治理效度。

(一)大数据时代我国社会公德治理运行模式的具体实践

从前面的分析中可知,在同一社会发展阶段中,以社会公德失范问题为导向能够形成不同的大数据时代社会公德治理运行模式。就我国而言,在现阶段,政府主导型和社会主导型的社会公德治理运行模式已然在实践中得到广泛应用。

1. 政府主导型的社会公德治理案例分析

以政府为主导的社会公德治理,强调政府在社会公德治理中的主导地位,企业和公民在其中承担自身职责,通过完成社会公德的正向弘扬和失范惩罚实现社会公德治理运行机制正常运转。

在 2020 年初的新冠疫情期间,从总体上看,我国社会公德治理处于政府主导型运行状态下。首先,国家运用强制力权威建构全国一体化的网络信息平台,为社会公德治理大数据的生成提供了基础保障。中国互联网三巨头百度、阿里、腾讯,中国三大电信运营商移动、电信、联通按照政府统一规划为抗击疫情提供技术、数据和信息资源。公民、社会组织和个人按照要求提供个人和群体相关数据信息。政府力图打破群体之间数据壁垒建设统一平台,制定发布疫情相关政策文件保证大数据平台顺畅运行以及规范企业与公民个人数据关联行为。在政府主导下,政府、企业、社会组织和公民建成防疫大数据管理平台,在一体化大数据平台上,公民、社会和国家主体可以自由发布、获取和使用数据,保障了常态化疫情防控下社会公德大数据治理机制的有效运行。

其次,基于大数据实现社会公德领域"德—得"相通运行机理正常贯通。"德—得"相通道德运行机理正常贯通的标准是什么?简言之,就是扬善抑恶。2019年底至2020年初,全社会不管是对于善行的褒扬,还是对于恶行的抑制,都随处可见,这表明"德—得"相通道德运行机理处于正常运转状态。在疫情防控期间以社会主义核心价值观引领社会公德建设,形成全体成员对国家的认同和归属,这是战胜疫情的精神力量。这一精神力量的培育通过以国家为主导的社会公德治理主体协同实现,即国家树立道德榜样、企业支持道德榜样、公民认同道德榜样三位一体的协同模式。落实到具体案例,如国家对钟南山榜样形象的树立始于2020年1月18日钟南山奔赴武汉疫区的照片"刷屏",强化于1月20日中央电视台新闻频道《新闻1+1》节目中主持人白岩松现场连线钟南山,见案例1。

案例1①:2020年1月20日央视新闻频道《新闻1+1》节目中,主持人白岩松连线时任国家卫健委高级别专家组组长钟南山院士解读新冠肺炎。钟南山在接受采访时明确指出:病毒肯定出现了人传人的现象,大家应该提高警惕、引起重视;普通人没有特殊的情况不要去武汉,有不舒服就去医院看、戴口罩有用;去过武汉和出现发烧人群应成为重点关注人群。这一连线成为国内疫情防控的重大转折点,当晚观看量达4000万次。

通过社交媒体尤其是国家媒体聚焦,钟南山敬业奉献、责任担当、诚信直言的形象得到深化,这便具体化了疫情防控期间道德价值取向。可见,在起点处,企业提供了技术平台支持,公民关注媒体报道,仅从塑造过程的权威性上而言,此阶段政府处于绝对的主导地位。在此发展阶段

---

① 《〈新闻1+1〉20200120新型冠状病毒肺炎,情况如何?》(http://tv.cctv.com/2020/01/20/VIDECRZF7PWXb80z86QyB0db200120.shtml?spm=C45404.PLCcHnO0TNnZ.EfYEA7ucEeUS.25)。

中，政府、企业、社会和公民主体协同开启全方位塑造道德榜样的进程，见案例2。

> 案例2①：@人民日报：17年前奋战在抗击非典第一线，如今再战防疫最前线，84岁的钟南山有院士的专业，有战士的勇猛，更有国士的担当。一路奔波不知疲倦，满腔责任为国为民，的的确确令人肃然起敬！@南方周末：他的每一句发言都能占据媒体醒目的版面，他的一举一动成了非典疫情的风向标。他被贴上"敢说真话"的标签，同时也成了非典时期医疗工作者的最佳代表。@新华社：在最艰苦的地方、最前线的地方、最困难的地方、最容易受感染的地方进行战斗——钟南山院士的一番评价，令人动容。他们不愧是人民健康的"忠诚卫士"。@红网：每一代人都有属于每一代人的故事。面对这场疫情，无数中华儿女深耕一线，交出自己的"答卷"，他们是像钟南山院士那样的医生，在防疫最一线毫不退缩地治病救人；他们是像黄汉明那样的党员干部，为防疫工作鞠躬尽瘁，甚至是以生命为代价也在所不辞；他们是像袁兆文那样的普通群众，用自己的力量为防疫工作作出贡献。@央视《感动中国2003》：他冷静、无畏，他以医者的妙手仁心挽救生命，以科学家实事求是的科学态度应对灾难。他说："在我们这个岗位上，做好防治疾病的工作，就是最大的政治"。这掷地有声的话语，表现出他的人生准则和职业操守。他以令人景仰的学术勇气、高尚的医德和深入的科学探索给予了人们战胜疫情的力量。@微信圈："听钟院士的话，一动不动、让动再动！"

《人民日报》《南方周末》等多家媒体，各大企业网站，微信朋友圈等形成了对钟南山榜样形象的正面褒扬和正能量精神传播。同时，对于网上出现的对钟南山子女的负面舆论，理性的网民、社会群体也能作出正确道德评价并发出谴责声音。在形象塑造后期，由国家启动、公民和社会组织评选，钟南山成为共和国勋章获得者，成为中国精神的代表，特别是社会主义核心价值观的彰显者，见案例3。

---

① 《中国脊梁，国士无双》（https://www.sohu.com/a/422020899_774681）。

案例3①：2020年8月钟南山获得共和国勋章。颁奖词为：我国呼吸疾病研究领域的领军人物，敢医敢言、勇于担当，提出的防控策略和防治措施挽救了无数生命，在非典型肺炎和新冠肺炎防控中作出巨大贡献。……从非典到新冠肺炎，钟南山一直站在抗疫一线，成为公共卫生事件应急体系建设的推动者，促成了国家多项政策法规的制定，更成为突发公共卫生事件的代言人，成为稳定民心的科学家代表。

2. 社会主导的社会公德治理案例分析

在"北极鲶鱼"事件中，社会公德抑恶功能的发挥主要是以单位和市民为主导、政府服务的方式运行的。起点是2023年3月24日《潇湘晨报》最早曝出"北极鲶鱼"事件，见第一章报道1。报道客观说明了事件的整个过程。在事件发展过程中，全社会网友密切关注，即时网友通过网络整合"北极鲶鱼"及其爷爷相关资料，形成民间公共权威对其发出集体声讨，迫使交通运输局通过网络向大众说明情况。"北极鲶鱼"事件更深远的影响是大众了解到贪污受贿最终逃不过法律的制裁，提高了大众反腐倡廉的自律意识，表明社会公德运行机制发挥扬善抑恶功能。

总体上看，"德—得"相通道德运行机理运转的标志是什么？一是舆论引导成功。在"北极鲶鱼"事件中，国家相关部门和媒体对此类事件进行了报道和评论，舆论起到了关键作用，推动了事件的进展和曝光。由于涉及人员家庭财产和腐败问题，这些敏感话题很容易引发公众的关注和讨论。而媒体和社交媒体的及时介入，使得更多细节和背景信息得以公开，进而促使了舆论的进一步发酵和引导，进而引领社会舆论、维护社会公德治理运行机制的良善运行。二是引领公民理性对待"北极鲶鱼"。主流媒体作为社会传播生态中主导思想的代表、权威性社会公意的存在，在破除谣言、稳定民心和维护正常的传播机制方面起着重要的作用。事件发生后，主流新闻媒体在事件初期迅速介入，对事件进行了广泛报道。这些媒体包括澎湃新闻、中国新闻网、环球网、新华网等，它们不仅在第一时间发布了事件的详细信息，还对事件的发展进行了持续跟踪报道。例如，

---

① 参见"求是网"微信公众号2020年9月26日文章《"共和国勋章"获得者钟南山"人民英雄"国家荣誉称号获得者张伯礼、张定宇、陈薇》、《广州日报》数字报2020年5月30日A3版文章《广东表彰"最美科技工作者"》。

澎湃新闻在3月26日事件爆发后迅速发布了相关报道，并在后续几天内持续更新事件进展。这些主流媒体的高频次报道和深入分析，极大地推动了事件的传播和公众关注度，也体现了对公民权益的尊重和保障。国家通过媒体和官方渠道，提醒网民在网络上理性发声，避免受到不良信息的影响。三是实现了网络空间与现实生活的"德—得"相通。该事件中，一方面失德的"北极鲶鱼"受到了网友的集体谴责；另一方面失德的"北极鲶鱼"爷爷因违反法律受到制裁，失德者推动在社会生活中的机会就是"德—得"相能道德机制发展作用的具体表达，也是公民、国家、社会协同共治的具体表达。

但是，在宏观"德—得"相通运行机理良善运行前提下，因主体自身素质没达到较高要求而引发多起社会公德失范事件的现象客观存在，这也集中反映了社会公德治理的局限性。首先，主体权利意识僭越责任意识。社会公德建设进入治理阶段，主体协同治理模式要求每位公民作为主体具备责任意识。所谓责任意识，就是行为主体对自己的行为负责，对他人负责、对社会负责。只有主体都成为独立的责任主体才能够真正实现社会公德治理。如果主体不能对自己的行为负责、不能对他人和社会负责，那么必将被迫退回到依靠政府强制力的社会公德管理模式。具体到"北极鲶鱼"事件，就是公民对网络公共空间风气的负责，表现为对自己的行为负责、对其他社会成员和集体负责。只有主体都成为独立的责任主体才能够真正实现社会公德治理。如果主体不能对自己的行为负责、不能对他人和社会负责，那么必将被迫退回到依靠政府强制力的社会公德管理模式。"北极鲶鱼"事件前期，相关单位强力出面干涉与公民责任意识失守两方面共存恰是社会公德管理模式实行的缘由，公民责任意识缺失现象的存在阻碍了社会公德治理模式的实现。公民权利意识僭越责任意识的典型表现：一是在"北极鲶鱼"事件曝光之前，其在网上有众多粉丝，每个粉丝的肯定都是一种鼓励行为，造成了"北极鲶鱼"行为极化。网民认为"炫富"是个人行为，无关他人、无关社会。他们忽略了每一个网上行为都是现实行为反应，每个失德的道德行为都会损害他人、国家和社会的利益，"枪响之后没有赢家"，炫富的"北极鲶鱼"带来的是对自己更不利的局面，在传播不良信息的同时暴露了家庭成员存在的违法行为，受到了网友的谴责，最终导致爷爷被调查定罪。二是网络舆论中信谣、传谣现象依然存在。在"北极鲶鱼"事件中，从报道1可知该事件发生后，马上有网友指出"北极鲶鱼"爷爷是某高官，一时之间消息疯传并引起全社会公愤，一定程度上动摇了公民对国家的信心，直至国家相关部门出面澄清此信息为谣言此事件才得到平息，但是动摇人心的负面影响却不能立即消除。网络生活中，公民不能做到以自媒体良善主体的要求规范自身，不能做到对自己所发信息、所传信息的客观性和真实性负责任，猜疑代替了信任、跟风代替了自主。

其次，政府管理意识僭越治理意识。对于政府而言，在治理过程中政府是与企业、公民地位平等的主体，政府应从过去绝对权威领导者的角色转变为现在引领国家发展的主导者角色。但是政府治理引导者角色的实现模式仍在探索中。一是政府重管理轻治理的理念仍有显现。面临社会公德失范问题，政府部门的初步反应多为寻找管理对策，即快速平息舆论、处理涉事企业，而忽视了治理要求，即构建有效的监管机制，提升社会公德治理能力。二是缺乏前瞻性的规划布局。随着科技的飞速发展，网络空间已成为重要的公共生活领域，然而政府在该领域的治理能力有待加强。就"北极鲶鱼"事件而言，缺少了对相关公共机构处理迟缓的事后惩罚，致使网络监督功能无法真正与现实生活对接，"德—得"相通的道德运行机制的"最后一公里"仍未打通。

（二）大数据时代我国社会公德治理运行机制的实践理念

社会公德治理大数据运用模式在疫情防控中得到了较为全面的实践，为大数据时代我国社会公德治理运行机制的系统建构提供了现实借鉴，在实践理念上，从大数据为谁应用、谁来应用、如何应用三个视角而言，我们应当坚持政治性和人民性相统一、坚持"众治"和"自治"相统一、坚持技术伦理和以人为本相统一。

1. 坚持政治性和人民性的有机统一

毛泽东同志曾说，为了谁的问题，是一个根本的问题，原则的问题。大数据时代我国社会公德治理运行机制的建构需要解决为谁服务的问题，对这一问题的深刻认识直接关涉社会公德治理大数据的应用效果，只有清晰地认识到活动"为了谁"，才能更好地明确活动目标，找到前行的动力，时刻调整活动方向，不断规范活动行为。社会公德治理既是一项政治性活动，因为社会公德失范现象如若长期存在，必然影响社会稳定和谐和国家长治久安，也是一项人民性活动，社会公德水平是一个人精神文明素养的重要彰显，也是个体追求美好生活的精神力量。因此，大数据时代我国社会公德治理运行机制的建构既要贯彻为社会主义服务的理念，也要贯彻为人民群众服务的理念，坚持政治性和人民性相统一的原则。政治性原则是指大数据时代的社会公德治理需要坚持中国特色社会主义发展方向，坚持集体主义发展要求，为建成社会主义现代化强国提供重要保障。人民性原则是指大数据时代的社会公德治理应当坚持以人民为中心，满足社会公德主体多样化、层次性、合理性的精神和物质需求，使其成为人民群众的一种生活方式。在社会治理的过程中，需要妥善处理好政治要求与人民需求之间的辩证关系，既不能因维护社会公民的合理需求影响社会主义现代化进程，更不能因推动社会主义现代化的发展而不顾人民群众的合理利益。当然，在新时代中国特色社会主义语境中，政治性原则和人民性原则是不相冲突、相互统一的，因为"人民对美好生活的向往就是我们的奋斗目标"，人民群众的根本利益就是最大化的政治性考量。具体到社会公德治理大数据的实践应用，要以人民群众普遍关心的社会公德问题为切入点，把握社会主义精神文明建设的发展方向，立足广大人民群众合理需求为建设高度文明的社会主义现代化国家不懈努力。

2. 坚持"众治"和"自治"的有机统一

大数据时代我国社会公德治理的运行模式指向多元主体协同共治，主体发展程度及其能力大小直接决定了以大数据为新型资源的社会公德治理的良善运转，因而大数据时代社会公德治理运行机制的建构需要解决谁来服务的问题。从前述可知，政府、大数据企业、非营利性社会组织及公民是社会公德治理大数据的直接应用主体，因各自社会地位、职能作用的差异在社会公德治理过程中承担着不同的角色，共同架构起大数据时代我国社会公德治理的职责主体框架。社会公德治理大数据的有效应用不但需要各主体之间的协调配合，更需要各主体内部的自我完善，多元主体共治隐喻大数据时代我国社会公德治理的服务主体应当坚持"众治"和"自治"相结合的发展方向，"共治"指"众治"，不言而喻，即是指政府、企业和公民等多元主体应当充分发挥自身作用、积极整合各种资源，共同参与社会公德治理大数据的广泛应用，同时，"共治"也应当涵括"自治"的内容，即是指政府、企业和公民等多元主体要不遗余力地进行自我教育、规范自身行为、提高思想觉悟，做到"慎独""自省"，力图以更加完善的主体面貌参与大数据时代的社会公德治理。政府能力的缺失将会影响大数据时代社会公德治理的顶层设计和重点突破，社会公德治理失去坚强的领导者和组织者必定难以持续开展、深入推进；大数据企业能力的缺失将会影响社会公德治理大数据潜在价值的充分挖掘，社会公德治理失去海量的数据信息和高超的技术支持可能会倒退至管理阶段；非营利性社会组织及公民能力的缺失将会大大影响以大数据为手段进行社会公德治理的活动过程，因为他们是社会公德治理大数据应用决策的制定者、应用运维的参与者和监督者。从主体建构而言，"众治"原则和"自治"原则是相互影响、辩证统一的，"自治"是"众治"的前提基础，没有高度的"自治"就难以形成协同"众治"的格局，"众治"是"自治"的目的旨归，高度的"自治"就是协同的"众治"，大数据时代我国社会公德治理运行机制的建构离不开多元主体对"众治"和"自治"理念的辩证掌握。

3. 坚持技术伦理和以人为本的有机统一

大数据时代我国的社会公德治理需要解决怎么服务的问题，抽象地说，就是在社会公德治理中应用大数据资源，这是时代发展的必然之理，也是社会进步的应然之义。然而，大数据的潜在价值不仅体现在推动社会公德建设转向治理模式借以达致人人敬畏公德原则、遵守公德规范的境地的方面，而且还体现在满足社会公德治理主体特定利益需求等方面，这就可能导致政府、大数据企业、公民等主体在使用大数据技术整理分析社会公德治理大数据信息的过程中，在各种不正当利益的诱惑下产生一系列的伦理道德问题，诸如数据买卖问题、信息盗用问题、数据泄露问题、侵犯隐私问题等。正如樊浩指出，"电子信息方式已经改变并将继续改变伦理世界。但是，这种改变的本质，不是否定伦理和伦理世界本身，而是提出了新的伦理图景和伦理要求，也为伦理和伦理世界的发展提供了新的历史机遇"。[①] 大数据作为一种新兴科学技术，在社会公德治理应用中产生的技术伦理问题要求制定新的伦理规则和道德规范，这是建构大数据时代我国社会公德治理运行机制必不可少的重要环节。对于我们而言，因技术应用起步晚、公德失范现象多等问题客观存在，社会公德治理大数据应用的

---

① 樊浩：《电子信息方式下的伦理世界》，《中国社会科学》2007年第2期。

伦理规则和道德规范的确立完善是一项艰巨而持久的任务，但大数据技术的应用是服务于解决社会公德失范问题和提高人民群众精神水平的，规避和解决大数据技术伦理问题最为根本的还是要坚持以人为本的原则，始终以人民群众的美好生活需要为中心。坚持以人为本，就是要在社会公德治理大数据应用的过程中坚持科学精神与人文精神的辩证统一，因为科学精神强调的是理性与逻辑，人文精神强调的是感性与善美，马克思主义认为，人是理性与感性的统一体，追求的是真善美的和谐统一，以人为本即是科学精神与人文精神的和合共生。因此，大数据时代我国社会公德治理运行机制的建构需要正确处理技术应用引发的伦理问题，而这一问题的解决应以以人为本的原则为导向，实现技术伦理与以人为本的有机统一成为社会公德治理大数据应用的基本理念。

（三）大数据时代我国社会公德治理运行机制的实践策略

大数据时代我国社会公德治理运行机制的建构必须破解数据共享、主体参与制度建设等方面的难题，这便需要从实施数据开放战略、提高治理主体能力以及健全治理协同制度等入手探究社会公德治理大数据有效应用的实践策略。

1. 实施数据开放战略，保证社会公德治理数据共享共用

实施数据开放战略，加快数据治理步伐，为实现社会公德治理大数据信息的共享共用创造良好条件。一是成立大数据资源管理机构，负责组织协调政务数据和其他数据资源的开放共享，统筹政务数据和其他数据的采集、分类、对接、管理、分析和应用工作，负责政务数据目录编撰、数据标准体系构建等工作，为社会公德治理大数据信息的开放共享提供组织保障。二是制定数据资源管理办法，明确数据资产归属问题，即解决数据属于数据拥有者还是数据来源者的问题，坚持"谁使用、谁担责"的数据责任分配原则，厘清无条件共享数据、有条件共享数据和不共享数据的原则界限，以及"有条件共享数据"的具体条件，规定数据资源向第三方开放的基本要求等，为社会公德治理大数据信息的开放共享提供制度支撑。三是建立数据共享交换平台，实现各种类型数据库的有效集成，保证不同部门信息系统的互联互通和及时传输，从而推动系统之间、部门之间数据信息的有序交换和可靠通信，为社会公德治理大数据信息的开放共享提供平台支持。四是加强社会公德治理大数据人才培养，为破除数据孤

岛、数据标准存在的技术壁垒提供人才支撑。一方面，将大数据人才培养纳入科教兴国和人才强国战略，制定科学的大数据人才培养方案，明确大数据人才培养目标，创新大数据人才培养模式，建构一套系统的、合理的数据人才培养机制。另一方面，充分发挥各类高校、科研机构人才培养主阵地的作用，加大高校、科研院所与高新技术企业人才联合培养的力度，构建"产学研"相结合的人才培养创新体系，建设一批理论水平高、实践能力强的专业化大数据人才队伍。

2. 提高治理主体能力，实现社会公德治理多元主体共治

大数据时代，形成多元主体协同共治的社会公德治理格局需要采取多种措施有针对性地提高政府、大数据企业和公民的素质能力。一是加快推进政府职能转变，厘清政府、企业和公民责权利关系。政府要以简政放权、建设服务型政府为契机，牢固树立全心全意为人民服务的理念，力图实现从"无限政府"向"有限政府"的成功转型，认清自己在社会公德治理中的角色，找准自己在社会公德治理中的定位，明确自己在社会公德治理中的职责权限，从而提供高质量的社会公共服务。同时，以大数据为新型资源展开社会公德治理是政府、企业和公民共同参与的过程，政府作为决策者和引领者，需要科学界定各主体的权责范围和协调各主体的利益关系，要勇于放权、智于放权、善于放权，让企业和公民做自己该做能做的事情，真正实现社会公德治理的多元共治。二是提高公民参与意识和能力，畅通拓宽公民参与渠道。要加强对公民的教育引导，通过构建"社会—家庭—学校"三位一体的公民教育体系，开展形式丰富、内容多样的宣传教育活动，诸如有针对性地开设一些便于公民参与的电视节目，培养既具有公共精神、责任意识、权利意识，又具备一定科学技术素养的适应大数据时代需要的现代公民。同时，要畅通和创新公众参与的渠道，诸如设立公德失范投诉热线、建设微信公众号举报平台、研发操作简易畅所欲言的公德治理 App 软件等，实现公民依法有序快速地参与社会公德治理。三是大数据企业要加快转型升级步伐，树立强烈的社会责任感。对于高新技术企业而言，尤其是地方技术型企业，转型升级是实现自身高质量发展，进而有资格参与社会公德治理大数据应用的必然选择。企业要明确转型升级战略目标，善于利用政策条件，创新运营管理模式，借鉴龙头企业发展经验，加大人才资金投入，提高自主创新能力，为社会公德治理大数据价值实现提供技术支撑。同时，企业要在实践中不断培育社会责任

感，激发参与社会公德治理的热情，在地方政府支持和鼓励社会资本参与社会公德治理的前提下，积极参加社会公德治理项目产品的招标竞标和建设运营活动。

3. 健全治理协同制度，完善社会公德治理共治体制机制

维持多元主体共治的社会公德治理大数据应用格局需要系统地健全协同治理制度。一是制定大数据时代社会公德治理具体指导方案，为社会公德治理大数据价值实现提供针对性的政策支持。大数据时代我国社会公德协同治理的政策应当至少包括四个方面的内容：社会公德治理大数据信息安全和开放共享等方面的法律政策，社会公德治理资金设施等资源的使用政策，多元主体相互合作的支撑政策，社会公德治理考核评估的奖惩政策。除此之外，指导方案还要包括社会公德治理大数据应用的现实背景、重要意义、指导思想、总体目标和主要任务等具体内容。二是构建大数据时代社会公德治理具体行动规划，为社会公德治理大数据价值实现提供全方位制度支撑。首先，构建社会公德协同治理的信任机制。各主体间的信任是相互合作、协调配合的基本前提，没有信任支撑的社会公德治理是一盘散沙。要想获得他人的信任，自身必先是真诚守信的，这就需要各主体在长期的发展中注意自身公信力的培育。同时，信任是脆弱的，需要通过法律制度来保障，也就是"要建立起一种能为各社会主体普遍认可的信用体系制度性安排与制度性承诺"[1]。其次，构建社会公德协同治理的动力机制。一方面，建立社会公德协同治理的激励机制。坚持物质激励和精神激励相统一，坚持正面典型示范和负面典型警示相统一，创新激励方法，变革传统方法，促使各主体在社会公德治理中充满生机活力。另一方面，建立社会公德协同治理的竞争机制。"一是几大社会协同主体在社会协同的过程中，在协同方案的选择、权力与稀缺资源的分配等方面展开的竞争；二是各社会协同主体内部在协同的过程中，各主体成员之间为争取参与的机会而展开的竞争。"[2] 再次，构建社会公德协同治理的协调机制。在主体权责明确的前提条件下，建立数据共享交换平台，推动社会公德协同治理信息横纵

---

[1] 范如国：《复杂网络结构范型下的社会治理协同创新》，《中国社会科学》2014年第4期。

[2] 邵静野、来丽梅：《社会治理体制创新中社会协同机制的构建》，《东北师大学报》（哲学社会科学版）2014年第1期。

向的整合流通，为主体之间行动的协调提供有效支撑。同时，还要畅通利益表达渠道，调解利益矛盾冲突，建立利益补偿机制，确保主体间的利益关系得到妥善协调。最后，构建社会公德协同治理的监督机制。坚持内部监督和外部监督相结合，坚持系统监督和专项监督相结合，推动各主体动机合理、行为有序地参与社会公德治理。

第五章 大数据时代我国社会公德治理运行机制建构中的问题防范

尽管大数据为我国社会公德治理带来了创新性成效，但其中也蕴含着前所未有的新问题，需要我们提前预防。我国社会公德治理运行机制建构过程中，一方面要解决大数据治理实现的前提，即大数据的一体化问题；另一方面要预防大数据"天生"的自发性、技术宰制等问题。大数据"天生"带有的自发性、技术宰制等问题，可能导致社会监督实现过程出现个体隐私被侵犯、社会舆论被操纵等风险。鲍曼讲到后现代社会时指出："后现代性既是道德个人的毁灭，又是他新生的契机。后现代社会这两张面孔哪一个最终成为它的持久的画像，这本身是一个道德问题。"① 同样的两难也存在于后熟人社会，它既蕴含道德监督功能重启的契机，又带来了毁灭道德的力量。把握道德发展契机、防范道德毁灭性力量生成是大数据时代道德监督功能重启的双重使命。

一 大数据时代我国社会公德治理数据一体化的实现

自从2013年，我国在《中共中央关于全面深化改革若干重大问题的决定》提出推进部门信息共享的要求之后，大数据共享理念一直在推进的路上。2016年习近平总书记强调"以数据集中和共享为途径，建设全国一体化的国家大数据中心，推进技术融合、业务融合、数据融合，实现跨层级、跨地域、跨系统、跨部门、跨业务的协同管理和

---

① ［英］鲍曼：《生活在碎片之中：论后现代的道德》，郁建兴等译，学林出版社2002年版，第9页。

服务"①。2018 年《中共中央关于深化党和国家机构改革的决定》中指出，加快推进部门政务信息联通共用、建立共享信息平台，2019 年党的十九届四中全会明确提出要推进数字政府建设，加强数据有序共享，可以看出数据共享已经从行政管理层面上升到国家治理层面。2018 年，李克强进一步明确打破"信息孤岛"的时间表，即"打造全国一体化政务服务平台，三年内实现国务院部门数据共享、满足地方普遍性政务需求，五年内政务服务事项全面实现'一网通办'"②，政府数据共享也被称为"放管服"改革的"硬骨头"。据中共中央党校（国家行政学院）电子政务研究中心 2019 年发布的《省级政府和重点城市网上政务服务能力调查评估报告》中显示，"数据共享难制约改革深化的问题日益突出"。因此，打破大数据垄断风险是社会公德治理有效的前提。

（一）社会公德治理中大数据垄断的具体表现

大数据时代，谁拥有了数据谁就拥有了资源，谁就可能获得收益。因而，大数据所有权无论对政府、企业还是公民来讲都是至关重要的事情。

1. 大数据割据问题

所谓数据割据，简言之就是指各主体之间海量数据不共享，设置共享壁垒。在这一过程中极易形成政府数据垄断或者企业数据垄断的局面，实质性影响大数据战略的真正实现。

首先，各级政府及政府各部门间的数据壁垒。中央及地方各部门之间，中央与地方之间存在数据壁垒。政府主体产生数据壁垒的原因有三：一是数据本身自发性引发的数据割据。大数据语境中的数据不仅是数字化数据，更多的是记录性数据，包括了文本、图片、视频等。各政府主体依据自身的工作性质形成一定的记录习惯，不同符号的记录使信息共享产生难度；二是各部门自身利益驱使主观限制数据使用。尽管政府部门共同代表国家公共利益，但是不同部门之间因为工作领域和性质的不同产生了部门私利，工作信息中蕴含着大量涉及部门利益的隐私性信息，各部门设置各种障碍阻止信息共享的真正实现。三是各地区发展不平衡影响信息共享

---

① 《中共中央政治局就实施网络强国战略进行第三十六次集体学习》（http：//www.gov.cn/xinwen/2016 - 10/09/content_ 5116444. htm）。

② 《把好政府和市场效率抓手 国务院力推"放管服"改革》（http：//www.gov.cn/zhengce/2018 - 07/02/content_ 5302822. htm）。

实现。物联网发展水平、云计算水平直接与各地区各部门的经济实力和技术水平相关，因为经济和技术发展水平的不平衡造成数据共享障碍是客观事实。

其次，政府与企业间的数据壁垒。大数据对于企业而言是如同石油一样宝贵的价值源泉，与政府间无偿共享数据信息对于企业而言难以实现。但是，企业大数据对于政府而言又是至关重要的数据来源，利义两难成为政府与企业间数据壁垒产生的根本原因。我国现有的打破政府与企业间数据壁垒的模式有两种，一是政府购买企业的大数据服务。例如，广东省政务服务大数据管理中心就是采取购买服务的方式实现政务大数据平台的正常运转；二是政府通过培育大数据专业人员形成自己的大数据平台建设、管理、服务部门。例如，广东省佛山市就采取自建大数据部门的方式完成智慧城市建设。但是，这两种政府与企业间共享大数据模式共同的不足之处在于，共享大数据的有限性。无论是政府购买服务还是政府自己建设大数据部门，都仅是掌握了特定领域范围内的大数据信息。对于更为普遍的全民数据并没有获得，进而影响了大数据社会公德治理的整体性和实效性。

再次，企业与企业之间的数据壁垒。以国内互联网三巨头百度、阿里、腾讯来讲，他们之间竞争关系大于共享关系，以利益为导向的企业很难实现大数据共享的目标。目前我国政府正在加快企业间信息共享的步伐，2020年1月国务院办公厅公开发布了《关于推进电子商务与快递物流协同发展的意见》（以下简称《意见》），其中强调：完善电子商务与快递物流数据保护、开放共享规则，建立数据中断等风险评估、提前通知和事先报告制度。此外，还要推动供应链协同。鼓励仓储、快递、第三方技术服务企业发展智能仓储，延伸服务链条，优化电子商务企业供应链管理。[①] 但是，《意见》中也同时强调：电子商务与快递物流协同发展仍面临政策法规体系不完善、发展不协调、衔接不顺畅等问题，并提出了相关意见，包括强化制度创新，优化协同发展政策法规环境；强化规划引领，完善电子商务快递物流基础设施；强化规范运营，优化电子商务配送通行管理等。从中可以窥见，我国企业与企业间数据共享还有很长一段路要走。

2. 大数据烟囱问题

简言之，数据烟囱就是大数据中出现大量无效数据或者重复数据。数

---

① 《国务院：要健全企业间数据共享制度》（http://www.ebrun.com/20180123/262376.shtml）。

据烟囱是数据割据的直接后果，因为各部门、各企业、各单位间的数据壁垒使得重复数据不断出现。同时，也因为小数据的价值仍未完全殆尽，因而大数据被搁置在一旁导致无效数据出现。

首先，政府内部、企业内部、组织内部数据烟囱。以我国2018年4月国务院办公厅印发的《科学数据管理办法的通知》①（以下简称《通知》）为例说明我国数据烟囱存在的现状。总则中规定"政府预算资金支持开展的科学数据采集生产、加工整理、开放共享和管理使用等活动适用本办法"。这一规定说明，仅是政府支持的科学数据才有义务公开共享，大量非政府支持的科学数据并没有公开共享的义务。而科学研究中，没有得到国家支持的科学数据是远远大于获得国家支持的数据量的，因而这一公开不可能从根本上避免数据烟囱的出现。《通知》分为总则，职责，采集、汇交与保存，共享与利用，保密与安全，附则共六章，仅在附则一章中谈及了评价考核与责任追究问题，但没有具体的操作机制，因而《通知》的执行力有待加强。

其次，政府、企业、社会组织之间数据烟囱。以高校内部职工信息为例，一方面，一名教师的数据信息需要在学院、学校之间重复填写，同时围绕着多头任务、多种要求、多个阶段重复填写；另一方面，学校层面各部门间信息不兼容，教师需要在教务处、人事处、组织部、宣传部、后勤处等各类需要教师信息的部门重复填写基本信息和特殊信息；同时，全国范围内教育部、各学会等各部门机构也需要教师填写基本信息和专门性信息。高校相较于社会其他部门而言实属工作业务单一领域，教师尚需填写如此多信息，那整个国家、整个社会、整个企业产生的海量信息中数据烟囱现象普遍严重存在也就不奇怪了。随着2019年国家信息一体化工程的实施，很多单位推出了"一张表"工程，教师再次整合了个体基本信息和专业信息，但是后续此表却未真正落实到位，该填写的表格信息仍旧未见减少。

（二）规避数据垄断的路径建构

大数据垄断困境的打破需要政府、企业、公民协同努力，特别是政府

---

① 《国务院办公厅印发关于科学数据管理办法的通知》（https://www.gov.cn/zhongce/zhengceku/2018-04/02/content5279272.htm）。

应该在制度和监督上下大力气，只有顶层设计规划好、监督制度保障好，才能推动大数据共享局面的真正实现。

1. 推进大数据信息公开机制

首先，完成大数据共享机制建设。一是政府要成立专门大数据共享委员会，一方面管理大数据共享工作，以自身权威实质性推进此项工作；另一方面制定大数据共享统一规范和标准，提高大数据的质量和效率，还要形成有效的大数据共享评估评价体系。二是成立企业大数据共享协同组织，一方面培育企业大数据共享意识，既让企业了解未来大数据在企业发展中的重要作用，也让企业明白数据共享在企业利润创造中的价值；另一方面形成大数据共享行业标准和对接标准，既要实现企业间的标准统一又要实现政府与企业间的标准对接，既要注重企业间的数据成本节约也要注重企业内部各生产阶段的数据成本节约。三是政府要设立大数据共享监督委员会。政府牵头形成大数据共享监督委员会，以第三方机构的身份对企业间、政府间、政府与企业间大数据共享状态展开评估，并以政府发布的大数据共享评估评价指标体系建立奖罚机制，并向全社会公开评估结果。

2. 奖励数据开放组织和企业

开放数据是解决大数据自发性的根本途径，开放大数据是比信息公开更高层次的信息自由制度。信息公开仅是一条条信息供公开浏览，而大数据开放是一个个数据库的公开使用。开放大数据是公民和企业挖掘大数据的前提，也是发挥大数据价值的根本途径，更是解决大数据垄断的根本途径。在大数据共享起步阶段，政府可以以奖励为手段加速大数据共享进程。一方面是奖励大数据公开组织和企业，可以采用允许数据收费、政府提供政策支持、示范激励等方式推动组织和企业公开大数据；另一方面，鼓励个人和企业利用大数据开展创新创造。对于利用大数据创业和创新的个人与企业以政府支持的方式给予肯定和支持，从而推动大数据企业的蓬勃发展。

3. 建立大数据使用责任机制

伴随着大数据共享机制的建立，个人、企业和政府部门具有自由使用大数据的权利，大数据使用责任机制也应同时建立以保障大数据的合法和良善使用。大数据本身没有价值取向，其使用的方向和使用的方式是由使用者决定的，因而主体责任意识的培育和规约是良善使用大数据的关键。一是建立主体使用大数据责任制度。每个个人和企业主体需要对自己发布数据和使用数据负责，即"谁发布谁负责、谁使用谁负责"。二是建立主体使用大数据价值引导制度。具体到社会公德治理大数据，个人和组织在形成大数据的过程与个体对事件的价值评价直接相关，但是对同一个数据的解读依每个人价值观的不同而不同。目前我国的现状是，大家的共识是建立在道义的基础上（即弱者支持理论），缺乏理性的深思熟虑。具体到社会公德大数据的读取、价值挖掘而言，不同主体对于同一组海量数据会产生不同的解读，进而产生价值不同、指向不同的解决方案。因而，从本质上讲，对社会公德治理大数据解读的过程就是赋予数据意义的过程，那么以社会主义核心价值观引领社会公德大数据的使用就显得极其重要了，政府通过价值引导使社会主义核心价值观融入社会公德大数据发布和使用的全过程，形成价值评判共识，是良善和有效使用社会公德大数据的主观前提。

（三）克服大数据垄断风险

大数据垄断是指某一主体为了占有其对数据的唯一所用权和使用权利，设置障碍限制其他主体浏览和使用数据的资格，进而达到唯一获利的目的。

1. 大数据垄断的具体类型

垄断的形成与一定的权力相关，或为公共权威、或为资本优势、或为技术专职。结合目前我国实际能够形成大数据垄断的相关权力为政府权力、资本权力、技术权力三类，相应的形成了大数据的政府垄断、资本垄断和技术垄断三种类型。一是建立在政府公共权威基础上的大数据。在社会公德治理大数据采集、挖掘、使用的整个过程中，政府因其拥有政治权威而占据绝对主导地位。如果政府在大数据战略中不放权那么就将产生政府对大数据的绝对垄断格局。二是建立在企业资本权威基础上的大数据垄断。大企业因为资本优势因而在大数据的采集、价值挖掘和使用中占据主要优势。如果企业不受政府限制，且对政府形成威胁就会形成大数据的行业垄断。三是建立在企业技术权威基础上的大数据垄断。大数据企业因为拥有专业性技术人员，因而在大数据使用中占据重要地位，特别是因为"黑箱"算法的专业性强，而公众只关注大数据结果而忽略算法及计算过程，因而形成了大数据企业凭借其技术操纵大数据的可能性。

2. 克服大数据垄断的路径建构

治理政府大数据垄断的根本路径在于政府角色由管理者向治理者转

变,把"放管服"理论真正落实到位;治理企业大数据垄断的根本路径在于实现对资本的根本限制;治理技术大数据垄断的根本路径是对专职人员的监督与限制。

(1) 基于"放管服"理念实现政府职能转变

"在当代中国,政府是一个广义的概念,指的是所有行使公共权力的党政部门。"[①] 由管理语境转变为治理语境,政府的基本责任、履行责任的机制和实现责任的能力都发生了质的转变,相应地政府的中心职能由意识形态动员、经济发展转变为美好生活需要。政府由无限责任者走向有限责任者的转型过程中,具体到政府公德大数据垄断问题上,就是政府由大数据无限责任主体角色转变为有限责任主体角色。

一是通过"放权",把人民的权力还给人民,市场的权力还给市场。就市场的权力还给市场来看,我国自社会主义市场经济建立以来,开始逐步完善市场在资源配置中的主体地位,经过40多年的改革历程,基本上实现了政府角色由"包揽一切"的管理者角色到"重管理和服务"的治理者角色转变。具体到社会公德治理领域中,政府能够让企业和社会组织承担相应的公共服务和公共慈善责任。同时,我国是人民民主专政的社会主义国家,人民是权力的主体,随着我国人民公共意识和公共精神由自发向自觉的转变,政府将放权给人民。通过放权,推动公民及其形成的社会组织实现其在社会公共生活领域和公共服务中的自治功能。

二是"管理"企业和人民,由主宰者角色转变为主导者角色。由中国特色社会主义制度的优越性和自身特色、中国特殊的历史发展、中国的优秀传统文化等要素决定,我国政府在社会治理协同主体机制中承担主导者角色。对于大数据平台建设,大数据社会公德治理体制机制建设,大数据采取、挖掘、使用等各方面和各环节起到主导作用,规范企业和公民的行为,引导社会公德治理大数据的价值发展方向。

三是"服务"企业和人民,为企业和人民实现良善使用社会公德治理大数据提供制度、机制和风气支持。相较于企业和人民而言,政府拥有天然的公共权威优势,因而其服务的实质就是赋权给企业和人民的过程。如同政府把资源配置的权力交给了市场一样,现在政府正在把社会资源的配置交到社会手中,公民和企业作为社会的主体成为参与社会资源配置的

---

① 俞可平等:《中国的治理变迁:1978—2018》,社会科学文献出版社2018年版,第193页。

主体力量。在这个过程中，为了保障社会资源配置的有效和良善，政府要从制度、政策、机制、环境等方面提供支持和保证。

（2）基于资本限制杜绝资本型大数据垄断

企业之所以敢于以资本支持形成大数据垄断是因为其资本力量强大，解决这一问题的根本是以严格的奖惩制度实现对企业大数据垄断的控制。

首先，设置数据规模上限和时限。以制度化的方式为企业大数据规模设置上限，上限以可能产生大数据垄断为标准。同时，辅助大数据上标提示制度，当企业大数据即将达到上限时，国家相关部门发出警告提醒，限期进行整改并监督整改完成。同时，设置大数据使用时限。根据大数据不同类型，设置大数据使用时限，在方便共享的同时以隐藏数据的方式保护大数据主体隐私，并提高企业大数据垄断发生的门槛。

其次，制定严格的大数据垄断条例。以企业大数据责任为基础，建立大数据责任惩罚机制。当企业大数据有垄断风险或者真正发生了垄断时，国家对企业以资金重罚的方式控制企业的发展机会，同时追究其法人的刑事责任。通过双罚制对全社会企业起到威慑的作用，使企业生成敬畏感而不敢"以身试法"。

（3）基于算法人员专职化杜绝技术型大数据垄断

与算法技术相关的概念是"黑箱社会"，它有两层含义，一方面是指物联网、大数据和无处不在的传感器网络记录着我们的世界和世界中的人群，就像我们人人都拥有一个黑匣子，随时可以查阅其中的信息而对未来采取更好的对策；另一方面是指我们不知道黑匣子中记录了多少信息，不知道它传播到什么地方，也不知道哪些人使用它，使用信息的目的何在，更不知道这些信息被使用的后果。[①] 在这个过程中蕴含着算法和计算过程泄漏隐私的风险，其对社会的直接危害后果是人的命运被隐秘的评分机制所决定，而这个决定是由一只"看不见的手"作出的。如何克服呢？

一是设立算法企业专门监督机制。如同信用评定企业一样，对大数据使用企业进行与监督个人和组织行为一样的专门监督。政府成立专门针对信用评定企业的监督机构并形成监督机制，对信用评定企业的工作过程和工作结果进行监督，以避免暗箱操作的产生。同时，这一过程要公开透

---

① [美] 帕斯奎尔：《黑箱社会：控制金钱和信息的数据法则》，赵亚男译，中信出版社2015年版，第XII—XIII页。

明,借助公民的力量把监督真正落实到位。

二是培养独立于大数据企业的专业算法师队伍。算法师是独立于企业的专职算法人,包括内部算法师和外部算法师两个团队。内部算法师负责企业大数据的日常计算任务;外部算法师负责企业的计算监察任务。

二 大数据时代我国社会公德治理中的自发性克服

大数据被定义为是一种新型资源,它可以产生人们意想不到的价值,尤其是在商业领域中,它的价值堪比石油。但是,"它告知信息但不解释信息。它指导人们去理解,但有时也会引起误解,这取决于是否被正确使用。大数据的力量是那么耀眼,我们必须避免被它的光芒诱惑,并善于发现它固有的瑕疵。"[1] 大数据时代,人们依赖大数据成规模,大数据对人的宰制风险随时存在,但大数据的自发性却不容忽视。

(一) 社会公德治理大数据自发性的具体表现

乔治·戴森（Ggorge Dyson）曾在《图灵大教堂》一书中指出,"Facebook 决定了我们是谁,亚马逊决定了我们想要什么,Google 决定了我们怎么想。"而弗立克·帕斯奎尔（Frank Pasquale）在《黑箱社会》一书中增加了"金融行业决定了我们有什么（至少是物质性的）,而信誉评定技术则更多地决定我们的机会"[2]。

1. 数据依赖

进入大数据时代,大数据不断突破阈限产生让人类难以想象的价值,同时也承担着对数据过分依赖的自发性风险。与社会公德治理大数据相关,大数据风险主要表现为数据掩盖道德、数据遮蔽真相等方面。究其本质,是忽略了大数据的本质而偏执于大数据的量大。就大数据中"大"的含义而言,"一是指容量大,二是指价值大"[3]。对大数据依赖风险产生

---

[1] [英] 维克托·迈尔－舍恩伯格、[英] 肯尼思·库克耶:《大数据时代》,盛杨燕、周涛译,浙江人民出版社 2013 年版,第 247 页。

[2] [美] 帕斯奎尔:《黑箱社会:控制金钱和信息的数据法则》,赵亚男译,中信出版社 2015 年版,第 22—23 页。

[3] 涂子沛:《数据之巅:大数据革命,历史、现实与未来》,中信出版社 2014 年版,第 258 页。

的本质就在于割裂了大数据的两层含义，而仅关注其容量大一个维度的内涵。

（1）数据僭越道德

以高等教育中教师职称评聘为例，教师能否晋升职称的关键要素是科研能力，科研能力强弱的标准是论文刊发和主持项目的多少。其间师德师风是具有"一票否决"作用的指标，但是由于其没有实际操作的等级性量化标准，因而只要职称评聘人没有突出重大道德事件存在，此项指标都被视为合格。因而，高校职称的评比沦为科研数据的评比，数量大者得其位。在高等教育发展的初期，这种以科研成果多少为标准的职称评聘标准确实在一定意义上推动了我国高校整体科研水平。但是，量化到一定阶段之后，其局限性就显现出来，"德不配位"现象时有发现且影响恶劣。高校中教学一维的忽略、师生关系的紧张、学术造假、校园丑闻等都阻碍着中国高等教育的进一步发展。以数据说话或许在经济领域中能创造前所未有的经济利润，但是当它被引入社会领域时的价值导向却影响着它作用发挥的价值良善程度。这说明：大数据是服务人的目的手段，人需要驾驭大数据的能力和手段使其真正发挥效用。

（2）数据遮蔽真相

大数据时代，人们的选择性行为往往依赖大数据完成。于是，一些领域为了利益而造假大数据，产生了不良后果，最直接表现在经济领域中。

例1[①]："多地天猫店主被约谈补税，销售额超80万需补28%"

2014年上海天猫店主小赵因被税务部门约谈补税而郁闷。小赵的网店属于小规模纳税企业，但数据显示销售额超过了400万，所以要补交100多万的税。小赵这种情况在山东菏泽、广西桂林也同时出现了。在三地国税局询问名单中的许多天猫店主都承认存在刷单行为，实际销售额低于显示销售额，但是因为刷单是违规操作所以他们又拿不到阿里巴巴给出的刷单证明，因而处于两难之中。

马克思在《资本论》中讲："资本害怕没有利润或利润太少，就像

---

① 《多地天猫店主被约谈补税 销售额超80万需补28%》（https：//www.sohu.con/a/12591343_115402）。

自然界害怕真空一样。一旦有适当的利润，资本就大胆起来。如果有10%的利润，它就保证到处被使用；有20%的利润，它就活跃起来；有50%的利润，它就铤而走险；为了100%的利润，它就敢践踏人间一切法律；有300%的利润，它就敢犯任何罪行，甚至冒绞首的危险。"①为了利润，企业家们修改数据诱导消费者。虚假信息的危害巨大，例如战争中将领为获取战功而伪造敌军死亡人数；政治领域中为了政绩而篡改大数据；文化领域中为了斗争而误导舆论；社会领域中为了营造和谐风气而造假数据等时有曝光。大数据本身是灰色的，但是人类为了自身的目的不停地赋予其各种色彩，能否辨伪存真使大数据价值真正发挥最终依靠人类的力量。

（3）数据遮蔽本质

大数据时代是用数据说话的时代，这种理念被发展到极端就是大数据的"海量"等于价值，形成了新类型的"造星"模式，大数据时代被冠以"流量时代"的名称。

例②：央视批流量明星数据造假 点名某当红明星

央视网消息称，某当红明星发布的宣传新歌 MV 的微博转发量超过 1 亿次，相当于微博用户每 3 人中有 1 人转发了这条内容，央视经过调查发现了此流量为刷出来的数据。从一个方面反映出现在的粉丝通过花钱买数据的方法体现自己对明星的热情和忠诚度。

现实生活中，流量明星、流量带货人等都是流量大数据造星运动的结果，大数据时代流量就意味着成就，流量就意味着价值。但是，我们也看到，流量数据背后人们忽略了事物的本质，即对于演员实力、商品品质的忽视。

2. 社会公德治理中大数据依赖产生的原因及其本质

对于数据依赖的原因，制度规范的不完善、个体理念发展的滞后可以提供解释性说明。

---

① 马克思：《资本论》第 1 卷，人民出版社 2004 年版，第 871 页。
② 《"一亿转发量"？幕后推手被抓了！》（http://news.cctv.com/2019/06/12/ARTI7cvHD702KZNjVXEY1Li190612.shtml）。

（1）本体论视角的解释：大数据量的不足

例①：减肥女生节食意外收到校方短信关注

2013年6月14日，华东师范大学的一位女生收到学校勤助中心的短信："同学你好，发现你上个月餐饮消费较少。不知是否有经济困难？如有困难，可电话、短信或邮件我：xxxxxxxxx 如无困难，也请回复一下，以便下月不重复问询。"

一方面这条短信归功于餐饮大数据挖掘：学校通过挖掘校园卡的消费大数据，发现该女同学餐饮消费数据出现异常，于是发出了人文关怀。结果是一个美丽的错误——该女同学在减肥。其实，这个美丽的错误是由于大数据来源较少造成的，因为数据来源少，使大数据"大"的价值无法真正发挥出来，如果除了校园卡，还有诸如购物数据、运动数据等整合进来，这个美丽错误就可能避免。在上面的高校评职称的事例中，对于教师片面判定的产生在一定意义上也是由大数据来源较少引发的。因为高校没有权利接入每位教师的生活数据，因而无法对教师作出除学术能力之外的道德水平判断，引发了校园不良现象的出现。毕竟，线性关系体现的是小数据时代的因果关系的特点，而大数据时代复杂的非线性关系彰显出的相关性关系才是其本质特征。

大多数学者认为，"大数据"这一概念最早公开出现于1998年，美国高性能计算公司SGI的首席科学家约翰·马西（John Mashey）在一个国际会议报告中指出：随着数据量的快速增长，必将出现数据难理解、难获取、难处理和难组织等四个难题，并用"Big Data（大数据）"来描述这一挑战，在计算领域引发思考。美国于20世纪末21世纪初开启大数据战略，大数据在我国2009年才成为流行词，到2015年就上升至国家战略地位。2015年9月国务院发布《促进大数据发展行动纲要》，2017年跨部门数据资源共享共用格局基本形成；2018年建成政府主导的数据共享开放平台，打通政府部门、企事业单位间的数据壁垒，并在部分领域开展应用试点；2020年实现政府数据的普遍开放。尽管我国大数据发展势头迅猛，但我国处在大数据战略的起点处这一客观事实也不容忽视，数据来

---

① 《减肥女生节食意外收到校方短信关注》，《中国青年报》2013年6月17日。

源少、公开度不够、一体化程度有待加强等客观原因使得公众在使用大数据时受限进而影响判断的科学性和真实性。

(2) 方法论的解释：以结果为导向的大数据社会思维局限

"所谓大数据思维，是指一种意识，认为公开数据一旦处理得当就能为千百万人急需解决的问题提供答案。"[①] 其中所谓的处理得当，就是遵循了大数据所蕴含的相关性思维和质量互变规律。

"人类数据的真正爆炸发生在社交媒体时代。"[②] 在 Web2.0 出现之后，便携式终端使人们可以随时互动和交流，每个网民都是一个信息系统、一个传感器，不断地制造数据，"行为数据"海量出现。有学者指出，现在一天所产生的数据相当于《纽约时报》100多年产生的数据总和。[③] 因为行为数据的海量出现，个人与政治、经济、文化和社会的相关关系直接以数据的方式呈现出来，结合现代社会主体思潮的勃兴，以主体满意度为标准的基于计算的大数据相关性探索在各领域取得大突破。

与小数据时代强调因果关系的方法论不同，大数据时代强调相关关系的方法论。因果关系是通过假设—实验—证实/证伪实现的，其目的是探求事物之间的本质性联系，得出具有规律性特征的知识结论。大数据蕴含的相关性关系是一种建立在海量数据基础上的即时关系，其目的是探求事物间的相关关系，预测事物未来发展趋势，进而提供一定的策略和建议。相关性关系并不挖掘事物背后的因果联系，它仅对事物发展过程中的相关影响因素及其事后的积极或消极后果进而利用之。例如，2020年1月20日，钟南山院士在接受《新闻1+1》采访时指出，病毒暴发的源头是海鲜市场，实际上很多是野味。病毒从野生动物身上传到人身上，存在很大的可能性。他建议人们非必要不要去武汉，同时要做好戴口罩等防护措施。这一判断的得出是建立在大数据挖掘的基础上的，一是大量患者有接触海鲜市场野味的行为记录；二是广州两例感染者未去过武汉但接触过从武汉回来的人员。这一推论是以相关性思维为基础的，是以结果为导向的。就新冠肺炎的发病原因而言目前并未形成定论，也未见探寻到根本预防措施。但是，建立在相关性思维上的预测性预防措施被提出，且有效控

---

① [英] 维克托·迈尔－舍恩伯格、[英] 肯尼思·库克耶：《大数据时代》，盛杨燕、周涛译，浙江人民出版社2013年版，第167页。
② 涂子沛：《数据之巅：大数据革命，历史、现实与未来》，中信出版社2014年版，第263页。
③ 涂子沛：《数据之巅：大数据革命，历史、现实与未来》，中信出版社2014年版，第265页。

制了疫情在我国的进一步蔓延。

同时，相关性思维是以结果为导向的。大数据思维最早出现在商业领域中，著名的沃尔玛超市的"纸尿裤与啤酒"①案例是典型代表。全球零售业巨头沃尔玛在对消费者购物行为进行分析时发现，男性顾客在购买婴儿尿片时，常常会顺便搭配几瓶啤酒来犒劳自己，于是尝试推出了将啤酒和尿布摆在一起的促销手段。没想到这个举措居然使尿布和啤酒的销量都大幅增加了。在这个案例中数据分析师并不在意纸尿裤与啤酒放在一起大卖的原因，仅关注两者关联为商业带来的利润，反映了大数据思维以强调结果为导向的特征。社会公德治理大数据先是提出治理社会公德失范的相关性因素，进而解决道德失范问题。例如深圳出台的闯红灯记入个人社会信用制度的规章制度，也是以相关性思想与结果导向思维来治理闯红灯问题，这恰是大数据所擅长的工作。

但是，当我们仅关注相关性和事件结果时，我们忽略了因果关系的价值和事件过程的意义。在上面的案例中，分析师仅注重营利而忽略了过程的正义性，流量明星的粉丝们也是仅关注了名人效应而忽略了其真实的能力。不同于相关关系彰显事物的数量关系，因果关系的优势在于说明事物间的本质关联；不同于相关性关系仅强调事物结果的价值导向，因果关系更注重事物过程的价值导向。立足社会公德治理的本质，道德的过程正义和结果正义具有同等重要的意义，同时以因果性关系探索社会公德治理的运行机制是更具根本意义的任务。

（3）科技文化影响：数据决定一切

以数据说话是随着近代自然科学长足发展而生成的社会文化风气，人们追逐数据所带来的确定性，人们探索数据背后的规律性。军事领域中人类以战争的死亡率来评判战争的胜负，政治领域中人类通过政绩来评判行政官员的能力；经济领域中人类通过 GDP 来评判经济发展水平；日常生活中人们通过考试成绩来挑选人才。进入大数据时代，数据决定一切的思维更是一路狂奔取得人类的无比依赖并深入到各领域。

人工智能的出现是人类的数据决定一切思维的最新突破，人工智能使算法带有自调参数功能，也就是说，"它能够随着计算、挖掘次数的增

---

① 《从啤酒和纸尿裤，你能想到什么？》（https：//www.jianshu.com/p/a8349052a2a0？t=123）。

多，不断自动调整自己的算法参数，使挖掘和预测的结果更为准确，即通过给机器'喂取'大数量的数据，让机器可以像人一样通过学习逐步自我改善、提高。"[1] 未来，数据具有了"灵性"，我们和它们的关系更为紧密，我们如何保有其工具的地位，值得深思。

3. 数据解读的情感化倾向

量大、即时、多样是大数据的三大特性，它反映在社会公德治理上的价值是可以即刻挖掘和勾勒出事物的相关影响因素和未来发展趋势。其不足在于无法解释事物产生的本质性原因，体现在社会公德治理领域中就是易于受感情的驱使而失去理性的规约，使事物走向与初衷相反的方向，制造以道德的名义产生不道德后果的局面。

（1）数据解读情感化倾向的具体表现

道德的根本力量在于良心和社会舆论的调节与监督功能的发挥，这两者实现的前提是情感上对道德的认同，因而情感因素在社会公德治理中发挥着极其重要的作用。但是，因为大数据自发的因果性关系缺乏带来的局限性和大数据膨化主体主观性的特征两方面的原因，可能带来社会公德治理大数据解读中的极端情感化现象，即人们以日常生活中流行的道义原则为依据，依据自身的主观喜好展开道德评价和集体操纵道德力量。在社会公德治理过程中，大数据情感化解读主要表现为：

第一，根据个人喜好作出道德判断。现代社会处在由熟人社会向陌生人社会转型过程中，熟人社会作为道德资源的血缘和地缘关系失去了其存在的可能性，阶级社会中建基于"以德配天"理念上的"三纲五常"伦理也因为近代自然科学的长足发展失去了其存在的合法性。失去"天"的支持和血缘、地缘加持的道德体系变成了散落的道德规范零落在社会生活中。现代社会市场经济的利益至上原则在给人类带来巨大财富的同时强势证明其存在的合理性与合法性，于是功利主义原则在社会各个领域中被奉为圭臬，社会生活中人们依据自身的需要来选择道德规范并作出令自身满意的道德判断，当原初的道德依据失落之后"令自我满意"就成为道德合理性存在的最终依据。

第二，根据局部数据作出整体道德判断。大数据是以数据看世界，它

---

[1] 涂子沛：《数据之巅：大数据革命，历史、现实与未来》，中信出版社2014年版，第268页。

蕴含的是相关性思维和预测性功能，不具备因果性判断的功能。不具备因果性判断功能源于人们获取信息的即时性和片断性，建基于碎片化信息基础上的事件分析也便夹杂了很多主观的猜测和臆想，客观性一定程度上受到质疑，日常生活中网络上经常出现的"反转"体现了囿于数据道德判断的局限性。以 2021 年初网络上出现的"墨茶 Official"事件为例进行说明。

案例 1[①]：愿世界所有的"墨茶 Official"不再无人知晓

2021 年 1 月 21 日晚间，B 站主播"墨茶 Official"被曝出去世的消息，B 站微博官方紧急更新，向全网征集"墨茶 Official"的具体情况。这场集体性的悲伤与纪念源于"墨茶 Official"在 2020 年 12 月 21 日和 29 日发现的两条动态："看动态都在吃饺子，可是我从小到大都没有在冬至吃过饺子，第一次知道这样的习俗""我老想吃草莓了。最近被病折磨得吃什么吐什么，然后特别想吃草莓……可惜草莓太贵了。"他的最后一条动态是 12 月 31 日"然而我还在病床上躺着，令人感叹。"于是乎，网民们集体认为其是一个人在苦难中不堕落、不甘心、不认输，以及一个人向世界发出的呼唤，尝试进行的联络——如被困在矿井之下的人递出"救援不停，我们就有希望"的纸条。网民认为我们应该多一点"看见"，多一点牵挂，在世间每一个生命都应该被牵挂，每一份心声都该被尊重，每一个人抱团取暖，围炉夜话的愿望都应该被满足。愿苍凉大地上，所有的"墨茶 Official"不再无人知晓，不再被辜负。

案例 2[②]：记者直击 探访墨茶 Official 生前居住的家

1 月 22 日，记者到"墨茶 Official"户籍所在地凉山州西昌市经久乡庄潘村现场探访。采访到了逝者的母亲和外公。看到了"墨茶 Official"单家独户的小院，一栋两层楼房，有一个客厅五间卧室，院内东西厢有猪圈、鸡棚、厨房、厕所、太阳能热水器洗澡间等，屋内有电视机、冰箱、冰柜、洗衣机、电饭煲等电器。猪圈内有一头已经怀上猪崽的母猪，鸡棚内喂有七八只鸡，后院菜地种植的青菜、白菜

---

① 参见《南方都市报》2021 年 1 月 23 日。
② 《记者直击：探访墨茶 official 生前居住的家》，四川在线（https：//sichuan. scol. com. cn/ggxw/202101/58032547. html）。

等蔬菜长势良好。其75岁的外公每月有政府定时发放的优抚金和农村养老保险金等固定收入。

"墨茶Official"的母亲告诉记者：其家境还算不错，自己有一辆2014年购买的东风悦达起亚牌轿车，又在西昌市区与人合伙开了一家足浴店，其于2016年1月和2019年5月分别在西昌市购买了18.53平方米的商业用房和43.11平方米的办公用房。"墨茶Official"因家庭离异的原因，性格较为孤僻，不爱说话，最大喜好就是网络，职高肄业后，长期辗转于西昌、大理、成都等地，要求其母给予生活费，其母因要求其自食其力导致母子关系较紧张。2020年，"墨茶Official"在西昌检查出鼻肿瘤，后由其父带至攀枝花医院手术，并支付了手术费，期间，发现其患糖尿病、高血压等病症。手术后，"墨茶Official"因与父亲不和，独自外出，不接父母电话，直至被发现已在会理县迎宾大道出租屋内去世。

只看第一则报道，网友们一边倒地同情"墨茶Official"，认为其是有苦难自己扛，积极向上的力量，建设B站认证"墨茶Official"为纪念账号，呼吁社会多一点爱心让所有的人都见得到光。但是剧情的反转就发生在信息的进一步丰富上，通过案例2，网友们知道"墨茶Official"并不如自己形容的那般贫困与可怜，其不幸的根本原因不像他自己描述的那样是物质的贫困，而是父母离异后他无法自我复原。"墨茶Official"的"剧情反转"客观反映了局部数据全局性解读的困境，这其中人们的主观想象和事情安排起到非常重要的作用，其实质是大数据碎片化特征的外显。

第三，根据一般道义精神作出抽象化道德判断。社会公德是具有实践理性精神的，这就意味着它具有情境性，同样的事情在不同的情境中会有不同的解释，人在不同情境中会有不同的表现。马克思认为社会性是人的本质属性，且社会是通过劳动实现的，社会公德是具体的而不是抽象的，道德评价标准是源于实践的抽象化表达，其回归生活世界的时候需要具体问题具体分析，否则可能出现形式主义的错误。面对大数据反映的社会公德现象，非专家的网民们往往按自己的理解较主观地作出事件的道德复原和价值评价，非专家很难作出专家一般合理而公正的道德判断，日常化的道德判断往往是遵循日常生活中流行的素朴的道义原则展开，例如同情弱者和仇视强者的情感，且因为文化的固定性和恒久性，人们对日常道义原则的认知很难轻易改变，加之群体性网上讨论的强化更增强了其改变的难度。具体表现为，当一件涉及社会公德的事件出现之后，引发人们的关注而展开集体性讨论，依据道义原则框定道德责任人，借助群体舆论的力量对其施压要求其作出改变，甚或剥夺其生存条件等。但是，事情往往会随着信息量的增大而发生戏剧性的转变，因而以道德的名义产生的不道德结果便悄然发生了。

(2) 数据解读情感化倾向产生及防范

以社会公德治理运行机制中的协调监督机制为例，说明大数据社会公德治理的情感化趋势及其危害。道德监督功能实现过程中，社会舆论形成的基础是大众道德同情的产生，按照亚当·斯密的观点，同情是"当我们看到或逼真地想象到他人的不幸遭遇时所产生的感情"[①]。同情可以是同喜也可以是同悲，但是，"就其最恰当和最初的意义来说，是指我们同情别人的痛苦而不是别人的快乐"[②]。进而，有道德表现为对别人痛苦的同情，"引人同情"最易引发公众舆论支持，因而社会中的弱势群体最易引人同情。但凡遇到强弱身份对比明显的人物，社会舆论总是一边倒地站在弱势者一方，要求给失德的强者一方以最严厉的惩罚，这是中国文化中道义最朴素的解释。"死亡博客案"[③] 中，处在弱势地位的姜岩被无条件支持，作为社会强者象征的王菲被一边倒地谴责。同样的情况也发生在"药家鑫事件""宝马男事件"中，社会地位低的群体作为弱势群体，一旦出现在道德事件中往往会被一边倒地给予道义支持，道德的力量甚至影响到司法判决，药家鑫、"宝马男"的最终判决一定程度上受到了社会舆论的牵制。在这类事件中，王菲、药家鑫、"宝马男"已经不再代表具体的个人，而是被抽离个性作为不同身份的象征，本身就蕴含了道德情感倾向。社会公众借助网络平台形成巨大的道德力量，借助具体事件宣泄对司法不公、政治贪腐、专家堕落和媒体共谋的批判。这是一种通过情感参与公共政治的方式。

大数据时代道德监督功能实现过程中，如何限制道德力量的过度使用是值得思考的问题。首先，各大网络平台要负责信息的甄选，避免个别人

---

① [英] 亚当·斯密:《道德情操论》，蒋自强等译，商务印书馆2006年版，第5页。
② [英] 亚当·斯密:《道德情操论》，蒋自强等译，商务印书馆2006年版，第52页。
③ 参见百度百科"死亡博客案" (https://baike.baidu.com/item/%E6%AD%BB%E4%BA%A1%E5%8D%9A%E5%AE%A2%E4%BA%8B%E4%BB%B6/1550443?fr=aladdin)。

利用大众情感控制事件走向。现实生活中，事件信息被完整呈现之时，就会发现被保护者并不是道德那么崇高，被谴责者也不是道德那么低下，道德事件的情境性很强。为什么在社会舆论中往往造就两极对立的道德形象？无非是信息的再加工过程中，加工者强化了需要的信息，隐去了不需要的信息，通过重组制造和引发社会公众的恻隐之心，使之成为一种可以人为控制的情感生产和情感消费。其次，加大对网络事件幕后推手的惩罚力度，尊重事件的客观性，避免事件恶意再加工的可能性。后熟人社会是一个法治社会，在道德运行机制的建构过程中必须引入法律的力量，"只有通过法律的赋予，道德才能获得社会的普遍认同，提高其权威性，使之成为社会全体成员公认的原则"，① 德法共治才能实现大数据时代道德功能实现过程中情感表达与力度限度的有机统一。

（二）大数据自发性解决的路径建构

"具有数据素养，意味着你知道推荐意见不一定都是正确的。做任何决定时都需要在风险与回报之间作出取舍，即使大数据可以将不确定性降低，也需要你作出选择。数据服务商不应该代替你做决定，而应该帮你降低犯错的可能性，让你有能力利用更多的数据。"②

1. 培育公民的理性化大数据理念

（1）营造培育社会公德治理大数据意识的良好社会氛围

培育社会公德大数据意识，要从硬性制度和软性文化两方面着手。一是要加强社会公德治理大数据战略的顶层设计。从全局出发对社会公德治理中大数据的应用战略进行各方面、各层次、各要素统筹规划，设置和完善社会公德大数据体制机制，为社会公德大数据意识的培育提供政策支持。在此过程中，一方面要从社会公德治理的战略高度，着眼长远，谋划全局，赢得大数据时代的主动权，实现社会公德治理的科学化。同时，以社会公德治理大数据的科学性，增强对社会公德主体的科学战略意识，强化提高对大数据在社会公德治理全局中的地位和作用的认识水平。二是以培养社会公德大数据文化为目标，以"以人为本"为原则，契合当前社

---

① 任建东：《道德监督刍议》，《道德与文明》1997年第6期。
② ［美］安德雷斯·韦思岸：《大数据和我们》，胡小锐、李凯平译，中信出版社2016年版，第37页。

会发展的实际，创造培养社会公德治理大数据意识的良好社会氛围，使得社会公德大数据意识在全社会形成共识。具体而言，要以民生为旨趣做好社会公德大数据的战略规划，以社会公德大数据更好地造福数以亿计的人民群众，让亿万人民在共享社会公德大数据发展成果上有更多获得感和幸福感是制定国家战略的主旨。三是抓强具体方案落实。面向数据普及，采取科学而生动有趣的形式，大力宣传大数据的理论和知识，加强中国科学领域与传媒领域深入协作，用大众喜闻乐见的方式展现人工智能和大数据相关的创新成果，让人们了解大数据。面向数据应用，要让大数据在广度上涉及大众生活的方方面面，更要让大数据在深度上渗入人民的精神生活，让大众意识到大数据在人民的物质生活和精神生活中的作用，让普通民众意识到数据取之于民、用之于民的重要性。使个体养成运用数据的习惯，将大数据融入于生活的点点滴滴，在潜移默化中树立让大数据为人类服务的意识。

　　培育社会公德大数据意识，更要从发挥大数据自身价值着手。党的十九大报告指出："我国社会主要矛盾已经转化为人民日益增长的美好生活需要和不平衡不充分的发展之间的矛盾。"[①] 新时代，要实现美好生活的向往，要求范围更加宽、内涵更加广地满足个人物质生活需求和个人发展的精神需求，基于大数据的供给，更易于满足人民对美好生活的需要。一方面要继续发挥大数据的基本价值以满足人民基本物质文化需求，大数据作为重要的生产要素已经在经济方面产生了巨大的价值，使得人民真正成为大数据技术的受益者，人民更易于从内心深处萌发对大数据的兴趣，更加愿意关注、了解和运用大数据，大数据便有了广泛和深厚的民众基础。二要深入挖掘大数据的价值，以满足人民对美好生活的更高要求。为此要强化人们的数据思维，形成"用数据来说话"的意识。把"大数据"这个科技符号沉淀为"数据文化"，具体化为政府数据文化、社会数据文化、大众数据文化三种类型。具体到社会公德治理，就是确立社会公德治理领域的大数据战略认知与实践思维模式，为人民创造出更加美好的物质生活和精神生活。这种数据文化与社会公德治理一起成为满足人民的美好生活需要的重要部分，成为解决现阶段社会主要矛盾方案的一部分，而解

---

① 习近平：《决胜全面建成小康社会　夺取新时代中国特色社会主义伟大胜利——在中国共产党第十九次全国代表大会上的报告》，《人民日报》2017年10月19日第1版。

决当今时代社会的主要矛盾是实现中华民族伟大复兴的必经之路。由此，大数据和社会公德治理有了为道德建设共同发力，从而实现中华民族伟大复兴的宏伟目标的共同指向。这是在文化层面为大数据在社会公德治理领域的运用谋求的重要黏合点。中国语境中，把大数据引入社会公德建设中，就是要设计出富有中国特色的社会公德治理的大数据战略，坚持以人为本的原则便是实现这一目标的最为根本的道路。

(2) 把握公德治理大数据意识的重点培养对象

在培养社会公德治理大数据意识的过程中，培养全民的大数据意识无疑是重要的。但是，从矛盾的观点来看，"不能把过程中所有的矛盾平均看待，必须把它们区别为主要的矛盾和次要的矛盾两类，着重于抓住主要的矛盾"[1]，只有抓住了主要矛盾才能更加有效地达到目的。所以，干部尤其是领导干部以及青年由于他们自身的特点、重要作用和地位决定了他们是社会公德治理大数据意识培养的重点群体，并且在这个方面对他们提出更高的要求。

干部尤其是领导干部不仅是社会公德治理大数据意识的培养对象，而且是重点对象，尤其是政府在多元协同的社会公德治理中发挥着主导作用的前提下，做好党员领导干部的工作是做好其他社会成员工作的前提条件，领导干部在我国社会生活中的地位和作用决定了必须将其作为重点对象。毛泽东曾指出："政治路线确定之后，干部就是决定的因素。"[2] 他们是党和国家各项事业的领导者和组织者，是党的路线、方针、政策的制定者和执行者。"善于获取数据、分析数据、运用数据，是领导干部做好工作的基本功，各级领导干部要加强学习，懂得大数据，用好大数据，增强利用数据推进各项工作的本领，不断提高对大数据发展规律的把握能力。"[3] 一方面干部要具有政治敏锐性，意识到国家治理和大数据两者结合的必然性，要与时俱进学习大数据文化，并落实在日常的学习工作生活中。旨在帮助领导干部等目标读者更加快捷地了解大数据、用好大数据、提升大数据的应用能力的相关教材书籍已经应运而生，如人民日报出版社正式出版发行的《领导干部大数据应用指南》《大数据：领导干部读本》

---

[1] 《毛泽东选集》第1卷，人民出版社1991年版，第322页。

[2] 《毛泽东选集》第2卷，人民出版社1991年版，第526页。

[3] 习近平：《审时度势精心谋划超前布局力争主动 实施国家大数据战略加快建设数字中国》，《人民日报》2017年12月10日第2版。

是专门针对领导干部群体、符合领导干部等读者需求的政府大数据工具书，其中大数据在社会治理领域的运用都是重要模块和内容。领导干部除了利用教材进行自学之外，还应该邀请相关的专家开展讲座，虚心向专业人士学习，加强交流，做到真学真懂。同时应该积极组织和参与大数据实践活动，在大数据治理社会公德问题的实践过程中，运用和检验大数据治理知识水平并吸取经验不断精进自身能力。另外，将大数据应用于社会公德治理纳入政绩评估机制。当前我国行政体制的运转模式下，社会公德治理的绩效在相当程度上应体现为政府绩效，要杜绝"唯GDP论"的考核方式，将大数据能力纳入干部考核范围，建立科学、高效、易用的大数据平台。在领导干部晋升机制中，设置大数据能力为考察的重要项目之一。这个评估需要涵盖大数据的概念、思维、政策及应用等方面内容。业界专家认为，领导干部获取数据、分析数据、运用数据已经成为其做好各项工作的基础，如今社会公德治理已经倒逼领导干部一定要具有大数据的能力，领导干部一定要与时俱进，不断适应时代发展的潮流，而制定相关领导干部晋升中社会公德治理大数据能力评估机制正是不断鞭策领导干部养成这方面能力的重要手段。

青年是社会公德治理大数据意识培养的主要对象，这是因为青年阶段是一个人生理发育最旺盛，机体新陈代谢能力极强，智力发展达到顶峰，精力旺盛又极富个性的一个阶段。所谓"青年兴则国兴，青年强则国强"，我国青年有着光荣的革命传统，青年代表着祖国的未来和民族的希望，青年肩负着实现中华民族伟大复兴的历史使命，习近平总书记指出："青年是社会上最富活力、最具创造性的群体，理应走在创新创造前列。"[1] 青年要真做时代的弄潮儿，实际上也是与自身的发展密不可分的，大数据人才定会成为众多企业尤其是以大数据发展为首要战略的企业的"抢手货"，这是从自身的竞争力出发激励青年注重这方面能力的培养。其次，鼓励青年在各类大数据运用活动和竞赛等实践过程中感受大数据的价值，学习大数据先进技术。通过亲身实践的方式要比仅仅被动地接受大数据知识生动有趣得多，效果也好得多。如此青年们就会清楚"大数据"的概念和作用，引导青年主动寻找使用大数据技术去分析、挖掘与预测的最佳方法。主办方可以将社会公德治理方面的问题作为比赛主题，参赛者

---

[1] 《习近平谈治国理政》，外文出版社2014年版，第51页。

们以大数据知识为基础，针对具体的问题设计出具有创新意识的方案或者计划。国家信息部门和百度、阿里等知名企业可以提供数据以及技术和创业指导。按照这种模式可以设计出一系列的大数据主题大赛，激励更多学生关注大数据的发展，让更多的青年有良好的平台接触大数据技术去探索社会公共事务的发展，了解社会发展规律，让更多有能力和有志向的青年在竞赛中脱颖而出，成为大数据人才的重要后备力量。

2. 推动大数据战略健康积极发展

大数据平台是顺应目前信息化发展，服务政府治理能力现代化要求架构的。作为业界争相研究和发展的前沿问题，大数据平台以信息整合为重点，以大数据应用为导向，社会公德治理大数据平台就是将大数据各个环节融合在一起，以便聚集最前沿的技术，为社会公德治理提供一站式服务。强化社会公德治理大数据应用，建立大数据平台就是最重要的抓手。一方面，要搭建以应用为核心的社会公德治理大数据平台基础设施，要以互联网为基础，同时要对应大数据的数据处理流程和环节提供匹配的技术，此外还要采用多渠道和多载体将大数据分析成果运用于服务社会公德建设中。另一方面，制定以协同为特色的社会公德治理大数据平台运用规则，形成在大数据平台下社会公德治理领域方案和长效机制，同时促进我国大数据产业加快形成。

（1）搭建以应用为导向的社会公德治理大数据平台基础设施

在社会公德治理实践中，大数据信息平台的建设是一项基础性的工程。加快社会公德治理大数据的基础环境建设，按照国家大数据战略部署，打造与国家信息化建设相融合、广覆盖的社会化统一数据平台，这是一个长期的不断完善的过程。

大数据平台是一个综合平台，是一个具有枢纽性质的平台，由此决定了建设大数据平台是一个复杂的工程，内含大数据获取、存储、发布等整个流程，大数据平台的建设不可能是一蹴而就的。由此，由点到面逐步推广，最后实现点点相连，点面结合，是建设社会公德治理大数据平台的一条可操作的现实道路。这里所提到的点到面可以从微观到宏观循序渐进，总体是由小到大的。从建设智慧城市微观层面来看，整个城市的社会公德治理大数据平台的建成是建立在各个高智能大数据中心相互连接的基础上，即每一个高智能的大数据中心就是最基础的点，点与点相互连接，形成智慧城市范围内的社会公德治理大数据平台。从国家宏观层面来看，选择合适的有代表性的城市为试点，打造社会公德治理大数据智慧城市，接着把智慧城市试点的成功经验推广到全国，点与点相连成面，最终形成全国范围内的社会公德治理的大数据平台。当以这种点点相连，点面结合的道路来打造社会公德治理大数据平台的时候，致力于打造好每一个坚实有效的点便是最基础的前提工作。早在2014年，国家发展和改革委员会在《关于印发促进智慧城市健康发展的指导意见的通知》中定义智慧城市为运用物联网、云计算、大数据、空间地理信息集成等新一代信息技术，促进城市规划、建设、管理和服务智慧化的新理念和新模式。当前，全国各地正在如火如荼地进行智慧城市建设。国家信息中心发布的《新型智慧城市发展报告2017》显示，目前我国智慧城市的建设在公共服务的这个模块发挥了较大的作用，体现了智慧城市建设的可行性和必然性。但是其服务的功能还停留在比较基础的层面，还没有达到在复杂的社会公德治理的领域应用的要求。这要求国家必须加大对智慧城市的资金和技术的投入，依托大数据产业园和试点等基础设施建设的发展，打造方便快捷的数据分析共享平台，通过网络基础设施等要素的配合使用，增加智慧城市发展的技术含量。同时制定科学有效的大数据实施规划细则，为大数据建设和发展提供政策指导，如尝试在高智能大数据的服务中增加社会公德治理的功能，在运用大数据处理医疗交通、水务等问题的经验上，尝试深度开发和挖掘大数据在社会公德治理领域的价值。结合实际的社会公德治理问题，就问题较为严重的方面创建有针对性的大数据子平台和多样化的大数据产业及大数据产品，促使初始大数据的价值得到合理利用，使得社会公德治理主体的参与技术门槛降低，从而使社会公德治理的各个主体能够更加有效地通过大数据的技术手段解决社会公德中出现的问题，同时又不断增加大数据的附加值，开发共性基础设施服务和开拓应用，并避免重金打造的开放大数据平台"空心化"的问题。

（2）制定以协同为特色的社会公德治理大数据平台运用规则

大数据平台是一个多维度多环节的复杂运行机制，其中各个维度和环节的运行需要统一的规则来管理和统筹，才能使得大数据的价值得到有效发挥。不断创新和完善管理方式是推动社会公德治理大数据平台各项工作的动力，要始终站在社会服务最前沿不断尝试新的方向和做法，在创新中求发展。目前，建立并完善社会各方合作常态化工作机制、研究与开发机制是具有可操作性以及具有实际意义的平台运行模式，最终实现社会公德治理各主体利用大数据协助社会公德治理的常态化。

首先，设计整体方案实现对大数据平台的统一处理与管理。整体方案的规划设计要以"一个框架"为原则，将城市信息化作为一个整体进行统筹规划、整体设计、分步推进。结合社会公德治理的需求建立并完善涵盖基础、数据、技术、安全等大数据标准体系，加快基础通用标准的研发。在大数据处理的各个环节中，需要用一定的规则为其正常有效运行护航。主要包括数据采集工作规则、资源共享规则、人事管理规则。

一要构建数据收集机制，制定数据收集的详细准则，提高被采集数据的质量。当下只有更迅速、更实效、更精准的大数据才能符合发展的趋势。大数据发展对大数据的收集和录入也提出了更进一步的要求。为此，只有通过适时修订、完善社会公德治理领域关于数据采集的法律，健全优化和完善政府大数据采集规范，强化依法管理力度，明确数据采集与共享过程中各主体的权利义务，进一步明确企业、科研机构、媒体特别是互联网企业等社会组织以及个人的依法采集数据资源的相应权利义务。二要制定平台的元数据标准规范，为数据共享、交换和利用提供标准支撑，建立信息化标准和技术规范是实现信息系统互联互通、资源共享的重要基础工作。要规范数据来源，增加数据采集的维度，制定数据核对标准，树立大数据权威，打造政府功能与社会功能相互结合交叉的大数据治理平台。要形成民主开放的良好治理作风，培育公民合作精神，引导和组织基层民众有序参与社区社会公德自治，促进基层民众和政府之间的和谐关系，为共同治理社会公德问题打下基础。政府部门和社会组织和个人将收集到的关于社会公德失范行为的信息上传到大数据平台，通过由大数据平台提供的数据采集、分析和交换等服务，为各类公共事务管理应用系统的数据交换提供联动统一的平台，并利用该平台为各个城市应用输出相宜的指令，编制出一张越来越严密的社会公德失范惩戒网，使得社会公德失范者的日常生活受到限制，如最基本的限行，乘坐飞机、高铁等公共交通工具的权利被限制作为惩戒。三要出台平台运行管理制度，确立平台运行的组织结构、运行要求和保障服务，促使平台持续良好运行。可以在不同的数据中心设置不同等级的领导职务和数据专员来承担不同的责任，在数据信息专职人员的统筹和带领下，联合多个部门协同处理社会公德问题，明确安全管理部门、人员安全管理、信息安全管理以及技术安全等方面的要求，实现具体责任到人的理想状态。

其次，推动大数据平台融入日常生活。在确定一系列的规则保障社会公德治理大数据平台运行顺畅的前提下，最不能忽视的是要使得整个平台切实地融入人民生活，而不是在脱离现实的基础上空转。因此要着重从制度上规范政府部门数据化工程建设并定期进行披露和更新，不能将平台的建立沦为面子工程、形象工程，很多政府部门没有建立起本部门相应的数据部门、没有数据意识，所以要在制度层面进行硬性约束。大数据平台如何和社会公德治理联系在一起，就是平台和运用之间的关系，平台和运用缺一不可，避免平台空心化大数据服务能力，培养数据即为服务的模式。

三　大数据时代技术价值与意志自由的关系平衡

大数据是以海量数据分析获取事物的本真面貌和事物未来发展趋势见长的。但是，个体海量数据的获得必定影响个人隐私，本质是技术价值与自由的冲突。

（一）隐私保护中的悖论

社会公德大数据的获得以获取个体海量信息为前提，获取个体信息的过程是以"第三只眼"看世界的过程。通过百度获取个体浏览网页信息、通过京东获取个体购物信息、通过微信获取个体生活信息、通过室内外摄像头获取个体行为信息等。在此过程中，个体隐私被直接记录，当京东为我们推送体现个人习惯的购物单，当百度为我们推送为我们量身定制的新闻，当QQ显示我们可能认识的好友及个人圈子时，一方面我们感受到了便利，另一方面我们也在担心着我们的隐私被曝光问题。于是，每个人生活得胆战心惊，生怕差池半步。

1. 基于"告知与许可"的个人隐私保护

在世界范围内，个人隐私的保护基本采用"告知与许可"方式。即当我们的个人信息需要以数据的方式被采集和使用时，使用者告知我们个人信息使用的范围被保证不作他用，在银行、房屋中介、边境办证处我们以签名的方式授权个人信息被使用在指定的领域和特定的业务上，在百度浏览网页、京东购物、微信使用前我们都签署了企业声明不作其他用途的允许使用个人信息的许可声明。目前我国个人信息保护法已于2021年11月施行，总的原则在《宪法》《刑法》《民法典》中亦有体现。我国于

2021年1月生效的《民法典》第一千零三十二条，对隐私和隐私权有了统一界定。"隐私是自然人的私人生活安宁和不愿为他人知晓的私密空间、私密活动、私密信息。"①明确规定"任何组织或者个人不得以刺探、侵扰、泄露、公开等方式侵害他人的隐私权"，并指出获取个人隐私信息合法的途径为"法律另有规定或者权利人明确同意"。②其中，"告知与许可"模式是个人隐私使用的基本模式，这一模式试图从源头上切断个人信息的扩大使用和泛滥使用问题，以最直接的方式限制个人信息获取者的责任和保护个人信息所有者的权利。但是，"大数据的价值不再单纯来源于它的基本用途，而更多源于它的二次使用"③。

例如，京东购书。京东网上商场每时每刻记录消费者的购书数据，通过海量的购书数据，能够从整体上分析出未来书目的需求趋势和销售趋势进而调整入驻商家的结构比例。同时，能够分析出个体的购买种类、日常习惯等信息，进而推断出个体的职业、日常生活节奏等个人隐私信息。

这其中，京东并未违背基于"告知许可"的个人隐私保护协议，但是大数据却因为交叉检验产生了很多创新性的用途，或许这就是"海量"的根本价值所在。在这个过程中，京东分析整体数据走势和个人消费习惯本应该获得几十万用户的授权，但是这绝对是难以想象且实现不了的，没有任何一个企业承担得起这样的人力和物力成本。进一步思考，这种情况让消费者一开始就同意所有个人信息用途也是不可行的，因为这从本质上打破了"告知许可"模式的可行性，使其失去了意义。另一方面，如果限制大数据在签订授权协议的范围内工作，那大数据又失去了其海量的价值和创新的可能性，不利于企业、社会、个人和国家的发展。

目前很多大数据使用者开辟出另外一条解决隐私悖论的路径，即模糊化或者匿名化。在涉及的个体脸部打"马赛克"等是模糊化操作的典型手段，在涉及的信息上隐去姓名身份等是匿名化的主要操作方式。

---

① 《中华人民共和国民法典》，中国法制出版社2020年版，第158页。
② 《中华人民共和国民法典》，中国法制出版社2020年版，第158页。
③ ［英］维克托·迈尔－舍恩伯格、［英］肯尼思·库克耶：《大数据时代》，盛杨燕、周涛译，浙江人民出版社2013年版，第197页。

例如①，重庆保时捷女司机掌掴事件中，首次网络曝光时并未被网友提及姓名和区域，但是网友以各个角度提供线索信息汇集组合，很快保时捷女司机及丈夫的相关信息全部被曝光。同时，网络上有诸多此类模糊在先，瞬间清晰的案例。

又例如②，2006年8月，美国在线（AOL）公布了大量的旧搜索查询数据，本意是希望研究人员能够从中得出有趣的见解。这个数据库是由从3月1日到5月31日之间的65.7万用户的2000万搜索查询记录组成的，整个数据库进行过匿名化——用户名称和地址等个人信息都使用特殊的数字符号进行了代替。这样，研究人员可以把同一个人的所有搜索查询记录联系起来分析，而并不包含任何个人信息。尽管如此，《纽约时报》还是在几天之内通过把"60岁的单身男性"、"有益健康的茶叶"、"利尔本的园丁"等搜索记录综合分析考虑后，发现数据中的4417749号代表的是佐治亚州利乐本的一个62岁寡妇塞尔玛·阿诺德（Thelma Arnold）。当记者找到她家的时候，这个老人惊叹道："天呐！我真没想到一直有人在监视我的私人生活。"这引起了轩然大波，最终美国在线的首席技术官和另外两名员工都被开除了。

从大数据更为快速发展的美国典型案例中可知，随着大数据获取量越来越大、获取的途径更为丰富，模糊信息方式在起点处作用收效甚微，面对海量网民和海量数据具体信息的模糊化顶不住信息大数据洪流的冲击。同时，在大数据建立初期有效匿名化方式将逐渐失去其效用。目前我国处在大数据战略起步阶段，匿名化的方式对保护隐私有一定的成效，但是随着大数据数量和来源的日益扩大深化，建立在海量数据基础上的交叉检验的强大信息综合能力，使以匿名化方式保护个人隐私基本无效。发展大数据创造海量社会公德治理价值，但是在此过程中却产生了有悖初衷的侵犯个人隐私的道德危机，悖论产生后解决方案仍在途中。科罗拉多大学的法

---

① 参见百度百科"重庆保时捷女司机掌掴事件"（https://baike.baidu.com/item/%E9%87%8D%E5%BA%86%E4%BF%9D%E6%97%B6%E6%8D%B7%E5%A5%B3%E5%8F%B8%E6%9C%BA%E6%8E%8C%E6%8E%B4%E4%BA%8B%E4%BB%B6/23648946?fr=aladdin）。

② ［英］维克托·迈尔－舍恩伯格、［英］肯尼思·库克耶：《大数据时代》，盛杨燕、周涛译，浙江人民出版社2013年版，第198—199页。

学教授保罗·欧姆（Paul Ohm），同时也是研究反匿名化危害的专家认为："针对大数据的反匿名化，现在还没有很好的办法。毕竟，只要有足够的数据，那么无论如何都做不到完全的匿名化。更糟糕的是，最近的研究表明，不只是传统数据容易受到反匿名化的影响，人们的社交关系图，也就是人们的相互联系也将同受其害。"① 未来，随着大数据规模的不断扩大，基于大数据的隐私悖论将令人类风险重重。现在的网络公司正在重新定义人，人是社会关系＋网上搜索＋网上互动的加和，大数据定义人的时代已经到来，而人的隐私保护的尝试却一个又一个地失败，人类在自己胜利创造技术的同时感受到了无法控制的失败。

2. 数据预防与个人意志自由的悖论

依据相关关系预测事物的未来发展趋势是大数据思维本质，运用到社会公德治理中，可以依据个体、群体的行为模式预测未来可能发生的道德失范现象，进而展开预防，实现社会公德治理的根本目的。

例如②，广东省佛山市长者饭堂设置点的确定，就是以长老居住点大数据为基础展开的。长者饭堂是佛山市为65岁以上老年人提供的公共福利项目，体现政府"老有所养"治理理念。在饭堂设置初期由于设置点未充分考虑老年人居住特点，造成老年人需要未得满足和饭堂资源浪费的两难局面。后来，引入佛山市老年人居住地址、活动范围、经济状况等大数据，以"满足聚焦、优先低收入老年人"为原则改善长者饭堂设置点，从根本上解决了佛山市长者饭堂设置中存在的两难问题，落实了国家"老有所养"的理念。

又例如③，杭州将个人信用制度与医疗就医相结合。杭州市根据其个人信用系统"钱江分"上的个人信用记录情况，决定个体能否"先就医后缴费"。对于个人信誉分值高者可以先就医，在医疗结束48小时内或治疗完全结束后再缴费。

---

① ［英］维克托·迈尔－舍恩伯格、［英］肯尼思·库克耶：《大数据时代》，盛杨燕、周涛译，浙江人民出版社2013年版，第200页。
② 数据来源：广东省佛山市大数据管理局调研数据。
③ 《杭州11家市属医院可凭信用就医》（http://health.people.com.cn/nl/2019/0405/c14739-31015028.html? ivk_ sa=1024320u）。

具体分析两个案例，可以发现根据大数据的信息挖掘和预测功能，既可以具体勾勒出个体的社会信用状况，也可以详细描述出群体的社会活动趋势，进而设置良善的便民措施，服务社会和人民。但这仅仅是问题的一个方面，问题的另一个方面是大数据剥夺了个体自由选择的权利和承担责任的义务。当大数据所表达的"趋势"以规则的方式落地实施起，个体便被固定下来，但是在这两个案例反映的情境中我们愿意为防止更大的灾难而作出适当的牺牲，且这也符合社会的文化期望。我们为了预防肺癌而降低吸烟率、为了避免在车祸中死亡而系安全带、为了避免飞行风险而要求安检等，在诸类案例中我们都被限制了自由，但是我们愿意为了长远的自由而放弃这些眼前的自由，两种问题在积极的情况中易于被认同和解决。但是，在消极的情境中情况却大不相同。

例如，广东省佛山市面对违法企业多的难题引入大数据治理。为了确立企业诚信风气，2018年佛山市监督管理局调取3000多家受罚企业资料，取出其中90%的企业进行数据碰撞，建构不诚信企业模型。再用剩下的10%企业进行对照测试，不诚信企业判断准确率达到90%以上。依据此模型树立全市诚信企业典型，提供相关资金和项目支持。对于不诚信企业，从资金和项目等方面给予限制。[①]

其实，在现实生活中我们一直都使用群体"画像"方式来高效作出价值判断。大数据更完整、更精准、更具体和更个性化地把这一思维推进到更为精确的个体层面。但是，对于不诚信企业而言，本质上是以未来的不诚信可能性被剥夺了现在选择的机会。这种限制和惩罚违背了公平正义精神的本质，不是因为做了某事而对它负责，而是因为被预判将会做某事而失去选择和负责的机会。更为深刻的是，这种机制违背了人的本质，开放性和可能性是人的本质体现。与动物相比较，人在出生处是羸弱的，动物与大自然匹配度极高以致不用改变习性便可存活于大自然中。但是，人类在出生处并不与大自然直接匹配，人类要通过不断完善提高自身才可以适应自然而生存下去，但是恰恰是出生处的不匹配性决定了人不同于动物的特殊性，即人具有可能性和创造性。当我们以大数据的预测代替了人的选

---

① 广东省佛山市大数据管理局调研数据。

择之后，最体现人的本质的可能性和创造性被剥夺，人的高贵之处何在呢？

在这个过程中，还有一点值得我们深思，即大数据以可能性概念替换了因果性概念。小数据蕴含的是因果关系，这是一种直接相关关系；大数据蕴含的是相关关系，这是一种间接相关关系。并不是大数据无法实现因果关系，而是人类在算法设计时根据自己的需要出发设置了相关关系的需要输出，"大数据的不利影响并不是大数据本身的缺陷，而是我们滥用大数据预测所导致的结果"①。我们把大数据运用到需要因果关系确认的领域中，并且认为其会给人类带来更大的益处，但是在取得成效的同时我们也不得不面临可能把自由意志禁锢在牢笼里的风险。

（二）大数据时代社会公德治理中隐私悖论的防范路径建构

1. 确立基于大数据的隐私保护路径建构

在技术限制和意志自由、隐私保护等方面我们需要确定具有法律竞争力的基本制度规范，而不是阻挡大数据的推广和应用，鼓励大数据增长和遏制其潜在威胁同等重要。

（1）改变隐私责任理念：由个人许可转变为使用者负责

现代语境中，隐私保护向来是个人的责任与权利，个体通过自己决定是否、如何和由谁来处理自身信息的方式来实现隐私保护。大数据初期阶段，我们使用的"告知允许"隐私保护模式正是传统隐私保护思想在大数据领域的延伸。但是，当二次使用个人信息大数据出现之后，传统的隐私理念的保护效果不堪一击。"知情同意面对目前的社会已经退化为一个呆板的闹剧，因为我们大多数人既没有时间也没有足够的专业知识来解读这个潘多拉魔盒。"② 因而，改变隐私保护理念是实现大数据时代社会公德治理个体隐私保护的起点。

大数据时代把隐私数据负责人由信息人转变为信息使用人的依据为：首先，只有大数据信息使用人才知道信息的使用领域和方向。在信息采集处，使用人并不可预见未来海量数据的可能价值，只有当海量数据把潜力的价值发挥出来之时才能明确其所蕴含价值。此时涉及信息二次利用中的

---

① ［英］维克托·迈尔-舍恩伯格、［英］肯尼思·库克耶：《大数据时代》，盛杨燕、周涛译，浙江人民出版社2013年版，第207页。

② 帕斯奎尔：《黑箱社会：控制金钱和信息的数据法则》，赵亚男译，中信出版社2015年版，第XIII页。

隐私问题，隐私能否利用、如何利用、由谁利用等只有大数据使用者最清楚且明晰其风险所在。而此时，要求成万上亿的信息人授权是不可能实现的事情，因而风险评估、风险规避、风险责任等应该由数据使用者承担。其次，数据使用收益由数据使用者获得，因而他们理应承担隐私防范责任。

大数据隐私保护责任归为数据使用者之后，对于数据使用者和信息所有人都有益处。首先，对于数据使用人而言，只要他们有能力避免隐私侵犯风险，他们无需在二次使用数据时征得信息所有人的同意，既有利于效率的提高也有利于效益的提高。其次，对于数据采集人而言，不用再担心二次被滥用所带来的风险。

(2) 完善隐私保护的体制机制

建立健全法律制度。在法律制度建设方面，目前《中华人民共和国个人信息保护法》虽然已经出台，但执行效果有待提升。相关法律有《全国人民代表大会常务委员会关于加强网络信息保护的决定》《电信和互联网用户个人信息保护规定》《全国人民代表大会常务委员会关于维护互联网安全的决定》《消费者权益保护法》《中华人民共和国网络安全法》等，辅之以《宪法》《刑法》《民法》《网络安全法》等法律法规和各部门颁布的相关规定。整体上，法律制度的建设状况有待改善。首先，利用好大数据帮助设立隐私保护的相关法律以及规章制度。发挥大数据的整合功能、及时功能和预测功能，全面获取建立隐私保护法时应该关注的问题域及未来走向。其次，立足隐私防范建立相关的大数据法律规章制度。要把大数据真正纳入法治的轨道，保障"互联网犯法也是犯法"理念落到实处。一方面加强大数据保护隐私权专项立法，例如以问题为导向立法，为解决大数据领域中的隐私保护问题设立专法专办通道，针对政府、企业、个人不同主体具体化操作流程。另一方面，加大大数据隐私法的宣传教育，树立法律权威，培育公众大数据隐私保护法治理念，形成法治思维，用法律武器维护自身利益。

基于大数据实现隐私防范机制现代化。在机制建设方面，目前我国还未形成隐私管理的政府、企业、个人一体化协作管理机制，特别是政府未形成中央、地方一体化的个人隐私管理体制机制。在此背景下，目前我国对隐私管理处在自发发展阶段。在网络平台上，网民利用互联网、物联网等便携终端记录、上传、整合个人感兴趣的信息和事件，以自发性的道义标准判断网络发生的各类事件，失去了责任和客观性的信息发布和信息评论既不是真正个体自由的实现，也不能真正保护个人隐私，不能生成良善的隐私保护生态。一体化隐私保护体制机制的建立势在必行。一是建立政府牵头的中央和地方一体化纵向隐私保护机构。如同大数据管理部门的国家一体化设置一样，隐私保护也需要秉持专事专办的理念，建设专门部门上下齐抓共管才能有效防止侵犯隐私事件的发生。二是横向设置专人牵头的管理体制。在中央和地方各级设立大数据隐私保护管理办公室，实现各级大数据有效管理机制。三是设立专门大数据隐私监督机制，独立于政府、企业、个体之外的第三部门，以"一票否决"的方式把此项工作真正落实到位。

设立隐私防范责任评优指标体系。曾任美国太阳微系统 CEO 的斯科特·麦克尼利（Scott McNealy）指出，"你的隐私只剩零了，想开点吧。"他认为互联网将彻底"杀死"隐私[①]，责任一词将代替隐私一词。我们不可能在大数据发展的洪流中逆行不前，那我们就需要个人、企业、国家共同成为隐私保护的责任人。首先，个人对自己发布的信息负责。物联网时代，每个主体都是信息的制造者、传播者和享用者，因而主体对自己所发布信息负责也就是杜绝了隐私被滥用，同时也是良善制造大数据信息的起点。其次，建立企业隐私防范评价机制，通过引领大数据使用企业树立正确的大数据使用观，建设完善的信用评价指标体系规范企业大数据使用行为，杜绝隐私被滥用。再次，政府引导和监督到位。政府通过自身公共权威引导社会增强大数据时代隐私保护意识，同时以强制力手段完善大数据奖惩制度建设，把大数据隐私保护真正落实到位。

（3）具体防范手段

以数据降低隐私风险发生。一是调整模糊信息的时段。把目前防范大数据泄露隐私的模糊数据方法从数据发布阶段调至采集数据阶段，即不在发布信息时模糊有限信息，而是在采集信息入库时模糊一些信息。这样既可以避免交叉检验时的"人肉搜索"危害，又不影响社会公德治理的效果。二是限制数据存储时间。目前的数据一旦上网就永久存在，未来数据的使用应该有一定的时效性。例如，在医疗领域中，为了利于专家会诊，病历公开。同时，为了保护病人的病情隐私，病历数据在规定时间过后就被隐藏起来。

[①] ［美］帕斯奎尔：《黑箱社会：控制金钱和信息的数据法则》，赵亚男译，中信出版社 2015 年版，第 XI 页。

以技术防范数据泄露引发的隐私风险。大数据提取和预测性结果之间存在一个阶段，这个阶段是不透明、不可解释、不可追踪的算法过程，学者形象地称其为"黑盒子"。这个计算过程超出了我们一般人的理解，仅为少数算法师所掌握，因而这个过程的责任与监督对于大数据结果的合法性和合理性至关重要。这一问题的解决思路有两个：一是培养专业人才，即内部算法师和外部算法师队伍，如同会计和会计师一样实现自我监督；二是以技术制约技术，区块链技术可以在一定意义上通过追踪解决数据篡改、泄漏的风险。

2. 技术宰制与意志自由平衡的路径建构

（1）思维方式变迁：因果关系整合相关关系

挖掘相关性是大数据的思维特点，围绕个体的生活、消费、行业等相关网络行为勾勒个体未来面貌，进而作出判断且采取预防性措施。沿此思路，人类陷入相关性的藩篱。走出局限，需要我们在思维方式上以因果性思维整合相关性思维。当大数据作出相关性的未来预测之后，相关领域专家展开立足传统数据的因果性分析，找出事物发展的规律，作出更全面的结论和判断。

（2）具体操作措施

首先，强化大数据相关性判断的防范措施。在隐私保护进程中，企业、政府、社会组织发布信息时，特定的防护措施必须到位。一是公开原则。因为结果直接影响到具体个人，因而必须公开用来预测的大数据信息来源和算法系统；二是公正原则。必须采用第三家合法公司的可靠的、公正的算法系统；三是可申诉原则。明确提出在一定期限内个人可以对结果提出解释性申诉和反驳性说明；四是，反对数据独裁。不能赋予大数据根本不具备的意义和价值。[①]

其次，保护个人责任。通过明晰政府、企业、个人的角色实现对个体使用责任权利的保护。政府和企业的职责是风险管理，即评估风险和管理风险。在这个过程中，政府重在价值引导和提供公共服务，企业展开风险评估和风险预防措施。真正的责任主体是活动主体，通过选择和承担责任实现真正的主体自由，推动社会和国家的真正进步。

---

① ［英］维克托·迈尔-舍恩伯格、［英］肯尼思·库克耶：《大数据时代》，盛杨燕、周涛译，浙江人民出版社2013年版，第224—225页。

主要参考文献

一 专著

《马克思恩格斯全集》第42,44卷,人民出版社2002年版。
《马克思恩格斯选集》第1—4卷,人民出版社2012年版。
《马克思恩格斯文集》第1—10卷,人民出版社2009年版。
《列宁选集》第1—4卷,人民出版社2012年版。
《毛泽东选集》第1—4卷,人民出版社1991年版。
《邓小平文选》第1—3卷,人民出版社1993、1994年版。
《江泽民文选》第1—3卷,人民出版社2006年版。
《胡锦涛文选》第1—3卷,人民出版社2016年版。
《习近平谈治国理政》第1卷,外文出版社2018年版。
《习近平谈治国理政》第2卷,外文出版社2017年版。
《习近平谈治国理政》第3卷,外文出版社2020年版。
《习近平谈治国理政》第4卷,外文出版社2022年版。
《〈公民道德建设实施纲要〉百问百答》,中共中央党校出版社2001年版。
《新时代公民道德建设实施纲要》,人民出版社2019年版。
苗力田主编:《亚里士多德全集》第8卷,中国人民大学出版社1994年版。
李淮春:《马克思主义哲学全书》,中国人民大学出版社1996年版。
梁启超:《新民说》,商务印书馆2016年版。
梁启超:《饮冰室合集》,专集第3册,中华书局1994年版,广东省立中山图书馆影印本。
罗国杰主编:《伦理学》,人民出版社1989年版。
罗国杰:《道德建设论》,湖南人民出版社1997年版。
廖申白、孙春晨:《伦理新视点——转型时期的社会伦理与道德》,中国社会科学出版社1997年版。

樊浩：《中国伦理精神的现代建构》，江苏人民出版社1997年版。

刘智峰：《道德中国：当代中国道德伦理的深重忧思》，中国社会科学出版社2001年版。

吴潜涛等：《当代中国公民道德状况调查》，人民出版社2010年版。

高福进、闫成：《社会风尚与道德领域突出问题专项治理研究》，上海人民出版社2014年版。

程立涛、曾繁敏：《新时期社会公德建设研究》，中国社会科学出版社2013年版。

陈万柏、张耀灿：《思想政治教育学原理》，高等教育出版社2007年版。

郑永廷：《思想政治教育方法论》，高等教育出版社2010年版。

全球治理委员会：《我们的全球伙伴关系》，牛津大学出版社1995年版。

俞可平：《治理与善治》，社会科学文献出版社2000年版。

俞可平：《敬畏民意：中国的民主治理与政治改革》，中央编译出版社2012年版。

涂子沛：《大数据》，广西师范大学出版社2012年版。

涂子沛：《数据之巅：大数据革命，历史、现实与未来》，中信出版社2014年版。

陈潭：《大数据时代的国家治理》，中国社会科学出版社2015年版。

王绍光、胡鞍刚：《中国国家能力报告》，辽宁人民出版社1993年版。

施雪华：《政府权能理论》，浙江人民出版社1998年版。

吴红辉：《智慧城市实践总论》，人民邮电出版社2017年版。

[美] 桑尼尔·索雷斯：《大数据治理》，匡斌译，清华大学出版社2014年版。

[日] 城田真琴：《大数据的冲击》，周自恒译，人民邮电出版社2013年版。

[英] 维克托·迈尔-舍恩伯格、[英] 肯尼思·库克耶：《大数据时代》，盛杨燕、周涛译，浙江人民出版社2013年版。

[英] 乔恩·罗森：《千夫所指：社交网络时代的道德制裁》，王岑卉译，九州出版社2016年版。

Judith Hurwitz, Alan Nugent, et al., *Big Data for Dummies*, New Jersey: John Wiley & Sons, Inc, 2013.

二 期刊论文

陈延斌：《当前中国社会道德状况的评价与治理对策》，《中州学刊》2013年第5期。

戴香智、马俊达：《大数据时代下的社会治理创新：概念、关系与路径》，《中国科技论坛》2016年第10期。

刁生富、冯桂锋：《大数据在舆情监测中的应用：价值、局限性及其超越》，《探求》2018年第3期。

范如国：《复杂网络结构范型下的社会治理协同创新》，《中国社会科学》2014年第4期。

冯登国、张敏、李昊：《大数据安全与隐私保护》，《计算机学报》2014年第1期。

冯国锋：《论不道德者在道德治理中的角色及其主体间性》，《学术交流》2017年第7期。

冯国锋：《论多主体道德治理中的政府角色》，《理论与改革》2017年第1期。

冯建军：《主体间性与教育交往》，《高等教育研究》2001年第6期。

高惠珠、吴浪菊：《社会风尚与道德治理》，《思想理论教育》2013年第9期。

巩军伟：《我国社会转型期的道德失范与道德治理》，《西北师大学报》（社会科学版）2014年第6期。

韩兆柱、翟文康：《大数据时代背景下整体性治理理论应用研究》，《行政论坛》2015年第6期。

胡虹霞：《试论国外几种典型的公民道德建设模式》，《北京印刷学院学报》2011年第5期。

胡洪彬：《大数据时代国家治理能力建设的双重境遇与破解之道》，《社会主义研究》2014年第4期。

胡树祥、谢玉进：《大数据时代的网络思想政治教育》，《思想教育研究》2013年第6期。

胡纵宇、黄丽亚：《大数据时代大学生思想政治教育面临的问题及应对》，《学校党建与思想教育》2014年第13期。

黄富峰：《关于道德治理几个问题的思考》，《齐鲁学刊》2014年第4期。

黄麟：《大数据时代如何推动社会治理创新》，《人民论坛》2018年第9期。

姜晓萍：《国家治理现代化进程中的社会治理体制创新》，《中国行政管理》2014年第2期。

李国杰、程学旗：《大数据研究：未来科技及经济社会发展的重大战略领域——大数据的研究现状与科学思考》，《中国科学院院刊》2012年第6期。

李怀杰、夏虎：《大数据时代高校思想政治教育模式创新探究》，《思想教育研究》2015年第5期。

李建磊：《道德治理与道德文化建设》，《伦理学研究》2013年第1期。

李萍、童建军：《德性法理学视野下的道德治理》，《哲学研究》2014年第8期。

梁锋：《"大数据"》，《新闻前哨》2013年第11期。

龙静云：《道德治理：国家治理的重要维度》，《华中师范大学学报》（人文社会科学版）2015年第3期。

龙静云、熊富标：《论道德治理的基本路径与社会合作》，《江汉论坛》2013年第5期。

鹿斌、金太军：《社会治理创新中主体关系的反思与重塑》，《湖北社会科学》2017年第7期。

孟小峰、慈祥：《大数据管理：概念、技术与挑战》，《计算机研究与发展》2013年第1期。

潘华：《大数据时代社会治理创新对策》，《宏观经济管理》2014年第11期。

钱广荣：《论道德治理的思想认识基础》，《思想理论教育》2013年第9期。

秋石：《正确认识我国社会现阶段道德状况》，《求是》2012年第1期。

秋石：《认清道德主流坚定道德信心——再论正确认识我国社会现阶段道德状况》，《求是》2012年第4期。

秋石：《正视道德问题加强道德建设——三论正确认识我国社会现阶段道德状况》，《求是》2012年第7期。

邵静野、来丽梅：《社会治理体制创新中社会协同机制的构建》，《东北师大学报》（哲学社会科学版）2014年第1期。

王伟、蒲丽娟：《论道德力式微与道德治理》，《求实》2013年第12期。

王晓丽：《大数据时代的道德监督功能》，《伦理学研究》2019 年第 3 期。

王晓丽：《社会公德治理：缘起、运行、实现——以共享单车使用为例》，《道德与文明》2018 年第 5 期。

王晓丽、巫茜子：《中国语境中的社会公德建构》，《道德与文明》2020 年第 3 期。

邬贺铨：《大数据时代的机遇与挑战》，《求是》2013 年第 4 期。

肖哲、魏姝：《中国公民参与的形式与结果：对 102 个案例研究的再分析》，《东南学术》2019 年第 4 期。

谢桂山：《"互联网＋"语境下道德治理的特征、价值及其转型》，《齐鲁学刊》2017 年第 1 期。

熊英：《道德治理的合法性与有效性论析》，《武汉理工大学学报》（社会科学版）2014 年第 4 期。

薛惠：《关于社会公德治理的几个问题》，《华中师范大学学报》（人文社会科学版）2016 年第 3 期。

薛惠：《论道德治理的四大机制建设》，《社会主义研究》2016 年第 3 期。

严仍昱：《从社会管理到社会治理：政府与社会关系变革的历史与逻辑》，《当代世界与社会主义》2015 年第 1 期。

杨义芹：《略论道德治理能力现代化的主要特征》，《理论与现代化》2015 年第 5 期。

姚迈新：《社会治理现代化进程中的大数据应用——以广州市实践为例》，《长春市委党校学报》2018 年第 2 期。

叶方兴：《论道德治理的限度》，《中州学刊》2015 年第 2 期。

俞可平：《治理与善治引论》，《马克思主义与现实》1999 年第 5 期。

翟云：《中国大数据治理模式创新及其发展路径研究》，《电子政务》2018 年第 8 期。

张春艳：《大数据时代的公共安全治理》，《国家行政学院学报》2014 年第 5 期。

张康之：《公共管理：社会治理中的一场革命》（上），《北京行政学院学报》2004 年第 1 期。

张烨：《大数据与社会管理创新研究》，《现代传播（中国传媒大学学报）》2016 年第 6 期。

章政、闵瑛美、王大树：《大数据时代的社会治理创新与居民信用管理》，

《新视野》2015 年第 6 期。

周进：《新加坡道德治理概述》，《道德与文明》2014 年第 4 期。

周中之：《道德治理与法律治理关系新论》，《上海师范大学学报》（哲学社会科学版）2014 年第 2 期。

朱贻庭：《"'本''末'之辨"说道德——当前道德治理必须关注的一个问题》，《道德与文明》2013 年第 2 期。

朱志萍、任律：《大数据战略驱动下城市社会安全风险治理研究》，《上海城市管理》2018 年第 4 期。

邹海贵：《论道德治理》，《吉首大学学报》（社会科学版）2016 年第 6 期。

Merv Adrian, "Big Data: It's Going Mainstream and It's Your Next Opportunity", *Teradata Magazine*, No. 1, 2011.

三 报纸及其他

《中共中央关于加强社会主义精神文明建设若干重要问题的决议》，《人民日报》1996 年 10 月 15 日第 1 版。

《中共十六届四中全会在京举行》，《人民日报》2004 年 9 月 20 日第 1 版。

《坚定不移沿着中国特色社会主义道路前进 为全面建成小康社会而奋斗——胡锦涛同志代表第十七届中央委员会向大会作的报告》，《人民日报》2012 年 11 月 9 日第 1 版。

《道德领域突出问题专项教育和治理活动视讯会议召开》，《人民日报》2012 年 5 月 14 日第 1 版。

习近平：《在庆祝中国人民政治协商会议成立 65 周年大会上的讲话》，《人民日报》2014 年 9 月 22 日第 1 版。

习近平：《完善和发展中国特色社会主义制度 推进国家治理体系和治理能力现代化》，《人民日报》2014 年 2 月 18 日第 1 版。

习近平：《青年要自觉践行社会主义核心价值观——在北京大学师生座谈会上的讲话》，《人民日报》2014 年 5 月 5 日第 1 版。

《习近平在中共中央政治局第三十六次集体学习时强调：加快推进网络信息技术自主创新 朝着建设网络强国目标不懈努力》，《人民日报》2016 年 10 月 11 日第 1 版。

习近平：《决胜全面建成小康社会 夺取新时代中国特色社会主义伟大胜利——在中国共产党第十九次全国代表大会上的报告》，《人民日报》

2017年10月19日第1版。

习近平：《审时度势精心谋划超前布局力争主动 实施国家大数据战略加快建设数字中国》，《人民日报》2017年12月10日第2版。

卫建国：《道德治理问题论略》，《光明日报》2012年11月17日第11版。

周中之：《道德治理与法律治理的反思》，《光明日报》（理论版）2013年7月9日第11版。

张海波：《大数据如何驱动社会治理》，《新华日报》2017年9月13日第7版。

工信部：《大数据标准化白皮书（2018）》（http：//www.cesi.cn/201803/3709.html）。

《〈中国大数据产业发展评估报告（2018年）〉发布》（http：//www.sohu.com/a/258283742_164987）。

《国务院关于印发促进大数据发展行动纲要的通知》（http：//www.gov.cn/zhengce/content/2015-09/05/content_10137）。

《国务院办公厅关于发展众创空间推进大众创新创业的指导意见》（http：//www.gov.cn/zhengce/content/2015-03/11/content_9519.htm）。

《国务院办公厅印发〈关于全面推进政务公开工作的意见〉实施细则的通知》（http：//www.gov.cn/zhengce/content/2016-11/15/content_5132852.htm）。

麦肯锡全球研究院：《大数据：创新、竞争和生产力的下一个新领域》（http：//wenku.baidu.com/view/2e494d6d9b6648d7c1c746a7.html）。

IBM商业价值研究院：《分析：大数据在现实世界中的应用》（http：//www-935.ibm.com/services/multimedia/use_of_big_data.pdf）。

《国务院印发〈促进大数据发展行动纲要〉》（http：// www.gov.cn/xinwen/201509/05/content_2925284.htm）。

《广东大数据发展全国第二》（http：//news.sina.com.cn/o/2017-02-27/doc-ifyavrsx5216849.shtml）。

附件　大数据时代广东省社会公德治理运行机制调研报告

一　大数据时代广东省社会公德治理的发展实证调研

调研1　佛山市政务服务数据管理局调研报告

佛山市政务服务数据管理局是"数字政府"的具体实践，是广东省政府整体框架下结合佛山市实际情况落实数据治理的试点，不同于上海、杭州等政府数据试点，佛山市的试点是更具备推广价值的长效机制。

时间：2019年8月13日上午

地点：佛山市政务服务数据管理局大会议室

参加人员：佛山市政务服务数据管理局相关工作人员

　　　　　华南理工大学马克思主义学院：王晓丽、王俊飞、巫茜子

（一）广东省数据政府建设的历程

时间	事件
2010年	在倡导建设智慧城市的大背景下，为深入贯彻城市建设信息化、智慧化的要求，佛山同宁波等其他城市成为第一批智慧城市。
2013—2014年	随着社会的发展，智慧城市的建设有了大数据的思路，主要的原因是：1. 数据量变得巨大，并且数据之间的关系变得庞杂。2. 云计算的成本降低。在这两个前提下，数据部门可以做的事情变成了以下三点，第一个是加强传统数据的目录建设，在此前全市84个部门所做的数据目录的基础上，可以将目录进行清理做成文件的形式发布，并根据目录来追踪自己想要的文件；第二个是有了一个中间的数据交换平台，有了数据的中枢；第三个是日常协调数据的管理，建成数据共享平台，起到一个桥梁的作用。
2017年	在大数据的推动下，佛山正式挂牌建立了数据中心，由此建立了数据应用科。

续表

时间	事件
2018 年	广州数据管理公司成立。
2019 年 2 月	以全国机构改革为契机，省市区政府的管理服务开始承担以下几个职能，一是行政服务的管理，二是信息化和数据化，三是对交易的监管，也就是对公共资源的监管，确立数据资源管理办法。

（二）佛山市政务大数据管理局所做的工作

1. 常规工作

（1）数据目录整理：实际上目前数据的应用主要还是体现在对传统数据的运用。传统数据对比大数据而言，如今大数据暴涨，比如通过大量传感器或者 GPS 等大量的社会数据入口所产生 24 小时不间断的数据，所达到的量级是传统数据不能比拟的。其次，大数据暴涨背后隐藏着复杂的数据关系和复杂的现象，而传统数据主要是目录式的、树状型的，是相对比较简单的。但是在数据的运用中，更多的还是注重对传统数据的运用，传统数据在实际运用中的作用和价值还有很多尚未被挖掘，传统数据的应用和服务的问题解决好，就能够创造出巨大的价值了。

（2）建设数据交换平台：信息交换平台的建立使信息交换由原来的网状变化为现在的星状。所谓网状是点对点地交换信息，所谓星状是指数据交换平台像邮局一样分发各类信息。比较早期的数据交换是一个网状的结构，部门和部门之间的数据对接是非常繁杂的，一个部门要对应多个部门，导致数据流通不便，效率低下。现在由网状结构转变为星状结构，所有的部门都只要对应同一个中心，也就是数据处理中心，使数据标准统一，并且具有一定的延续性。

（3）协调管理：数据对决策的支撑作用具有辅助性的特点，即数据分析的结果最后需要决策者来把关。数据辅助决策不仅体现在技术的支撑上，更体现为数据思维模式的利用。在整个过程科学合理划分各个部门责任主体关系，不同责任主体协调配合整个过程。管理者应该承担引导者的角色，各个业务部门和数据部门要进行沟通，优秀的案例要进行宣传和推广。大数据对于企业和相关部门来说只是一个工具，业务目标的实现是以具体的目标为导向的，而群众对于大数据的看法主要是大数据能够方便自身生活。

2. 今年的工作

（1）出台《佛山政务数据资源管理办法》。2015 年，在佛山政务数据建设初期，向全社会公布管理办法，但是彼时公开出台的管理办法比较粗糙，不确定的因素特别多。今年出台的佛山政务数据资源管理办法，通过公开征集意见对管理办法进行升级，目前此项工作还在等待审议中，据了解，该办法在原来的管理办法的基础上有了以下几个方面的变化：

（2）明确数据归属。首先是关于数据的归属问题探讨，在过去数据是属于私产，获取数据困难。即使数据存在共享，也往往由于利益的导向致使数据的共享可能存在不准确、不对等等局限性的问题。现在全面推进数据资源开放应用，扫清体制障碍，打破数据间的壁垒。

（3）数据共享条件的设立。完善数据开放平台，建立和完善数据资源开放制度规范，建设政务数据资源"负面清单"管理模式，明确数据开放与不开放的范围。明确了获取数据的条件，减少灰色地带，不同部门获取不同数据所设置的条件不同。以共享为原则，不共享为例外。各政务部门形成的政务信息资源原则上应予共享，涉及国家秘密和安全的，按相关法律法规执行。对比过去获取数据的流程大概要四五十天，而实际上利用技术只要一天。对比上海，杭州等其他城市以领导干部牵头支持大数据部门的发展而言，佛山要想建立长效机制，需通过加强管理机制而减少组织之间协作的阻碍。

（4）对申请人权利的提出。过去关于申请人条件的规定是有意回避的，因为法律上没有明确的界限，通常隐私法和商业法是相关借鉴的依据。目前所采取的手段主要是征求群众的意见，假设群众愿意给政府或者第三部门使用，民众可以授权给第三方和政府。比如病例，从前保险只能通过医院得到个人的病历数据，现在个人和企业授权之后，可以向第三方有条件地开放。对比政府完全开放数据，佛山市政务局采取的是分类别的共享，包括部分无条件共享、有条件共享以及不共享三种。在数据管理方面，正致力于将管理办法向管理方向靠拢，将例如电力、水利这类目前属于企业的性质的数据进行相对管理并用于政务服务和社会治理。

（三）大数据的具体应用

1. 大数据在市场监管方面的运用

佛山市政务大数据管理局曾经利用大数据分析了 3 万多家接受过行政处罚的企业。利用其中 90% 的企业数据建立了一个查找违反行政法规的企业模型，并且用剩下的10%的企业去检验，对比结果显示，通过数据碰撞，进行对比，准确率高达90%。运用大数据可以在难以按照逻辑找到因果关系的数据中寻找关联性关系，例如在排查佛山有何企业容易犯法的问题上，建立数据分析模型可以更加有针对性地找出高嫌疑的企业，从而帮助其提高效率，增加决策的科学性。

2. 大数据在政务服务方面的运用

大数据在从幼儿园到高中的入学分配问题上也发挥了作用，过去按学区入学，分配过程中耗费人力特别多，主要包括家长方面和学校方面，家长要准备社保、户口、房屋关系、税务等相关的材料，而学校要将这些资料进行核对，并且按照一定的标准进行分类。在这个过程中，家长和学校双方要耗费相当的时间和精力，并且人工收集、核对、筛选信息错误率高，效率低下，甚至会出现一些暗箱操作。而现在在大数据的帮助下，以家长的身份证和姓名等基础数据为基础，就可以从不同的平台搜集家长所需要提交的其他信息，并且大数据分析和展示功能可以直观显示出结果，比如家长是否人户一致，是否符合条件，教育局将会通过不同的标准进行结果排列。

除了教育方面，大数据在社会保障方面也凸显了其作用，长者饭堂就是一个鲜明的案例。过去长者饭堂选址于居民聚集区，现在在大数据的帮助下，通过数据分析得出60岁以上人口的热力分布图，有力支撑了政府对长者饭堂选址的决策，消除了过去凭经验来进行长者饭堂选址的弊端。过去通过一一发卡的形式来核对受助对象，并进行年审来确认资格和跟踪相关情况，现在在大数据的帮助下，直接通过福利金的变动就可以直接确认和跟踪相关情况，极大方便了受助者和相关部门的工作。

3. 大数据的探索性服务：信用类服务方面的运用

最后是大数据在关于信用类的服务中的运用，关于此类服务，大数据的运用还处于探索阶段。举个例子，2015年国家发改委开始了信用建设，主要针对企业认定的信用问题，不过此项措施对企业的影响并没有预想中的好。因为此种信用的建立，只是作为企业投标招标的依据，况且实际上还存在大量企业不参与招标，所以对企业的监管力度并不大。但是现在利用大数据共享功能，将企业的相关信息提供给银行之后，企业的贷款会受到直接的影响。直接关系企业的资金问题，对企业的监管取得了明显的成效。

（四）大数据在社会治理方面的价值

1. 社会治理现状中的社会管理倾向

社会治理在实际情况中主要表现为社会管理，导致这种情况的主要原因在于作为治理主体的第三方的参与模式主要还是反馈信息。换句话说，个人在社会治理当中的作用主要体现在非专业的巡查，例如，在环保、社保、治安、党建等问题中，大数据把非专业巡查剥离出来，即群众的作用主要在于发现问题和苗头，如小区缺少沙井盖，群众可以直接反馈信息，但在类似环保问题中，如水质变差，群众可以进行反馈，最终的环境问题具体相关的指标等检测和问题处理，主要是通过专业人士如环保局等相关部门来介入的。

2. 大数据在改善社会风气方面的作用

大数据在社会风气的改善这一方面也起到了很多好的作用。政府管理的效率得到了有效的提高，尤其是对微小道德失范行为有了更高效率的监控。

以往政府的管控多是运动式的、风暴式的打击，不仅管控成本高，管控的效果也不尽如人意，由于违规行为的成本低，个人更加无所顾忌，形成了不良的社会风气，而过去这种管控具有暂时性、作用力有明显的局限。现在在大数据的帮助下情况有了实质性的改善，比如，杭州在阿里巴巴的支持下，对违章停车的行为进行了更有效的管控。传感器会将违章停车的行为作出记录，并上传，通过记录和数据对比，可以分析此次的违章行为属于初犯还是惯犯，并依据不同性质对此行为作出不同程度的处罚。并且处罚的内容常和切身利益相关联，例如具有良好信用的个人在一定限额的医疗费的治疗项目中可以享受先治疗再缴费的优待。当然这种模式的实现需要以庞大的数据体系和覆盖面广泛的综合评价参与人为基础，这对大数据和群众参与提出更高要求，在这种模式之下当群众意识到自己的违章行为有损于切身利益的时候，便会自主约束自己的行为。

此外大数据的作用还体现在发动群众的力量上，从而降低政府管理成本。目前有许多小区自发建设了楼道群，其中楼长的微信同街道办相互关联，群众发现问题就可以及时高效反馈，相比于过去靠人员巡逻的方式，这种方式管理成本低、效率高。此类居民群众自发的基层自治模式在未来可以和党建相结合。根据我国国情，以基层党组织作为公民参与社会治理的最基本的单位是无二之选。这是党员的先进性、组织性、权威性所决定的，从群众中来，党员发动群众，上有组织指引，到群众中去，更好地贴近群众，为群众服务。

大数据在改善社会风气方面取得一定成效。为此，可以设想当初"小悦悦事件"如果发生在大数据背景下，可能结果将会不同。过去，由于参与这类事情的后果具有不确定性，群众更多选择漠视，有了大数据之后，以大量传感器为基础，大数据使得每个行为可循、可察、可查，为群众参与提供了支撑，也为解决可能出现的纠纷提供了依据。

（五）大数据安全问题

大数据在运用过程中，存在诸多风险，由此要对大数据进行监督和管理，消解大数据的风险。

1. 大数据监督

大数据监督首先要关注的方面是数据篡改，数据篡改表现为某些地方政府或企业为了获得更多的政绩或业绩或者其他目的，可能会伪造、篡改相关的大数据，然而数据的部分篡改可能会直接导致完全的不同结果，造成数据价值失真的现实困境。其次大数据监督要关注大数据滥用的问题，大数据滥用表现为不同的渠道采集不同的数据版本，或者按照一定的目的"断章取义"的截取、传播或者使用数据。数据的滥用可能会致使最后无法追究数据获取、共享和使用过程中相关责任的问题。再次是数据分析中关于数据算法所蕴含的数据风险，由于其高度的专业性，目前较少被涉及。目前而言，大数据所获得的结论主要起建议、辅助、支撑的作用，不起决定性作用，最终还是要结合人的主观条件来进行决策，例如通过人脸识别算法来追捕逃犯，最终的数据结果要由公安部门评定并辅助决策。

2. 政府与企业合作中的安全问题

大数据在运用过程中存在的风险表现在政府和企业合作中。由于政府和企业的不同导向，政府数据是无偿的，企业是以营利为导向的，企业要是获得政府数据，等于变现了政府无偿资源。在数据运营过程中会出现数据泄露的问题，危害数据的安全，为了解决相关问题，政府和企业在数据方面的权力应该分开。企业可以参与运营，但不能营利。除此之外一方面要制定数据本身的安全防护规则，这是数据技术问题，另一方面更多的问题是出在人身上，所以，要对人进行管理，一个是对数据访问的权限的管理，还有是对数据使用人员的管理，每个环节都能实现追责。此外，还可以设定数据管理方对数据使用方进行监管，同时引入第三方数据审计方对数据管理方进行审计，三方都对数据负责，利用这种监督模式减少人为的数据安全隐患，使得责任和权利并举，为数据安全建立一道安全防线。审计局要做好数管工作。各个部门要进行日常管理，或者委托第三方进行监控。一个是服务上的管理，一个是内控管理，在显与隐之间，减少数据的风险。

3. 数据授权者的安全

在大数据运用过程中，数据授权者出于安全方面的顾虑也会减少提供数据的主动性和积极性，这种出于减少自身风险、保障自身权利不受损害的考虑，使得数据共享面临着更多的阻碍。但是，政府目前表现出的不营利并可以服务第三方的大数据价值取向，也在引导着企业从理性经济人考虑风险的角度转向自觉承担其社会责任。此外，实现技术和运行体制机制并举，用技术支撑体制机制的实现，体制机制规范技术的使用是消除数据授权人安全顾虑的重要措施。区块链很有可能成为未来从技术上保护数据安全的趋势，分布式记账表明相同数据版本存于不同人手上，每一步操作都会被记录，这种去中心化的模式减少了在数据储存、分享、使用过程中篡改或者伪造数据的可能。同时从体制机制方面入手，例如，提高数据分享的门槛，不同数据申请人向数据中心申请数据时要满足一定的条件，同时签订数据分享智能合约，具体规定数据分享的对象、范围和时间，指定的对象需要通过人脸识别、指纹或者是签章的形式证明自己是数据分享的对象，并且对一定范围内的数据有访问的权力，到了一定的时间之后，数据会自己销毁。同样不能忽视的是为了保障数据授权者的安全，需要设定数据管理方对数据使用方进行监管。

（六）大数据应用的条件

大数据运用于社会治理需要一定的条件，主要体现在技术的发展作为必要的支撑、大数据意识的转变作为主观的条件。在实际操作中要发挥数据管理部门管理者和引导者的角色以及调动广大群众发挥主体作用参与其中。

1. 技术的发展作为必要的支撑。大数据时代，海量数据的采集、存储、分析和应用离不开大数据技术的研发和突破，大数据技术能否与"数"俱进决定了海量化数据存在的现实价值。大数据技术体系庞大且复杂，总的来说，可以从数据采集预处理、数据存储、数据清洗、数据处理分析和数据可视化等五个阶段对大数据技术进行归类概括，同时大数据技术在现实生活中的应用体现出整体性、递进性和顺序性的特点，各阶段大数据技术的应用是相互作用、环环相扣的。各类大数据平台的建设运营表明大数据技术在城市管理、社会治安、交通运输、公共服务、政务服务、安全生产、食品监管、党风廉政等领域也得到了广泛应用。大数据技术的不断突破，为社会公德治理大数据的有效利用提供了技术支持。

2. 大数据意识的转变作为主观的条件。思想是行为的先导，要发挥大数据在社会治理中的作用，社会治理主体必须树立强烈的大数据意识，充分认识和理解大数据对社会治理的影响，正确把握大数据与社会治理之间的关系，掌握大数据技术在社会治理领域的应用，这是社会公德治理现代化新转向的现实需要。

3. 数据管理局发挥管理者、引导者的角色作用。出于政治制度的特性、社会发展的需要、基本国情的现状和文化历史的影响，我国长期实行高度集中的行政管理体制，奠定了党和国家在政治、经济、文化、社会等方面建设的权威主体地位。这就要求在推进利用大数据进行社会治理的进程中，数据管理局必须发挥管理、引导的作用，其主导地位是其他主体不可替代的。

4. 提高市民的参与度。治理社会问题不仅仅是政府的事情，也是每一位群众应尽的责任和义务，群众不仅有责任而且有能力参与社会治理。但是目前为止，在很大程度上，群众对于管理、服务是被动参与的，不是主动参与的，表现为对大数据无感而只是把大数据当作来完成业务目标的工具，关注点停留在网上填表、业务结果等。群众应该提出挖掘社会治理大数据新价值的独特想法，为大数据时代社会治理建言献策。

（七）大数据运用实际中遇到的困难

大数据在实际运用过程中，面临诸多阻碍，存在众多问题。主要体现为数据本身的问题，以及在运用过程中的职责规范问题。

1. 数据标准不一致。在大数据的实际运用中，首先存在数据本身不完整性、不及时性、质量不高的问题。这是数据标准不一致所造成的结果。在数据共享的过程中还存在数据如何共享、如何整合的问题。现在大量取之于民的数据在企业手中，政府需要通过企业获得所需数据，但是潜藏巨大价值的数据往往被企业视为无形的财产不愿共享，必要的行政手段和途径成为政府从企业获得数据的主要形式。

2. 数据共享机制尚未完善。关于数据使用权责的问题是大数据运用中比较重要的问题,并且贯穿于整个大数据的运用过程。首先是大数据由谁采集,归谁所有的问题,即明确数据资产归属问题,数据属于数据拥有者还是数据来源者目前还存在争论。其次是大数据开放的权限,对于数据开放的范围和条件都尚未形成统一的规定,有必要厘清无条件共享、有条件共享和不共享数据中"有条件共享"的具体内容。再次是使用权责问题,一个部门从另一个部门获取数据并使用,在使用过程中,该如何界定相关的权利和责任,坚持"谁使用、谁担责"的数据责任分配原则是解决问题的关键。最后大数据实际运用的问题,全省有上万个信息系统,但是大数据的使用率并不高,应该以用促建,解决数据烟囱问题。

调研 2　广东省政务服务数据管理局调研报告

为深入贯彻党的十九大精神,落实党中央和国务院大数据重大战略以及广东省"数字政府"改革建设,广东省率先部署"数字政府"改革建设,以数据开放释放"数字红利",提升政府治理体系和治理能力现代化水平。广东省政务服务数据管理局是广东省在"数字政府"改革建设中新组建的单位,广东将"数字政府"改革建设作为省委、省政府"一把手工程",成立了由省长担任组长的省"数字政府"改革建设工作领导小组,充分发挥集中力量办大事的制度优势。在实现路径上狠抓顶层设计,系统性编制"数字政府"改革建设方案、建设规划、行动计划。

时间:2019年8月21日上午9:30—11:00

地点:省政务服务数据管理局二楼会议室

参加人员:省政务服务数据管理局:相关工作人员

数字广东网络建设有限公司:相关工作人员

华南理工大学马克思主义学院:王晓丽、王俊飞、巫茜子

(一)广东省政府大数据建设的基本模式(安全模式)

为了实现政府侧的大数据建设,全面推动政府服务创新,不断提高政务服务能力,优化营商服务。省政府采取的是一加二的模式,一代表的是数据运营商,二是数据监管方和数据审计方。数据运营方是数据技术公司,数据监管方一般是国企或者三大运营商,需要监督数据运营方并拥有申请使用、共享、跟进把关的权限,数据审计方一般是公安厅,对数据管理方进行监督、数据审计、行为监控。三者都对广东省人民政府的数据管理局负责。而这些机构都要有政府作为支撑使得数据安全更有保障。

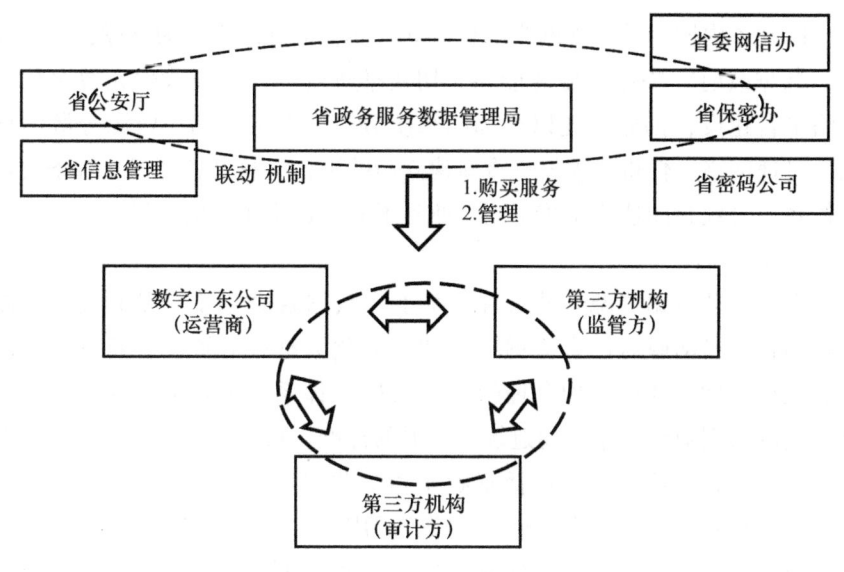

广东省大数据建设的基本模式

（二）广东省政府大数据管理局的主要职能

数据政府涉及数据经济、数据政治、数据文化、数据社会、数据生态等方面。政府的数据具有权威性和条理性，汇聚了各个部门的数据，包括社会上的一些数据可以作为辅助支撑，从而提供政府监管。它主要用于社会治理、社会监管和政务服务。其中社会治理是由社会组织、政府力量、企业和群众管理社会问题，而社会监管和政务服务都是带有政府职能的事业单位所进行的。实际上，目前社会数据政府主要应用于政务服务和环境优化等方面。大数据公共支撑平台，包含了省市县三级，实现了网络通、数据通和应用通。

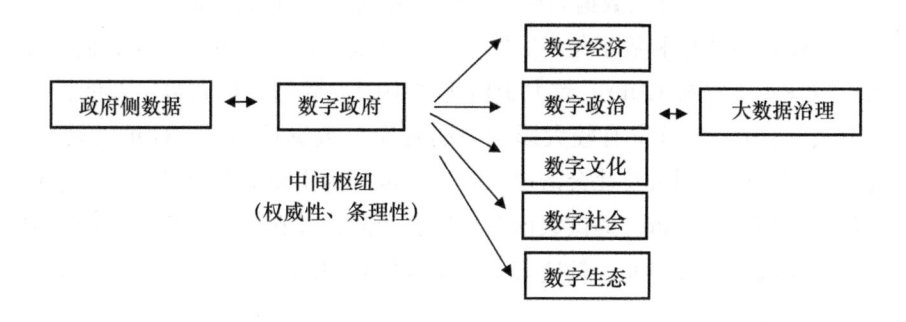

1. 网络通

以政务内网、政务外网为依托建立一体化的网络平台为支撑，全面提升"数据政府"一站式服务能力。切实推进统一化、规范化和数字化的网络平台建设，彻底改变以往部门系统分割、业务隔离、资源分散的局面。打通网络，使得不需要再重新建立新的平台，打破各部门、各条块自成体系、自我封闭造成系统不同、业务不同、数据不通的困局。

2. 数据通

全面推动数据资源开放管理，基于"数据政府"统一基础设施，以数据为核心盘活政府已有数据中心和社会化数据中心资源，通过数据汇聚、数据治理，建设结构合理的"大数据"体系，破除不同部门之间复杂交错的数据对应关系，通过统一数据的标准，将数据联通，并在大数据平台上建立数据库，其中包括基础库和主题库。基础库主要包括人口结构、地理位置、社会信用、电子证照等通用信息，达到有效利用资源，避免重复建设的目的。此外还有相应的主题库，包括医疗救助、投资审批、政务服务、互联网监管、公安交管、精准扶贫等，切实打破政务数据孤岛，推动数据共享。

3. 应用通

重点围绕业务量大、受众面广、使用率高的服务事项，以"少填、少报、少跑、快办"为原则，不断丰富立体化的服务渠道、丰富服务类别，打造政务服务新模式。主要表现为委托于"粤省事"、"粤商通"等移动民生服务平台以及"广东政务服务网"等一体化在线政务服务平台，为公众和企业提供一直在线、贴身随性的政务服务。优化再造办理流程，便捷办事服务。

调研3　广州日报数据与数字化研究院（GDI智库）调研报告

广州日报数据和数字化研究院是广州日报报业集团主管主办的独立法人机构（英文简称GDI），致力于构建"中国大数据分析和数字新闻传播平台"，打造国内首家有较大影响力的智库型数据通信社。GDI以教育、健康医疗、科技创新及社会治理与政府决策等为主要业务范畴，深入进行数据挖掘和数据分析，提供数据新闻信息产品，并在构建数据仓库的基础上通过大数据分析研究，打造若干专业特色鲜明的新型智库，提供咨询服务和决策参考。

时间：2019 年 7 月 31 日上午
地点：广报中心四楼 广州日报数据与数字化研究院
参加人员：广州日报社：相关工作人员
　　　　　华南理工大学马克思主义学院：王晓丽、王俊飞、巫茜子

（一）大数据在政府决策中的价值

通过对比大数据出现前后，决策方式方法的区别和效果可以明显看到大数据在政府决策中的价值。大数据出现之前，聘请专家、下级部门汇报、领导拍板等方式是决策的主要手段，即主要借助人类自身的智慧和经验作出主观的判定。大数据出现之后，利用数据分析，往往能得出之前可能无法预知的结论，数据成为决策辅助的重要角色。需要特别强调的是大数据用于政府决策，其本质是手段而非目的，因为大数据提供的结果是决策的重要支撑，最终的决策需要人的主观对数据提出的客观结果作出符合实际的判定并用于决策。

（二）大数据运用中遇到的困境

大数据运用中遇到的困境主要表现在两个维度：其一为体制方面的大数据共享困境；其二为主体方面的大数据思维困境。

共享困境可以表现在：第一，数据割据的问题，首先体现为"散"，各个单位之间的数据没有进行共享，同一单位的各个部门之间的数据没有共享。其次体现为"乱"，不同层级不同部门之间，数据没有形成统一的标准，导致整合数据出现困境。广东省已经意识到数据标准不统一带来的问题，提出"数字政府"首先就是"整体政府"，要实现"全省一盘棋"。最后体现为"泛"，表现为数据的价值性低，数据量虽然庞大，但是其中有用的能用的数据是缺乏的。第二，大数据的公开度低，数据更大数量上仅仅存在于政府的系统之中、档案之中，数据没有流动起来、利用起来。第三，数据孤岛的问题，由于数据标签没有统一，所以数据之间无法贯通，不同数据之间没法进行统一，为了更好地使数据发挥价值，社会、文化、经济等数据都应该有统一的标签，如此便可像集装箱一样实现数据的快速流通。第四，数据采集的不完备，以贵州为例，贵州虽作为大数据之都，但是它的数据都是外来数据，换言之，由于贵州信息基础设施不足，极大地限制大数据在采集信息这一环节价值的发挥。在这种硬件不足的情况下，数据的运用更多地局限于未来维稳。

主体困境表现为大数据思维方面的困境。所谓大数据思维就是一切以

数据为中心的思维模式，即一切用数据说话、一切用数据决策、一切用数据创新。大数据的思维直接影响大数据的运用，现如今，政府和官员运用大数据理念较弱，对大数据的理解不深入，百分之九十的政府官员对数据没有概念，往往出现典型案例说得多、效果却不好的尴尬局面。在对大数据认识不足、能力不足、准备不足的情况下，政府对数据的开发规划不足，更多情况是倒逼着推动大数据的开发而不是自觉意识到大数据的价值并主动运用，不可排除一些文明城市的建设实际上是在套用政府的补贴。

（三）什么是社会治理

就社会治理而言，在我国无疑是由政府主导，通过我国社会同西方社会的比较可以明显看出西方是属于小政府、大社会，非政府组织活跃。而我国国情下，社会空间较小，属于大政府小社会，民间组织不活泛。西方能以社区的概念分划并形成社会组织，而我国属于地理概念上的小区难以承担西方社区自治功能。举例而言当谈到网格化管理一词，我国现在在推行精准扶贫，而对应西方其实就是慈善。我国是由政府出面解决这个问题，西方则是以民间团体和组织、个人或者专家来解决这些方面的问题。这是立足国情而产生的不同的治理模式。

（四）个人行为信息与征信系统挂钩，是否有利于公民公德建设？

在我国，公民的概念逐渐淡化，取而代之的是民众、群众等词语，以人为本逐渐转化为以人民为中心。在这种词语表达变化的背后体现的是价值观的不同，在我国个体的意识比较模糊，个人往往是作为集体中的一分子而存在着。集体中的责任和义务往往比个人的权利更被加以强调。由此在我国的社会治理必然是由政府为主导。相较之，在西方，公民在法律层面上有一个非常重要的个人权利，那就是被遗忘权。在立法的程序上，国外的立法属于超前的，而中国的立法属于滞后的，常是出现问题才针对问题解决问题。而有无被遗忘权在某种层面上表明了个人对于保护自己的隐私以及人格尊严的一种权利缺失。在数据安全得不到有效保证，数据规范也尚未完善时，个人的责任和义务存在不对等的情况，每个人都完完全全暴露于公众之中，例如，云从科技等公司的人脸识别技术，可以实现第一次识别百分之八十、第二次即可百分之百识别，当个人对自己的脸的权利都得不到保护的时候，人格权的保护成为一个问题。然而无法否认人脸识别技术有好的一面，例如，这个技术帮助破解了多年未能破解的重大刑事案件，人脸技术使得人无处遁形。由此看出大数据是一把双刃剑，既有好的一面也有坏的一面，大数据本身只是一种手段，并不自带价值。

如何运用大数据就存在价值的探讨，这里涉及科技道德，包括科技道德的立法。尤其值得一提的是现在的征信系统。在这个问题上可以具体探讨政府运用大数据的理念。不难看出现在大数据运用理念还是侧重于人民群众的责任，因为征信体系建设的目标在于对失信行为的一种惩罚，且其中失信行为进入系统的环节以及其过程中是否存在有失公允的地方，还值得商榷。更甚者可能导致数据强权下大数据的运用。大数据未来发展何去何从尚未可知但可以预见其发展方向很大部分取决于价值观上的区别。将大数据作为禁锢和惩罚人的手段，还是将其作为服务人的手段，不同的指引下大数据的发展结果是不同的。此外，在具体操作的层面，值得商榷的地方不计其数，例如，现今实施征信体系将闯红灯者纳入失信者的名单，限制其贷款、出行等。而是否应该将闯红灯的行为同贷款和出行的权利直接挂钩以及其中的闯红灯的次数和被处罚的程度之间权重如何计算同样存在诸多问题。值得注意的是，系统只有刚性的规定，而实际情况存在弹性，面对特殊情况如何与此对接和处理。由此大数据生成的结果，是否存在投诉、法律救济等配套的机制是大数据在实际的运行过程中存在的诸多尚未解决的技术和人文之间的探讨。面对这些问题，为了更好地发挥大数据的积极方面的影响，政府、企业和个人又该作出什么样的努力？政府应该树立正确的理念，明确数据是用来管理人还是服务人，并且从立法层面和规则层面进行约束。个人要树立科技道德，要道德地运用大数据。企业在本身注重效益，积极运用大数据的同时要注重隐私的保护。

（五）大数据技术有哪些？

大数据技术是由对数据的收集、储存、研究和结果展示的需求分步构成，这也正好对应了大数据的处理流程。首先，数据采集是大数据技术中最基础的一步。现有的爬虫爬取技术可以实现有目的的数据采集。其次，数据的处理是指对采集到的数据进行包括清洗、去噪以及集成存储的步骤。基于大数据多样性，为了更好更快处理所收集的数据，需要化繁为简，将复杂的结构化数据和非结构化数据利用聚类、关联分析等方法和依据数据特征或需要，通过一定的数据模型和标准将数据转化为统一模式。基于大数据价值稀疏的特征，为了提高分析结果的价值和可靠性，要围绕事物和既定的目标通过"清洗"和"过滤"的方式剔除价值低的数据，现在实现这一步骤主要依靠针对特定种类的数据建立专门的数据库。再次,分析大数据是最为专业和关键的一步,所涉及的技术也是大数据最核心的部分,其中在传统的统计分析不能充分适应数据爆炸的现状时,云计算的概念应运而生,提供了大数据处理、分析的手段。最后,通过图像技术、面向像素的技术和分布式技术的可视化技术,展示大数据分析结果是不容忽视的一个环节,只有用人们能够接受和理解的方式呈现大数据的分析结果才能让大数据更为广泛地运用。

(六)政府、个人、企业在大数据运用中的角色

政府自身的特殊性决定了其在大数据时代社会治理过程中处于多元主体中的主导地位。大数据时代,政府不仅仅是社会公德治理的参与者,凭借其公信力、合法性、政治权威、综合能力、数据资源等优势,在社会治理中扮演着主导者的角色。在多元主体共同参与社会治理的情况下,政府的主导地位是其他主体不可替代的,肩负着不可推卸的责任,承担着大量的工作任务,发挥着引导、协调和规范的作用,反映政府理念和规则的制度会直接影响大数据时代社会公德治理。

企业主要是指以营利为目的,以大数据为生产要素,能够向政府和社会提供大数据时代社会公德治理所需的数据资源、数据技术和数据思维的独立法人或其他社会经济组织。在大数据战略引导下,大数据已然成为推动社会生活便捷化、智能化、智慧化的重要资源,社会治理领域亦成为大数据企业创新盈利模式的新兴市场。因此,在社会公德治理中发掘大数据价值必然少不了大数据企业这一主体力量。

社会治理离不开公民的积极参与,公民是大数据时代社会公德治理的基础力量。首先,作为个体的公民是社会公德规范的践行者。现今大数据对于个人而言只是一个工具和手段,业务目标的实现是以具体的目标为导向的,而群众对于大数据的看法主要是大数据能够方便自身生活。

就目前的中国的大数据市场,确实实现了政府的主导,但是在发挥企业和个人作为主体的价值的层面上,还有很大的空间去挖掘。

二 大数据时代广东社会公德治理的问题研究

主要运用实证研究法和文献研究法研究,从社会公德多元治理主体的角度出发,剖析大数据时代广东社会公德治理当中的问题,并分析造成这些问题的原因。

（一）以社会公德治理主体为依据剖析大数据时代广东社会公德治理存在的问题

大数据时代，政府管理职能加速转型，市场主体力量不断壮大，公民参与意识日益强烈，社会组织机构不断成熟，各种主体力量能直接或间接地参与社会公德治理活动过程。从主体的角度出发分析大数据时代广东社会公德治理存在的问题，就是厘清各个主体自身的问题以及各个主体的相互关系之间的问题。

依据社会公德治理的多元主体特性和对大数据的内在诉求，可以从宏观上将参与以大数据为手段进行社会公德治理过程的主体分为三类，即政府、企业和公民。依据各个主体自身特点，分析三者在社会公德治理中承担不同职能、发挥不同作用下形成的不同模式，是探析大数据时代广东社会公德治理存在的问题的切入角度。

首先，政府作为行政权力机关，协同立法机关、司法机关等实施全方位的社会服务与管理，其自身的特殊性决定了它在大数据时代社会公德治理过程中处于主导地位。政府不仅仅是社会公德治理的参与者，凭借其公信力、合法性、政治权威、综合能力、数据资源等优势，在社会公德治理中扮演着主导者的角色。尤其是在多元主体共同参与社会公德治理的情况下，政府发挥着引导、协调和规范的作用。

政府为主导，其他主体弱的情况下就会出现"强政府—弱企业—弱公民"的依赖型治理模式。就依赖型社会公德治理模式而言，政府能力强，表现为能够依靠自身优势、凭借自身力量实现大数据时代社会公德治理的目标任务，为人民群众提供满意的社会公共服务和营造和谐的社会环境氛围。具体而言，政府能够敏锐捕捉到社会公德失范问题的危害性以及大数据之于治理社会公德失范问题的现实价值，并且具备在社会公德治理中引入大数据的综合能力，同时，还能在全社会范围内组织公民、企业等多元力量参与社会公德治理。企业能力弱，是指企业不具备大数据思维意识，也不拥有海量数据资源和处理海量数据的核心技术，并且没有丰富的大数据平台建设运行经验，这就致使企业失去了与政府在特定的制度框架内直接对话的资格。具体表现为企业没有能力为大数据在社会公德治理过程中的有效运用提供令人满意的解决方案和项目产品，也就是说企业没有能力挖掘社会公德治理大数据的潜在价值。公民能力弱，集中体现在公民参与社会公德治理的积极性、主动性不高，参与社会公德治理的能力素质不强。在"强政府—弱企业—弱公民"的关系模型中，企业无力承担以大数据为手段进行社会公德治理解决方案和项目产品的设计开发，公民的社会主体性还未真正发展起来，只能凭借能力强的政府完成大数据时代社会公德治理的目标任务。

企业一般是指以营利为目的，运用各种生产要素（土地、劳动力、资本、技术和企业家才能等），向市场提供商品或服务，实行自主经营、自负盈亏、独立核算的法人或其他社会经济组织。此处的企业主要是指以营利为目的，以大数据为生产要素，能够向政府和社会提供大数据时代社会公德治理所需的数据资源、数据技术和数据思维的独立法人或其他社会经济组织。在大数据战略引导下，大数据已然成为推动社会生活便捷化、智能化、智慧化的重要资源，社会治理领域亦成为大数据企业创新盈利模式的新兴市场。因此，在社会公德治理中发掘大数据价值必然少不了大数据企业这一主体力量。

企业强，可能就会出现"弱政府—强企业—弱公民"趋利型社会公德治理模式。企业能力强，强在拥有社会公德治理不可或缺的数据资源，强在拥有自主研发的大数据核心技术，强在能够依托大数据技术为政府和社会提供专业性、高效化的应用产品服务，并且凭借自身的核心竞争力具备与政府在特定制度框架内对话协商的资格。也就是说，企业具有高度的前瞻性，看到以大数据为手段在社会公德治理过程中的潜在市场价值，并且有能力建设运行大数据时代社会公德治理的大数据平台。政府能力弱，是弱在没有能力为社会提供高效的公共服务，没有能力将自己的意志、目标转化为现实。就社会公德治理而言，政府能力弱，并不意味着政府看不到大数据在社会公德治理中的巨大潜在价值，而是弱在没有能力将大数据运用于社会公德治理的具体实践。公民能力弱，既是指公民社会参与意识薄弱，也包括公民参与社会治理的能力不高，诸如沟通能力、合作能力、组织能力、协调能力以及数据思维能力等。在"弱政府—强企业—弱公民"的关系模型中，政府希冀在社会公德治理中发挥大数据的潜在价值，但"心有余而力不足"，只能求助于高新技术企业打造专业化、智慧化的社会公德治理大数据平台。然而，企业追求利益的天性决定了其参与社会公德治理的前提条件必定是有利可图，这就需要政府要么直接给予财政补贴使其获得回报，要么提供良好的政策环境使其创新盈利方式。

公民是指拥有一国国籍,并根据该国法律规定享有从事管理社会和国家等公共事务的权利的人。社会公德治理离不开公民的积极参与,公民是大数据时代社会公德治理的基础力量。首先,作为个体的公民是社会公德规范的践行者。社会公德规范的作用对象是处于公共场合的全部公民,公民能否自觉遵守社会公德规范决定了是否需要开展社会公德治理专项活动。其次,公民是社会公德失范问题的治理者。治理社会公德失范问题不仅仅是政府的事情,也是每一位公民应尽的责任和义务,公民不仅有责任而且有能力参与社会公德治理。同时,富有创新思维和创造力的公民也可以提出挖掘社会公德治理大数据新价值的独特想法,为大数据时代社会公德治理建言献策。最后,公民是社会公德治理成效的受益者。以大数据为手段进行社会公德治理的目的是协调人与人、人与自然、人与社会之间的关系,进而满足绝大多数公民的共同需求,享受精神健康、关系和谐、心情舒畅的社会生活。需要指出的是,在某种意义上,社会组织是参与大数据时代社会公德治理的重要力量,但由于社会组织是公民自愿组成的非营利性社会团体,所以本书将社会组织统一类分为公民主体。

目前在我国就社会治理而言,无疑是由政府主导,通过我国社会同西方社会的比较可以明显看出西方是属于小政府、大社会,非政府组织活跃。而我国国情下,社会空间较小,属于大政府小社会,民间组织不活泛。西方能以社区的概念分划并形成社会组织,而我国属于地理概念上的小区难以实现西方社会自治的目的。举例而言当谈到网格化管理一词,我国现在在推行精准扶贫,而对应西方其实就是慈善。我国是由政府出面解决这个问题,西方则是以民间团体和组织、个人或者专家来解决这些方面的问题。这是立足国情而产生的不同的治理模式。在现实中作为个体的公民是社会公德规范的践行者。现今大数据对于个人而言只是一个工具和手段,业务目标的实现是以具体的目标为导向的,而群众对于大数据的看法主要是大数据能够方便自身生活。

(二) 反思广东社会公德治理问题产生的原因

社会公德治理大数据价值实现是指在大数据价值挖掘条件具备的前提下,政府、企业和公民共同发力、协同参与社会公德治理,将社会公德治理大数据价值落到实处、充分彰显的活动过程。现阶段,主体缺位和制度缺失是广东社会公德治理问题产生的两大原因。

1. 主体意识有待加强

政府、公民和企业主体地位的充分彰显、主体力量的充分发挥是社会公德治理大数据价值实现的根本诉求，也是大数据时代社会公德协同治理运行机制建构的基本要求。然而现阶段，各主体因思维、能力等的限制并未有效参与社会公德治理，造成社会公德治理大数据价值实现主体缺位的现实困境。首先，政府治理理念有待根本转型，治理能力有待提高。"以政府为权力核心的传统思维模式所具有的历史性、长期性和稳固性特征，在面对新体制、新事物、新理念的冲击时，依然能够借助思维和制度惯性长期存在。"[1] 改革开放以来，尤其是党的十八大以来，政府积极倡导并践行多元主体共同参与社会治理的治理理念，但是，受到传统全能型管制模式的影响，政府在社会公德治理领域时常扮演唯一主导者的角色，抑制了其他主体参与治理的空间。同时，随着社会公德失范问题日益复杂化、多样化、常态化，需要政府在短时间内掌握事件信息并作出科学合理决策，这对包办一切公共事务的全能型政府而言，其社会公德治理能力显得有所不足。其次，公民参与意识有待全面树立，参与渠道有待完善。政府扮演社会公德治理领域唯一责任人角色，再加上市场经济条件下经济利益至上原则的影响，使得公民处于被动参与的地位，缺乏直接参与社会公德治理的积极性。现阶段，越来越多的公民依托新媒体对社会公德失范事件展开道德评价，在某种意义上，这是公民参与意识提高的表现，但这种参与是无序的自发的，甚至是缺乏理性思考和客观批判的参与，解决社会公德失范事件仍然需要依赖政府完成。同时，除网络舆论外，公民直接参与社会公德治理的渠道较为缺乏，使用科技产品参与社会公德治理的能力较为薄弱，间接地巩固了公民在社会公德治理中"旁观者"的地位。最后，企业参与能力有待提高，参与热情有待激发。从全国范围来看，能够承担大数据平台建设的企业多集中于经济发达地区，且为数不多，一些地方缺少有足够实力参与社会公德治理的技术型企业。为数不多的龙头企业难以承担众多城市社会公德治理的任务，即使能够承担，其参与社会公德治理的热情也是较为匮乏的。出于协同治理相关立法工作和配套政策文件的不健全和社

---

[1] 鹿斌、金太军：《社会治理创新中主体关系的反思与重塑》，《湖北社会科学》2017年第7期。

会公德治理风险收益的不可控，大多数企业对参与社会公德协同治理仍保持谨慎观望的态度。

2. 制度安排需要完善

完善的政策法规和健全的体制机制是政府、企业和公民协同参与社会公德治理的根本保障，也是社会公德治理大数据价值实现的根本保障。然而，现阶段，因以大数据为手段进行社会公德治理是一个新兴领域，其政策支撑力度不够和协同机制不健全等问题客观存在，造成了社会公德治理大数据价值实现制度缺失的现实困境。首先，以大数据为手段进行社会公德治理的针对性政策体系还未完全形成。大数据时代社会公德协同治理的政策是指党和国家为实现社会公德治理的目标任务所采取的一系列方法策略。就大数据而言，近年来我国相继出台了一系列政策，诸如《促进大数据发展行动纲要》等，推动了大数据在社会治理各个领域中的广泛应用。就社会公德治理而言，党的十四届六中全会、十七届六中全会、党的十八大等会议都将公民道德建设列为重要议题，加强社会主义公民道德建设一直是我国发展战略的重心。客观地讲，不论是在国家层面还是在地方层面，以大数据为手段进行社会公德治理作为一个新兴领域还未出现针对性、具体性的政策，但是关于大数据和社会公德治理政策的出台已然为大数据技术在社会公德治理中的运用奠定了政策基石。其次，政府、企业和公民共同参与大数据时代社会公德治理的协同机制还未系统构建。大数据时代社会公德治理的协同机制是指促进各主体共同发力以实现社会公德治理目标任务所制定的一系列配套措施。以大数据为手段进行社会公德治理需要政府、企业和公民的广泛参与和协同合作，协同机制是激励各主体积极参与、规范各主体行为活动的重要保障，关乎社会公德治理的实际成效。现阶段，我国部分地区正在积极探索多元主体协同体制机制的构建，诸如"枫桥经验"、网格化治理等，但这些成果还需要进一步完善，其协同领域还未细化、协同内容还不丰富，难以满足大数据时代社会公德治理的需求。协同机制不完善对社会公德治理的消极影响主要表现在以下几点：一是各主体参与社会公德治理的动力不足；二是各主体参与社会公德治理"越位""缺位"现象频发；三是各主体参与社会公德治理的持续性低；四是各主体参与社会公德治理的联系性弱。

三 大数据时代广东社会公德治理的政策性建议

习近平总书记在发给2018中国国际大数据产业博览会开幕式贺电中指出："当前，以互联网、大数据、人工智能为代表的新一代信息技术日新月异，给各国经济社会发展、国家管理、社会治理、人民生活带来重大而深远的影响。"① 大数据不仅是一场技术革命，一场经济变革，也是一场国家治理和社会公德建设的变革，它正有力地促使国家治理体系和治理能力升级转型。为了创新突破和发展社会公德治理的新路径以更好解决社会公德失范问题，推进道德建设纵深发展，同时推进大数据及相关技术在广东社会治理，尤其是社会公德治理领域中的创新应用与实践，要克服大数据方法在社会公德治理中运用的局限性、建构大数据时代广州社会公德治理建构的主体培育要求、优化大数据时代广东社会公德治理的环境培育。

（一）克服大数据方法在社会公德治理中运用的局限性

在利用大数据进行社会公德治理的过程中，大数据给社会公德治理带来新机遇的同时提出了诸多挑战。克服大数据方法在社会公德治理中运用的局限性是做好大数据时代社会公德治理的应有之义。

1. 通过构建法律体系在立法层面明确大数据应用规则

大数据技术一方面可以为不同公德建设的目标提供支撑，给社会公德治理带来巨大的机遇，另一方面又容易在应用过程中引发数据被盗、个人隐私被泄露等问题。在社会公德治理过程中，网民利用互联网、物联网以及便携式媒体终端来记录、上传、整合个人大数据的过程就是公开道德失范事件以及失德者个人信息的过程，这个过程处理不得当就会侵犯失德者的隐私。例如，将失德者的个人信息包括职业、家庭地址、手机号等信息曝光。当事情公布到网络上，网民又通过便捷的方式或者同大数据相关的一些方式，对失德者进行"人肉搜索"等，所收集到的信息更加全面详细，甚至包括个人的过往经历，所言所行都被置于网民的"放大镜"下一一被窥探。不仅如此，网民利用这些渠道获取的隐私，在不理性的思维模式下，在偏激的情绪带动下，侵犯隐私和滥用所得的信息会成为人们泄

---

① 《习近平向2018年中国国际大数据产业博览会致贺信》，《光明日报》2018年5月27日。

愤的路径，不难发现被"人肉搜索"后的个体，无论事实的真相如何，都遭到了网友的谩骂、恐吓、威胁，严重影响个人以及家属的正常生活，并造成了精神上的压力和困扰。公众利用不道德甚至违法的行为来"伸张正义"的时候，改变了自身良善的品质，将道德沦为制裁的工具而忽视了道德本身崇高的本质。

利用大数据提高社会公德治理能力、科学决策能力的同时，大数据隐藏的风险也值得引起充分的警觉。在高度智能化的未来生活中如何平衡隐私保护和利用大数据进行社会公德治理的关系是必须解决的问题。法律是重要的尺度，也是底线，社会公德治理和大数据都需要在法律范围内运行，大数据协助社会公德治理来解决社会公德问题要守住法律的底线。主要体现在两个层面：首先，利用大数据辅助建立社会公德治理的相关法律以及规章制度。大数据发挥其整合功能以及实时性功能，全面获取社会中存在的问题，为科学立法提供支撑，填补社会公德治理的相关主体责任和操作规范的法律空白。其次，在社会公德治理运行中帮助制定大数据的相关法律。要把大数据纳入法治轨道，保障"互联网不是法外之地"。一方面加大大数据专项立法，例如以问题为导向立法，为了解决数据质量问题而出台数据采集的相关法律，提高数据的可靠性。为了避免大数据泄露而出台大数据安全法律，来保障大数据安全。或者以不同的群体为导向立法，针对个人隐私，制定大数据监管法，防止数据滥用。针对治理主体，设立大数据实施和操作细则，完善大数据的流程规范，避免利用数据或者加工数据来抹杀事实，控制事情走向。另一方面，我们还要强化大数据应用于社会公德领域相关法律法规的宣传教育，树立法律权威，使得公众了解到相关法律的出台，懂得用法律的武器维护自身的正当利益。

此外要注重落实大数据技术应用领域的法律法规。避免条文规定的内容过于抽象、操作性差、难以有效执行现象的出现，消除重复、交叉，多头执法和多头管理导致执法成本和司法成本浪费的局面。法律不能停留于立法环节上，应更加重视执法环节。只有合理地使用法律武器才能体现法律的权威。从法律的角度涵盖大数据运用于社会公德治理的各个环节，以"人肉搜索"为例，要明确治理主体的权利的边界，不能采用不择手段获取一切他人的信息，为了治理道德问题而侵犯公民的合法权利。协调各级政府和各个主体之间的关系，当"人肉搜索"事件带来不良影响时，各方主体不应该相互推卸责任，而应该主动合作将事情的负面影响降到最低。

2. 通过撬动数据杠杆本身发挥调节作用来保障公德大数据安全

在利用大数据实现社会公德治理的过程中，防范隐私泄露是不得不面对的问题。除了利用法律的手段作为保护伞，大数据本身也要通过自身的升级来应对安全风险。因此必须通过发展大数据自身技术为基础，利用数据安全等级相关技术和个人信息安全技术为杠杆调节社会公德大数据和个人隐私保护之间的平衡，合理制定大数据使用规范并依据现实科学划定个人隐私的边界，使得大数据发挥出积极正向的作用，实现社会公德治理的最大作用。

隐私认知有一个发展过程，在传统的熟人社会中，固定的地域固定人群的条件下，人与人之间的界限模糊，个人是作为集体中的一个角色而存在，个人的观念淡薄，个人隐私观念不强。现代的陌生人社会中，在人与人交往中，隐私的意识和概念逐步强化，特别是当今社会道德和法律的界限越来越清晰的情况下，隐私认知被强化。简言之，隐私是以不损害他人或者公共利益为前提的个人不愿被知晓的一些信息和事情。但是，现实生活中，当人们的立足点不同时，常常形成不同的隐私认知。例如，当个体自身的公德失范行为被他人记录的时候，当事人往往利用隐私权为挡箭牌，抵制他人的谴责；其他公众往往认为有过错的个体不该受到隐私的保护，因为他侵犯了公共利益。可见，现实生活中存在隐私悖论造成了互联网隐私保护困难，互联网隐私权中的权利与义务之间的度该如何把握成为解决问题的关键。利用大数据本身将个人的隐私和"责任"挂钩，是消解社会公德大数据运用中隐私保护问题的有效路径。

首先，从源头上保证社会公德数据的安全性。把对基础设施领域的技术变革放在首要位置，将个人的信息源头固定，例如个人只能从特定的终端或者账户上传数据，个人与信息一一对应，通过这种方式减少匿名和隐匿于大众的可能性，使得任何数据都可以追本溯源找到产生数据的个体，从而避免个体责任意识淡薄的问题。为此，应该升级个人数据安全保障技术，避免个人终端被黑客入侵，账户被盗用等问题，建立个人信息安全标准，使得个人明确数据上传的操作规范，实现社会公德治理精细化管理。其次，要保证社会公德大数据不被盗取和滥用，对现有的已储存的社会公德大数据设置访问权限，根据公德大数据的内容和用途进行分类，以不同复杂程度的密码和口令来保护其不被盗取和滥用。为此，要不断提高自主创新能力，致力于构建一套独特的信息安全等级保护制度和综合防御系统，做好数据安全指数分析和评估。已有的社会公德大数据不仅仅是数据，更是一种资产，对于数据管理者要进行安全教育和技术培训，保障从操控人员方面维护数据安全的倡议落到实处。再次是在分析和运用社会公德大数据的过程中，要合理制定对社会公德治理的挖掘程度，制定处理少数需要匿名特殊信息的标准，严格规范数据分析和运用的技术操作流程，避免在运用过程中出现数据泄露的问题。要保障社会公德大数据的用途正当，对目标用户进行风险评估、数据审查、数据监督，使得社会公德大数据在不断满足公众多样化、个性化需求的同时，不至于陷入数据风险带来损失的尴尬境地中。由此可见，为了避免社会公德大数据在采集、储存和分析运用过程中出现泄漏风险，其关键还是在于技术本身的发展，为了弥补隐私安全漏洞，使得大数据更好地服务于社会公德治理，一定要把数据安全摆在重要的位置。

（二）大数据时代广东社会公德治理建构的主体培育要求

各主体的能力和主体之间的相互关系是发挥大数据在社会公德治理中的作用的关键，以协同治理的要求为依据，针对社会公德治理主体的问题。培养数据思维与实施数据战略并举，促进社会公德治理大数据价值挖掘，提升主体能力与健全协同制度并举，推动社会公德治理大数据价值实现。

1. 培养数据思维与实施数据战略并举，促进社会公德治理大数据价值挖掘

首先，在全社会范围内有重点、有目的、有层次地开展大数据教育活动，培养大数据思维，树立大数据意识，营造人人了解大数据、人人使用大数据、人人创新大数据的社会数据文化氛围。一方面，对于各个层级的政府工作人员，要以专题培训的形式开展教育活动，邀请专家学者围绕大数据理论知识、大数据应用价值、大数据典型实践、大数据安全防范、大数据未来前景等主题制定符合实际发展需要的教学活动方案并进行专业化、针对性教学，坚持理论灌输和实践教育相结合，坚持显性教育和隐性教育相结合，推动政府工作人员加快培养适应社会公德治理要求的大数据思维意识。同时，在专题教育过程中，要特别注重数据管理者和领导干部大数据思维的培养，其政治地位和政治权威决定了他们是大数据教育活动的重点对象。另一方面，对于广大人民群众，要以普及宣传的形式开展教

育活动，充分发挥基层群众自治组织、基层党组织、社区公益组织和相关社会团体的宣传教育作用，构建大数据教育体系，拓宽大数据教育渠道，加大大数据教育力度，让人民群众认识到大数据在政府政务服务和社会公德治理方面的重要价值，从而帮助他们树立大数据思维，有意识地参与依托大数据进行社会公德治理的活动。

其次，实施数据开放战略，加快数据治理步伐，为实现社会公德治理大数据的完全共享创造良好条件。一是成立大数据资源管理机构，负责组织协调推进政务数据和其他数据资源的开放共享，统筹政务数据和其他数据的采集、分类、管理、分析和应用工作，负责政务数据目录编撰、数据标准体系构建工作等，为社会公德治理大数据的开放共享提供组织保障。二是制定数据资源管理办法，解决数据属于数据拥有者还是数据来源者，即明确数据资产归属问题，坚持"谁使用、谁担责"的数据责任分配原则，厘清无条件共享、有条件共享和不共享数据中"有条件共享"的具体内容，规定数据资源向第三方开放的基本要求等，为社会公德治理大数据的开放共享提供制度支撑。三是建立数据共享交换平台，保证不同部门信息系统的互联互通和及时传输，实现各种类型的数据库、文件、视频等数据的有效集成，从而推动系统之间、部门之间数据信息的有序交换和可靠通信，为社会公德治理大数据的开放共享提供平台支持。

最后，实施数据人才战略，推动数据技术创新，培育一批专业化、精细化的数据人才队伍，为最大化挖掘社会公德治理大数据价值提供人才保障。一是将大数据人才培养纳入科教兴国和人才强国战略，制定科学的大数据人才培养方案，明确大数据人才培养目标，创新大数据人才培养模式，建构一套系统的、合理的数据人才培养机制。二是充分发挥各类高校、科研机构等人才培养主阵地的作用，加大高校、科研院所与高新技术企业人才联合培养的力度，构建"产学研"相结合的人才培养创新体系，建设一批理论水平高、实践能力强的专业化数据人才队伍，进而为提高大数据技术自主创新能力提供人才支持。三是注重社会公德治理工作人员的再教育，定期开展大数据主题培训，鼓励社会公德治理人员继续深造，促使其具备较为完整的大数据理论知识，不断提高其大数据分析应用能力。同时，注重社会公德治理领域数据人才的社会公德治理专题教育，帮助他们熟悉社会公德治理工作内容，掌握社会公德治理目标任务等，从而培养一批既掌握大数据知识、又熟悉社会公德治理的精细化复合型人才。

2. 提升主体能力与健全协同制度并举，推动社会公德治理大数据价值实现

提升主体素质能力、促使治理主体归位是社会公德治理大数据价值实现的前提条件，而落实公德治理政策、健全协同治理制度是社会公德治理大数据价值实现的根本保障，两者犹如"鸟之两翼"，共同推动大数据时代社会公德协同治理的有效运行。一方面，有针对性地提高主体素质能力，构建多元主体共治的社会公德治理格局。一是加快推进政府职能转变，厘清政府、企业和公民责权利关系。政府要以简政放权、建设服务型政府为契机，牢固树立全心全意为人民服务的理念，实现从"无限政府"向"有限政府"成功转型，认清自己在社会公德治理中的角色，找准自己在社会公德治理中的定位，明确自己在社会公德治理中的职责职能，从而提供更好的高质量的社会公共服务。同时，以大数据为手段进行社会公德治理是政府、企业和公民齐参与的过程，政府作为决策者和引领者，需要明确各主体的权责范围和协调各主体的利益关系，要勇于放权、智于放权、善于放权，让企业和公民做自己该做能做的事情，真正实现社会公德治理的多元共治。二是提高公民参与意识和能力，畅通拓宽公民参与渠道。要加强对公民的教育引导，通过构建"社会—家庭—学校"三位一体的公民教育体系，开展形式丰富、内容多样的宣传教育活动，诸如有针对性地开设一些公民参与的电视栏目，培养既具有公共精神、责任意识、权利意识，又具备一定科学技术素养的适应大数据时代需要的现代公民。同时，要畅通和创新公众参与的渠道，诸如设立公德失范投诉热线、开通微信公众号举报平台、研发操作简易畅所欲言的公德 App 软件等，实现公民依法有序快速地参与社会公德治理。三是企业要加快转型升级步伐，树立强烈的社会责任感。对于高新技术企业而言，尤其是地方技术型企业，转型升级是实现高质量发展、有能力参与社会公德治理的必然选择。企业要明确转型升级战略目标，创新运营管理模式，借鉴龙头企业发展经验，加大人才资金投入，提高自主创新能力，为社会公德治理大数据价值实现提供技术支撑。同时，企业要积极培育自身和员工的社会责任感，激发参与社会公德治理热情，在地方政府抛出支持和鼓励社会资本参与社会公德治理"橄榄枝"的前提下，积极参与社会公德治理项目产品的招标活动。

另一方面，有系统地健全协同治理制度，保障多元主体共治的社会公德治理格局。一是制定大数据时代社会公德治理具体指导方案，为社会公

德治理大数据价值实现提供针对性的政策支持。大数据时代社会公德协同治理的政策应当至少包括四个方面的内容：社会公德治理大数据信息安全和开放共享等方面的法律政策，社会公德治理资金等资源的使用政策，各治理主体相互合作的支撑政策，社会公德治理考核评估的奖惩政策。除此之外，政策还要包括以大数据为手段进行社会公德治理的现实背景、重要意义、指导思想、总体目标和主要任务等具体内容。二是构建大数据时代社会公德治理具体行动规划，为社会公德治理大数据价值实现提供全方位制度支撑。首先，构建社会公德协同治理的信任机制。各主体间的信任是相互合作、协调配合的基本前提，没有信任的社会公德治理是一盘散沙。要想获得他人的信任，其自身必先是真诚守信的，这就需要各主体在长期的发展中注意自身公信力的培育。同时，信任是脆弱的，需要通过法律制度来维护。也就是"要建立起一种能为各社会主体普遍认可的信用体系制度性安排与制度性承诺"[1]。其次，构建社会公德协同治理的动力机制。一方面，建立社会公德协同治理的激励机制。坚持物质激励和精神激励相统一，坚持正面典型示范和负面典型警示相统一，创新激励方法，变革传统方法，促使各主体在社会公德治理中充满活力。另一方面，建立社会公德协同治理的竞争机制。"一是几大社会协同主体在社会协同的过程中，在协同方案的选择、权力与稀缺资源的分配等方面展开的竞争；二是各社会协同主体内部在协同的过程中，各主体成员之间为争取参与的机会而展开的竞争。"[2] 再次，构建社会公德协同治理的协调机制。在主体权责明确的前提条件下，建立信息共享交换平台，推动社会公德协同治理信息横纵向的整合流通，为主体间行动的协调提供有效支撑。同时，还要畅通利益表达渠道，调解利益矛盾冲突，建立利益补偿机制，确保主体间的利益得到妥善协调。最后，构建社会公德协同治理的监督机制。坚持内部监督和外部监督相结合，坚持系统监督和专项监督相结合，推动各主体动机合理、行为有序地参与社会公德治理。

（三）大数据时代广东社会公德治理的环境优化举措

党的十九大提出"打造共建共治共享的社会治理格局"。社会公德治

---

[1] 范如国：《复杂网络结构范型下的社会治理协同创新》，《中国社会科学》2014年第4期。
[2] 邵静野、来丽梅：《社会治理体制创新中社会协同机制的构建》，《东北师大学报》（哲学社会科学版）2014年第1期。

理是社会治理格局中的重要组成部分，要打造共建共治共享的社会公德治理格局，需要借助科技最前沿成果把大数据治理落到实处。其中共建是基础，共治是关键，共享是目标。要利用大数据形成党总揽全局的社会公德治理共建体制，同时，要利用大数据制定调动社会积极因素的社会公德治理共治制度，目的是利用大数据为社会公德治理提供制度支撑，最终使得民众共享社会公德治理成果，共享风清气正的社会风尚。

1. 形成党总揽全局的社会公德治理大数据共建体制

中国特色社会主义最本质的特征是中国共产党领导，中国特色社会主义制度的最大优势是中国共产党领导，因此，要坚持党的绝对领导，确保新时代推进社会公德治理现代化正确政治方向。加强和创新社会公德治理，必须加强和改善各级党委对社会公德治理的领导，积极发挥各级政府的社会公德治理职能，切实推动社会公德价值和规范内容与大数据技术双向发展，使得承载社会公德的大数据具有更大的影响力、引导力、公信力，形成现实世界和网络虚拟世界同心圆，使得全体人民在道德观念上紧紧团结在一起。同时充分发挥各级党委在社会公德治理中总揽全局、协调各方的领导核心作用，致力于形成以党总揽全局利用大数据打造各个社会公德治理主体共建体制。

首先，党和政府应该更加深刻认识大数据时代的挑战和机遇，应势而动，顺势而为，利用大数据把握社会公德规律，把握大数据的发展和运用规律，做好顶层设计。社会公德价值和规范的传播内容和大数据技术是利用大数据进行社会公德治理的缺一不可的"双翼"。不论哪一方面发展不充分都会使得治理活动不顺利，只有二者共同发展，相互促进，彼此借力，才能在融合中共同推进社会公德建设的发展。一方面当社会公德价值和规范的具体表现更有针对性、更贴合实际，内容更为生动和优质时，其影响力便更能彰显出来。另一方面，大数据的数据积累更具规模，技术再创新水平，运用性和实效性更强的时候，大数据就能惠及更多受众，要加快推进大数据纵深发展，加快构建融合一体的大数据治理格局。现实事例已经在表明此方向上的努力正带来积极正向影响。2018年10月重庆万州公交车一乘客错过一站路与驾驶员互殴导致公交车坠江15人丧生。公交车坠江悲剧引发全国媒体与网友广泛反思。有人提出要加强私德修养，有人表示社会公德亟待提升，有人建议法律站出来护航，也有人呼吁来一场"文明革命"。在此节点中央政法委官方新闻网站中国长安网、微信公众号"长安剑"正能量倡议:"化解戾气、拒绝冷漠,弘扬正气、从我做起!""社会这辆大公交上,没有人能置身事外。"此项倡议引起广大网友强烈共鸣,获得超过3000万网友积极响应,大家纷纷参与、分享、转发和点评,这是党和政府利用大数据先进技术进行社会公德治理的成功案例,为今后进一步发展提供宝贵经验。

其次,要充分发挥各级党委在社会公德治理中总揽全局、协调各方的领导核心作用。在中央推行"放管服"改革的背景下利用大数据打造社会公德治理共建体制。大数据应用于社会公德治理是一项大工程,需要全国一盘棋,利用大数据上连党心,下接民心,各级党委和政府要加强顶层设计,从政策、资金、人才等方面加大对大数据应用于社会公德治理的支持力度,从政策支持而言各级部门要改革管理机制,配套落实政策措施,推动社会公德治理朝着共建共治共享的格局发展,各级领导干部要增强同大数据打交道的能力,不断提高社会公德治理的智能化和专业化水平。从资金支持而言,党和政府要设立社会公德治理大数据专项基金,为大数据基础设施建设和技术开发等提供专项资金注入和资金奖励,扩大大数据的地域覆盖面、人员覆盖面。从人才支持而言党和各级政府要鼓励高校在大数据浪潮袭来之时,紧锣密鼓地开设相关专业和编写相应教材,启动大数据人才培养计划,同时激励和引导社会兴起培养大数据技能的热潮,不断完善大数据的社会教育培养方案,一同为大数据应用于社会公德治理领域提供人才保障。在党的领导和支持下逐渐形成社会公德治理大数据共建长效机制。

2. 制定调动社会积极因素的社会公德治理大数据共治制度

随着以互联网、物联网、便携式媒体终端为基础的大数据不断发展,社会公德治理模式由过去政府自上而下的管理,转变为现在多种主体间的多向互动,由过去单一的管理渠道和载体转变为以互联网为阵地线上线下相互结合的多渠道多载体协同。当今社会,局部利益冲突和矛盾客观存在,但是人与人之间的交往越来越便捷,公众参与到社会公共事务的途径也越来越多样化,激发了公民的主动性和积极性,要进一步开创社会公德治理崭新局面,从单纯的政府监管转向更加注重社会协同、公众参与的共治是关键。在党总揽全局的前提下,政府承担主导责任,激发企业活力,有序组织社会机构和公民个体,利用大数据形成多主体间长效的共治机制,构建多主体参与的大数据开放治理体系。

首先是坚持在党委领导下，激发各个社会公德治理主体活力。政府负责主体推进，从管理到治理的转变并不意味着要减少政府职责或责任，而是要强化各级政府抓好社会公德治理的责任制，利用大数据将各级政府具体责任落实到细节，同时利用大数据对政府履行社会公德治理责任的现状进行监督。其次在企业协同的层面上可以通过政府购买服务、健全激励补偿机制等办法，同时利用大数据撬动公共服务市场扩大开放，使得社会上的企业在信息浪潮中获得红利从而积极扩大和发展大数据业务并自愿纳入大数据体系中，由此鼓励和引导企事业单位参与社会公德治理。企业的合作包括和大数据技术型的企业以及和不同行业的企业的合作。首先同大数据技术型企业的合作，注重的是利用市场"看不见的手"激发企业创新发展大数据技术，并且在与政府协同治理社会公德问题的过程中，重点注入技术含量，提供技术支撑。例如同百度、新浪等互联网公司，App 开发公司的合作，在社会公德治理的协同局面中主要发挥提供社会公德大数据和处理社会公德大数据的作用。

其次是加强与不同行业企业的合作，主要目的是利用大数据实现社会公德治理精细化和社会化。例如上海市的市场监管局同主营业务为提供团购平台的美团公司共同开发设计一套餐厅用餐评价大数据系统。通过美团平台团购订餐，用户可以在体验和消费后对餐厅各个维度进行评价，该系统会自动将评价分类管理并储存，当政府需要对市场情况进行抽查监督的时候，只需要输入关键词进行检索就可以快速获得相应的信息，大大提高了政府的监管力度和效率。这为政企共治打造社会公德治理监管新模式提供了经验，这种类型的协作是以企业为单位主动纳入社会公德治理系统，大数据将一个个单独的个体联结为紧密结合的整体，可以以企业为单位，个人作为企业的细胞，自动纳入社会公德治理系统中。由零散的"分治"走向相互合作的"共治"，在大数据技术的支持下，被监督的对象信息收集变得简单，信息储存管理更为便捷，信息索引更加迅速，极大程度上改变了从前单独依靠人力进行监督的模式，并且提高了监督的针对性和精准性，效果显著。社会公德治理要更好利用大数据结合社会各方力量创新监管治理手段，形成良好的共治局面。

最后要引领和推动社会组织和公民个人参与社会公德治理，努力形成社会公德治理人人参与、人人尽责的良好局面。协同社会组织的层面上要注重对社会组织的培育和引导，加强社工人才、思想政治教育人才、大数据人才等复合型人才队伍建设和志愿服务,积极推进社会组织成员继续教育、岗位开发、使用、评价、激励和志愿者招募、注册登记、培训等工作,不断提升社会公德治理水平和成效,推动社会组织在合法范围内发挥自身社会公德治理主体作用,在明确权责的前提下可以发挥所长、规范自律地正确使用大数据参与到社会公德治理中。在协同公民参与的层面上应该以保障人民群众根本利益为出发点和落脚点,个人是大数据的受益者,大数据成功将个人从被动的管理者转变为社会公德治理的主体,激发了公众参与社会公德治理的热情,帮助公民积极融入大数据的浪潮中,意识到自己作为社会公德治理主体的权利和义务,实现通过大数据进行自我管理、自我服务、自我教育、自我监督,发挥公民的主观能动性,使公民切实地参与到社会公德治理中,确保社会公德治理过程人民参与、成效人民评判、成果人民共享。

后　　记

　　《大数据时代中国社会公德治理的运行机制研究》，是国家社科基金一般项目"大数据时代我国社会治理的运行机制研究"的阶段性成果。该成果以马克思主义理论为指导，围绕大数据时代我国社会公德治理运行机制，主要研究四大问题：一是大数据时代孕育我国社会结构和公民行为新发展，大数据时代我国社会公德建设面临的传统道德资源失效、新道德资源未生成的困境；二是不同于传统管理与被管理的社会公德建设机制，大数据时代多元主体协同治理成为必然，社会公德治理代替社会公德管理，进而探讨大数据时代我国社会公德治理运行机制的要素、机理、机制等课题；三是基于现实诉求与理论依据，说明大数据时代社会公德治理面临的问题域并分析问题产生的原因。四是以问题为导向，建构大数据时代我国社会公德治理的路径。

　　本书提出了一个新概念。社会公德治理的前提是道德功能有效性的再生成，"再生成"就意味着现代社会中道德功能式微客观存在。就此问题而言，学术界在我国社会由传统社会向陌生人社会转型过程中道德资源转型滞后上达成一致。大数据时代的到来，为解决道德式微问题提供了新思路，这一思路即"后熟人社会"的生成。"后熟人社会"是本研究的理论创新之处，它是现代化社会解决道德式微，进而恢复道德功能的实践路径之一。后熟人社会是与"熟人社会"相对应的一个概念，指以物联网为平台依托大数据建立起来的能够凝聚陌生人为一体的社会。其中，"后"有三层含义：一是从时间上看，后熟人社会发生在熟人社会之后，是属于陌生人社会的一种存在形式；二是从凝聚纽带上看，后熟人社会是以后天的网络为纽带凝聚起来的社会，这种后发的联结纽带有不同于先天的血缘和地缘纽带的性质；三是从性质上看，后熟人社会是虚拟性质的社会，是围绕着公众共同关注的社会热点和焦点事件被临时建构起来的社会。称为

"熟人社会"是因为从道德资源角度看，依据大数据建立起来的社会群体具有与熟人社会性质相似的道德价值。

本书突出了实证研究特色。依据道德、社会公德治理的实践性特征，本书案例研究和实践调研特色明显。本书对于道德治理中存在的问题，多采用案例分析法，强调从分析具体案例出发，探寻问题的本质，进而提出有针对性的问题解决路径。实践调研社会公德大数据运行现状、成效。社会公德治理的关键是形成大数据合力，即政府、社会、公民的一体化协同治理。它是大数据时代社会公德治理的前提和治理有效性的决定要素。理论的说明可以从不同视角展开多样化探讨，也可以基于不同学术流派的思想展开多路径建构，但是理论的合理性在于经得起实践的检验。鉴于此，课题组围绕"大数据时代的社会公德治理"展开实地调研，深入广东、广州、佛山的大数据局或政务服务中心，总结出大数据时代社会公德治理的两种主体协同模式，即一体化社会公德治理模式、购买服务型社会公德治理模式，提炼出依赖型、趋利型、独立自主型三种大数据主体合作模式。

本书能够顺利完成，要感谢我的研究生王俊飞、巫茜子、朱文娟，他们的硕士学位论文都是在我的指导下围绕本书内容展开的，为本书的最终成稿奠定了坚实基础。具体贡献为：朱文娟、巫茜子参与了第一章写作；王俊飞参与了第三、四章写作。同时感谢我的在校博士生张振卿和硕士研究生闻鑫静，他们在后期的书稿整理等工作中付出了辛勤劳动。也要感谢调研中给予大力支持的佛山市政务服务数据管理局、广东省政务服务数据管理局、广州日报数据与数字化研究所的领导与同志们对本书调研工作的大力支持！

王晓丽

2023 年 10 月 30 日